Wolfgang Stock

Angela **Merkel**

Wolfgang Stock

Angela **Merkel**
Eine politische Biographie

OLZOG

Die Deutsche Bibliothek - CIP-Einheitsaufnahme

Stock, Wolfgang :
Angela Merkel : Eine politische Biographie / Wolfgang Stock. - München :
Olzog, 2000
ISBN 3-7892-8038-0

ISBN 3-7892-8038-0

Besuchen Sie uns im Internet: http://www.olzog.de

Bildnachweis:
Bundesbildstelle, Bonn (5) - Bundespresseamt, Bonn (1)
CDU (4) - Darchinger, Bonn (1) - Ebner (1) - Globus-Press, Köln (1)
- Meldepress (1) - Privat (7) - K. Radock (1)

Umschlagentwurf unter Verwendung eines Fotos von Herlinde Koelbl,
Neuried / München: Gruber & König, Augsburg
Druck- und Bindearbeiten: J.P. Himmer, Augsburg
Printed in Germany

Inhalt

Angela Merkel: "Meine Stärke ist auch meine Schwäche"

Vor diesem Auftritt hat sie Angst gehabt. Recklinghausen, mitten im Ruhrgebiet. Katholisch, westlich. Und so anhänglich an Helmut Kohl, dass Jürgen Rüttgers noch vor wenigen Wochen angekündigt hat, 'natürlich' werde auch der Altbundeskanzler im Landtagswahlkampf auftreten. Mächtig ist der Landesverband von Rüttgers auch noch: Mehr als ein Drittel aller Delegierten eines Bundesparteitages kommt aus Nordrhein-Westfalen.

An diesem 28. Februar 2000 ist Angela Merkel auf dem Weg zur zweiten Regionalkonferenz der CDU. Gestern Abend hat sie wieder im Fernsehen ihren Kopf hinhalten müssen, für die Wahlniederlage der CDU in Schleswig-Holstein. Spät ins Bett, morgens früh raus, Präsidiumssitzung, Vorstand, Pressekonferenz. Nachmittags ab ins Flugzeug nach Düsseldorf und dann zum Recklinghäuser Ruhrfest-spiel-Haus. Sie sorgt sich um den Empfang, der sie hier erwartet.

Und dann das. Kaum hat sie mit Wolfgang Schäuble und Jürgen Rüttgers den Saal betreten, springen Leute auf, Beifall braust los, und die Menschen rufen: 'Angie, Angie!' Merkel wird vor Verlegen-heit ein wenig rot. So beherrscht sie auch sein kann – verstellen kann sie sich nicht. Freude und Verlegenheit, Ärger und Fassungs-losigkeit – das kann sie nicht verbergen. Als sie dann alle oben auf dem Podium sitzen und offiziell von Jürgen Rüttgers begrüßt wer-den, gibt es viel Applaus für Wolfgang Schäuble. Zum ersten Mal seit seinem Rücktritt kommt er zu einer großen Parteiversammlung, er darf sich einer Woge des Beifalls sicher sein.

Jetzt kündigt Rüttgers Merkel an. Sofort folgt aufbrausender Jubel, der lange anhält. Rüttgers, dem viele unterstellt haben, er habe selbst

Ambitionen, Schäubles Nachfolger als Parteivorsitzender zu werden, sagt: 'Die Regionalkonferenzen haben ja den Sinn, in die Partei hineinzuhören.' Zu Schäuble, dem Noch-Vorsitzenden, gewandt fügt er hinzu: 'Sie haben gerade etwas gehört ...!' Die Menschen im Saal klatschen noch begeisterter, und Merkel lächelt verlegen, den Kopf leicht schräg geneigt – so sieht sie noch jünger aus, als sie ist. Merkel fürchtet, dass sie gleich viele der 700 CDU-Mitglieder unten im Saal enttäuschen wird: Denn eine Bewerbungsrede für den CDU-Vorsitz wird sie hier nicht halten.

Will sie überhaupt kandidieren? Angela Merkel weiß es an diesem Abend tatsächlich selbst noch nicht. In den vier Monaten der Spendenaffäre ist sie als Generalsekretärin der Partei durch ein Wechselbad der Gefühle gegangen, hat in Abgründe geschaut, hat sich und ihre Partei von dem Vorbild Helmut Kohl lösen müssen – und jetzt wird sie von der Basis bejubelt, aber von vielen etablierten Männern in der Partei bekämpft. Vielen an den Schaltstellen der Partei ist diese erst 45 Jahre alte Politikerin zu unbekannt, zu ungewöhnlich, zu modern. Und sie ist eine Frau, sie kommt aus dem Osten ... Auch Schäuble hat sich noch nicht für sie ausgesprochen. Liebäugelt auch er noch mit Kurt Biedenkopf als Übergangskandidat?

Jetzt geht Merkel ans Rednerpult. Etwas aufgeregt und deshalb holprig beginnt sie, dann redet sie sich frei und spricht unpathetisch, sachlich und ruhig. Sie erwähnt die Erfolge des letzten Jahres einschließlich der grandiosen Kommunalwahl hier in Nordrhein-Westfalen und die Erfolge von 16 Jahren Regierung Helmut Kohl. Und ganz ruhig, aber klar spricht sie von der Spenden-Krise: "Wegen des Fehlverhaltens Einzelner hat die CDU einen unglaublichen Vertrauensverlust erlitten. Ich habe das nicht verschuldet, aber natürlich stehe ich zu meiner Verantwortung."

Verantwortung und Pflichtgefühl. Schwer trägt die Pfarrerstochter in diesen Tagen daran. Natürlich ist die Woge der Sympathie herrlich. Natürlich reizt die Herausforderung, nach dem Amt der CDU-Vorsitzenden zu greifen. Aber kann sie die riesigen Erwartungen, die die Menschen in sie setzen, überhaupt erfüllen? Sie, die gerne damit kokettiert, dass sie überhaupt erst seit neun Jahren CDU-Mitglied ist? Und was kann auf die CDU noch an bitteren Wahrheiten zukommen? Was ist mit dem Widerstand der Partei-Granden und der CSU gegen sie, die angeblich 'Linke'?

Merkel hat noch Zeit für ihre Entscheidung. Hier und jetzt will sie der Parteibasis erklären, wie sie sich den Neuanfang der CDU, den Wiederaufstieg von 35 Prozent gestern in Schleswig-Holstein bis zur bürgerlichen Mehrheit bei der Bundestagswahl 2002 vorstellt. "Es geht nicht darum, ein paar Personen auszutauschen. Wir müssen Strukturen schaffen, damit solches Fehlverhalten nicht wieder passieren kann." Langer Beifall.

Merkel redet kurz, überlässt Schäuble die meiste Redezeit. Doch die Diskussion dreht sich fast nur um sie: Die Basis will Merkel als CDU-Bundesvorsitzende, daran gibt es hier wie auch zehn Tage zuvor auf der ersten Regionalkonferenz in Wolfenbüttel kaum einen Zweifel. Wolfgang Fischer steht auf, Kommunalpolitiker aus dem 'tiefschwarzen', katholischen Hochsauerland und verspricht: 'Ich werde einer der 1001 Delegierten auf dem Parteitag in Essen sein. Und ich wähle Sie!' Hans-Werner Gabriel aus Solingen steht auf, ein langjähriger Schatzmeister des Kreisverbandes, gerade hat man die Kommunalwahl mit 50,9 Prozent gewonnen: 'Frau Merkel, Sie haben einem alten Mann imponiert. Machen Sie das!' Viele andere Mitglieder melden sich zu Wort: Es geht um den Spendenskandal und um die Diskussionskultur in der CDU – vor allem aber um ihre Kandidatur, die sie selbst noch nie angesprochen hat. 'Frau Merkel, es spricht alles für Sie – bitte treten Sie an!', ruft der CDU-Vorsitzende aus Bergheim im Erftkreis, mitten im heimatlichen Wahlkreis von Jürgen Rüttgers.

Die Aussicht auf einen radikalen Neuanfang mit dieser unkonventionellen, aber doch die besten Traditionen der Volkspartei CDU symbolisierenden Frau mobilisiert die Parteibasis. Merkels Idee der Regionalkonferenzen gibt den einfachen Mitgliedern einen unüberhörbaren Resonanzboden, den es im Kanzlerwahlverein CDU nie gegeben hat. Die Bedenken der etablierten Parteifürsten, sie bleiben in den Gewölben der Ratskeller verbannt – während die Generalsekretärin vom Parteivolk in einer friedlichen Revolution der CDU-Mitglieder nominiert wird, unter dem Beifall der davon faszinierten Medien.

Aber Beifallsstürme sind nichts für die ruhige Norddeutsche. Merkel geht es um die Sache – 'Zur Sache!' wird später auch das Motto ihres Wahlparteitages lauten. 35 Jahre lang hat sie in der DDR warten müssen, bis sie mitreden durfte – jetzt will sie nicht ständig über dubiose Anderkonten reden müssen, sondern endlich wieder für bessere Politik streiten. In der CDU, die ihr zu DDR-Zeiten imponierte, weil sie die Partei der Freiheit und der Sozialen Marktwirtschaft war und weil sie allen Widerständen zum Trotz an dem Ziel der deutschen Einheit festgehalten hat.

Wenige Tage später ist sie in der Höhle des Löwen, in Edmund Stoibers CSU-Bastion München. "Wenn Sie mich für eine linke Ossi-Tussi halten, dann sagen Sie's doch offen!", hat sie ihm vor zwei Tagen am Telefon zugerufen, als sie hörte, wie in der CSU nach Schäubles Rückzug gegen sie agitiert wurde. Eisern schweigen kann

Die neue CDU-Vorsitzende Angela Merkel kurz nach ihrer Wahl mit dem CSU-Vorsitzenden Edmund Stoiber

sie – aber auch knallhart sein, und oft greift sie entschlossen zum Telefon, wenn ihr etwas nicht passt. Wer hinter ihrem Rücken intrigieren will, muss verdammt gut aufpassen. Auch Stoiber verschlägt ihre Offenheit erst die Sprache, dann findet er's sportlich und erzählt davon. Als sie am 16. März 2000 beim traditionellen Münchner Starkbieranstich im Salvatorzelt an seiner Seite einziehen darf und die Parodien ihren Lauf nehmen, erkennt sie ihre Formulierung vom Telefon wieder: Als die 'Ossi-Biene mit der Pokermiene, die Zuckerpuppe aus der Schwarzgeldtruppe der Union' wird sie besungen. Da lacht sie ihr 'zuckersüßes Lächeln', das schon einen Redner auf der Regionalkonferenz in Neumünster so fasziniert hat, dass es in der 'FAZ' erwähnt wurde, und denkt vielleicht: Die Herren von der CSU sind doch die Ersten, die sich den real existierenden Verhältnissen anpassen!

Was gar nicht stimmt. Denn schon am Abend zuvor hat sich auch Jürgen Rüttgers mit seinem mächtigen Landesverband Nordrhein-Westfalen offiziell zur Unterstützung von Merkel als neuer Parteivorsitzenden ausgesprochen. Schwer fällt ihm das: Nach Rühe, Vogel und Biedenkopf ist er der vierte mächtige Mann in der CDU, der seine Karrierepläne unter dem Druck der Basis zugunsten dieser Frau aufgeben muss. Noch bevor Rüttgers vor die Fernsehkameras tritt, klingelt bei Merkel das Handy. Die sitzt nach einer Ausstellungseröffnung der Portraits 'Spuren der Macht' von Herlinde Koelbl im Münchner Lokal 'Weißes Bräuhaus' bei einer deftigen Wurstplatte und dem zweiten Glas Bier. Auf ihre Verbündeten kann sie sich verlassen. Direkt nach der Abstimmung in NRW erfährt sie: Einstimmig nominiert! Allein damit ist Merkel ein Drittel der Parteitagsdelegierten sicher. Denn die zahlreichen Delegierten aus Nordrhein-Westfalen sind die 'Königsmacher' auf den Parteitagen.

Samstag früh, sehr früh, wartet sie auf den Aufruf des ersten Flugzeuges von Berlin nach Stuttgart: Merkel muss die letzte der Regionalkonferenzen hinter sich bringen. Sie hat tiefe Ringe unter den Augen, die Strapazen der letzten Monate haben deutliche Spuren bei ihr hinterlassen. Jetzt in der Frühe ist nichts von ihrer Fröhlichkeit zu ahnen. Merkel ist übermüdet und nervös, faucht den 'Focus'-Fotografen Dieter Bauer an, einen alten Bekannten, als der sich ihr im Wartesaal mit seiner Kamera zu sehr nähert. Denn anders als die meisten prominenten Politiker kämpft Merkel wie eine Löwin um ihre

Privatsphäre: Kein Fotograf, kein Journalist kommt in ihre Wohnung, weder in Berlin noch in der Schorfheide. Selbst Fotoaufnahmen im Auto lehnt sie strikt ab: zu privat. Auch ihr zweiter Mann, der Chemieprofessor Joachim Sauer, ist für die Presse tabu. Dabei wäre der bestimmt ein interessanter Gesprächspartner, liegt er doch politisch eher auf CSU-, statt auf CDU-Linie.

Im Flugzeug nach Stuttgart, auf Platz 1F vorne rechts: Soll sie übermorgen im CDU-Vorstand wirklich ihre Kandidatur anmelden? "Es ist so ein großes Risiko ..." Als Frau, als Ostdeutsche, von der CSU als zu links bekämpft, ohne starken Landesverband mit den entsprechenden Delegiertenzahlen im Rücken ... "Aber es ist auch eine riesige Chance!" Zwanzig Minuten vor der Landung in Stuttgart lehnt sie sich zurück und schließt die Augen. Baden-Württemberg, die Konservativsten in der CDU. Wie wird sie dort empfangen werden?

Neben ihr, in den ausgelesenen Zeitungen, lauten die Schlagzeilen: 'Anklage gegen Kiep und Schreiber.' Vier Monate ist es erst her, dass mit dem Haftbefehl gegen Walther Leisler Kiep die heile Welt der CDU zerstört wurde, dass die schwarzen Konten und das System der illegalen Spenden erkennbar wurden. Und dass die Stunde einer Angela Merkel schlug, weil sie ehrlich, grundsatztreu und mutig ist.

"In Notlagen weiß ich genau, was ich will." Da kann die Frau härter sein als die meisten Männer. Als sie 1978, nach dem Studium, Stasi-Offiziere für den Spitzeldienst werben wollen, lässt sie die Tschekisten eiskalt abblitzen. Als neu gebackene Umweltministerin entlässt sie 1995 den erfahrenen Staatssekretär Clemens Stroetmann, weil er sich nach jahrelanger Arbeit für den Minister Töpfer nicht auf die neue Chefin einzustellen vermag. Und im November 1999 ist der Naturwissenschaftlerin zu Beginn der Spendenaffäre schneller als allen anderen klar, dass die CDU aus eigener Kraft aufklären und sich aus dem Schatten ihres Übervaters Kohl lösen muss. Aber auch, dass es hinterher mit Kohl wieder eine Versöhnung auf einer abgeklärten Ebene geben müsse, spätestens zum Jahrestag der Einheit. Denn was ist die CDU ohne das politische Erbe Kohls?

Auch in Stuttgart hat die Partei-Basis keinen Zweifel daran, wer die heile CDU-Welt zurückbringen soll: Wieder sind viel mehr als erwartet gekommen, im Straßenbahnerheim von Degerloch muss schließlich auch noch der kleine Saal nebenan aufgeschlossen werden, um Platz für eineinhalbtausend Menschen zu bieten.

Immer wieder braust Beifall auf, obwohl Merkel bittere Wahrheiten eisenhart ausspricht: "Glaubwürdigkeit erwächst daraus, dass man sich den eigenen Fehlern stellt." Veränderungen in der Partei fordert sie, mehr Basisbeteiligung – das freut die Mitglieder. Dreißig ergreifen das Wort, Merkel hört drei Stunden lang geduldig zu. Ein Redner wirft ihr vor, sie habe gleichgeschlechtliche Lebensgemeinschaften mit der Ehe gleichgestellt. Da wird sie deutlich, auch wenn sie äußerlich ruhig bleibt: "Die Botschaft der CDU ist eindeutig: Die Ehe ist die beste Form des Zusammenlebens. Aber wir müssen endlich die Vielfalt in der Gesellschaft wahrnehmen – um entsprechend Orientierung zu geben." Der unausgesprochene Vorwurf, eine 'Linke' zu sein, ärgert sie. Aber sie lässt ihre Gegenüber ausreden, hört zu, hört ganz genau zu. Und setzt dann ihre Pokermiene auf: "Das muss ich doch mal gerade rücken." Sachlich, mit kühler, unaufgeregter Stimme erklärt sie ihre Position. Und fügt hinzu: "Bei den Castor-Transporten wäre niemand auf die Idee gekommen, mich für eine Linke zu halten."

Was wird sie als Frau an der Spitze der CDU anders machen? "Frauen sind auch Menschen", kokettiert sie. Aber Tatsache ist: Die Männer in der CDU-Führung haben reihenweise versagt, als es in der Krise 1999 um die Existenz der Partei geht. Merkel, der einzige Kerl in der Parteispitze, sagt entschlossen: "Jetzt erst recht aufklären!" Und rast jeden Abend zu einer anderen Talkshow.

Der Text, mit dem Kohl erst im CDU-Präsidium und dann in der Öffentlichkeit seine Verstöße gegen das Parteiengesetz bekennt, trägt Merkels Handschrift. Merkel ist es auch, die als Reaktion auf Kohls Fernseh-Geständnis vom 16. Dezember, mehr als zwei Millionen Mark illegaler Spenden angenommen zu haben, in einem Artikel in der Frankfurter Allgemeinen Zeitung erstmals die bittere Wahrheit ausspricht: "Der Ehrenvorsitzende hat der Partei geschadet, die CDU muss ihre Zukunft selbst in die Hand nehmen."

Schäuble, Rühe, Rüttgers, Koch – viele der wichtigen Männer der Partei kritisieren sie für ihre mutigen Worte. Viele wetten gar, das werde sie den Kopf kosten. Nur wenige sagen damals schon, dass Merkel damit die Zukunftsstrategie der Partei formuliert hat: Christian Wulff, Annette Schavan, Peter Müller und Friedrich Merz gehören dazu: alle aus der jüngeren Generation.

Erstaunlich: Die CDU steht zu der bitteren Wahrheit und der Frau, die sie ausspricht. Und Kohl hat gegen Merkel nichts in der Hand. Nur Schäuble kann von Kohl mit dessen Herrschaftswissen über die Hunderttausend-Mark-Spende von Herrn Schreiber in die Enge getrieben werden. Schäubles ersten Rücktritt am 17. Januar 2000 verhindert Merkel, indem sie die schon getippte Rücktrittserklärung an sich reißt und ihm eine Szene macht. Weil Schäuble im Amt bleibt, kann die CDU-Führung an Kohl die Forderung stellen, sein Ehrenamt ruhen zu lassen, wenn er die Spender weiterhin verschweigen will. Dennoch ist Schäubles endgültiger Rückzug am 15. Februar schließlich nicht zu umgehen, er fühlt sich selbst zu sehr im System Kohl gefangen, hat nicht sofort und nicht die ganze Wahrheit gesagt. Jetzt ist die Bühne frei für alle, die sich in der CDU für präsidiabel halten. Angela Merkel drängt sich nicht nach dem Job an der Spitze.

Das Angela-Merkel-Phänomen: Jetzt wiederholt es sich. Exakt zehn Jahre vorher, im Frühjahr 1990, hat es Ehrhart Neubert erlebt, als stellvertretender Vorsitzender des 'Demokratischen Aufbruchs'. Er hat die junge Frau angestellt, die sich unbedingt im Volkskammerwahlkampf engagieren wollte. Als Sachbearbeiterin. 'Sie kam als graue Maus, war unscheinbar bis zum Geht-nicht-mehr. Aber wo immer ein Vakuum entstand, füllte sie es mit ihrem Naturtalent für Politik.'

Politisch interessiert ist die Pfarrerstochter schon lange. 1984 erhält sie in ihrer Stasi-Akte aus bürgerlicher Sicht den Ritterschlag: 'Politisch-ideologische Diversion' wird ihr vorgeworfen, einer der schlimmsten Vorwürfe, die es aus Stasi-Sicht gab. Merkel schwärmt für die Solidarnosc in Polen, geht regelmäßig zur Studentengemeinde. 'Angela steht unserem Staat sehr kritisch gegenüber', registriert die Stasi.

Aber die Friedensbewegten unter den Dächern der Zionskirche und der Gethsemanekirche "waren nicht mein Ding: Die schwärmten von einer anderen Art von Sozialismus". Merkel dagegen hat ein anderes Ziel: die deutsche Einheit. Sie tritt im Dezember 1989 beim 'Demokratischen Aufbruch' ein.

Die junge Bundestagsabgeordnete 1990/91 in Stralsund

'Blitzschnell ist sie unentbehrlich und eine stabilisierende Größe', erinnert sich Neubert an seine Mitarbeiterin. Blitzschnell ist sie Sprecherin des 'Demokratischen Aufbruchs', blitzschnell, zwei Monate später, ist sie stellvertretende Regierungssprecherin der ersten demokratisch gewählten DDR-Regierung. Und weil sie als gescheit und zuverlässig gilt, fällt sie auch auf diesem Posten positiv auf, auch den Wessis aus Bonn. Entscheidend für die Westkarriere ist jedoch ihr Bundestagsmandat. Gegen zwei Politiker aus Westdeutschland erkämpft sie sich ihre Nominierung im Wahlkreis Rügen/Stralsund/Grimmen: Nachts um 0.50 Uhr und nach vielen

15

Schnäpsen siegt sie. Und anschließend erobert sie den Wahlkreis als Direktkandidatin.

In Bonn kann sie vier Jahre im kleinen Ministerium für Frauen und Jugend Erfahrungen sammeln, dann geht es im Umwelt- und Atomministerium zur Sache wie in kaum einem anderen Bonner Ressort. Castor-Transporte unter Polizeischutz, Grenzwertüberschreitungen bei Atomtransporten: Merkel steht auch in der härtesten Konfrontation ihren Mann – niemand in Bonn kommt damals auf die Idee, hier sei eine 'Liberale' oder 'Linke' am Werk. Knallhart pocht sie auf die Einhaltung der Gesetze, gegenüber Atomkraftgegnern wie Kernkraftbetreibern.

Lieber aber schmiedet sie harmonische Allianzen: "Zuhören, diskutieren, tragbare Kompromisse herausarbeiten, das ist meine Stärke. Am Schluss muss eine Entscheidung fallen, und alle müssen sie gemeinsam vertreten." Den UNO-Klimagipfel 1995 in Berlin nennt sie "meine Sternstunde": Zwischen 130 Staaten muss über die Reduzierung der Treibhausgase verhandelt werden. Eine Nacht lang pendelt die deutsche Umweltministerin zwischen zwei Sälen, zwischen Entwicklungsländern und Industrieländern, hin und her, bis sie den Kompromiss gestrickt hat.

"Meine Stärke ist auch meine Schwäche: Ich beharre nicht auf jedem Detail. Wenn es dem Gesamtergebnis dient, ist es mir manchmal unwichtig, ob hinter dem Komma eine Sechs oder eine Sieben steht. Mir ist es wichtig, dass ich die richtigen Fragen stelle, die Menschen ausreden lasse und dass dann ein Ergebnis gefunden wird", sagt die promovierte Physikerin. Von der richtigen Fragestellung, das weiß der Wissenschaftler, hängt der Erfolg des ganzen Experiments ab.

Fragen haben auch die Beobachter des Experimentes CDU – Fragen an Angela Merkel: In der Spendenkrise und durch ihre neue Rolle als CDU-Parteivorsitzende ist sie in das Zentrum der deutschen Politik gerückt. Viele sind erst jetzt bewusst auf sie aufmerksam geworden und fragen sich: Wer ist diese Frau aus dem Osten, die im zehnten Jahr der Einheit die Verantwortung für Konrad Adenauers Partei übernimmt, was hat sie vor ihrer Karriere in der Politik gemacht, wie denkt sie, was sind ihre Ziele?

Über Angela Merkel ist wenig bekannt. Auch einem Journalisten wie mir, den sie seit ihren ersten Jahren als Bonner Ministerin kennt, hat sie kaum je etwas Persönliches von sich selbst verraten. Dieser Panzer war sicherlich ein notwendiger Schutzschild, der sie in der DDR trotz der Stasi hat überleben lassen. Mag sie auch zurückhaltend sein – mit ihrem Lebenslauf ist sie nun etwas Besonderes geworden. Deshalb bin ich dankbar, dass Sie sich von der Idee des Olzog-Verlegers Reinhard Möstl und mir überzeugen ließ und mir in langen Interviews vieles über sich erzählt hat, was außerhalb ihrer Familie wohl noch nie jemand gehört hat. Daneben habe ich viele Wegbegleiter Merkels auf den verschiedenen Etappen ihres Lebens befragen können und dort zusätzliche Informationen und Episoden erfahren.

Natürlich kann eine solche politische Biographie keinen Anspruch auf Vollständigkeit erheben. Ein Buch wie dieses schildert die Ereignisse aus dem biographischen Blickwinkel, den sich der Autor durchaus zu eigen macht. Sicher wäre beispielsweise das Kapitel über die CDU-Spendenaffäre aus der Sicht von Helmut Kohl, Wolfgang Schäuble oder Horst Weyrauch ganz anders ausgefallen ...

Unnahbar zeigte sich Merkel dem Autor nur bei zwei Themen: Vor allem die Sphäre ihres Privat- und Ehelebens verteidigt sie mit aller Macht. Auch als Spitzenpolitikerin ist sie entschlossen, einen letzten Rest an Privatheit für sich zu behalten. Fotos vom Frühstück mit ihrem Mann zu Hause in ihrer Wohnung wird man ebenso wenig von ihr erwarten dürfen wie öffentliche Angebereien mit berühmten Freunden. Der Hinweis, dass Kohl sehr wohl einige dosierte Einblicke in sein Familienleben zugelassen hat, beeindruckt sie nicht: "Dann bin ich eben die Erste, die es nicht macht", sagt sie unnachgiebig.

Unwillig, wenn auch aus einem ganz anderen Grund, zeigt sich Angela Merkel auch bei Fragen, die sehr gezielt Aspekte ihrer Rolle im Spendenskandal 1999/2000 betreffen: Unter keinen Umständen, so scheint es, möchte sie als 'Kriegsgewinnlerin' jener Existenzkrise der CDU erscheinen. Ehe sie ein Wort zu viel sagt und damit bei anderen Wunden aufreißt, schweigt sie lieber – auch auf die Gefahr hin, ihr Licht unter den Scheffel zu stellen. Doch wo Merkel schweigsam blieb, waren meist andere aus der alten und neuen CDU-Führung und der Spitze der CDU/CSU-Bundestagsfraktion bereit, mir über ihre Haltung und Rolle in jener Zeit Auskunft zu geben.

Angela Merkels demokratischer Aufbruch

"Wenn die Mauer weg ist, gehen wir alle ins Kempinski, Austern essen!" Die Hoffnung auf das Austernessen in West-Berlin ist seit dem Mauerbau 1961 ein geflügeltes Wort in ihrer Familie.

Denn die Ostdeutsche Angela Merkel ist in Wirklichkeit eine Westdeutsche, geboren in der Hansestadt Hamburg am 17. Juli 1954. Ihre Mutter Herlind Jentzsch hat dort den Theologen Horst Kasner geheiratet, der aus Berlin-Pankow kommt, dann in Heidelberg und Hamburg evangelische Theologie studiert und seine Frau kennen gelernt hat. Bundesrepublik und DDR sind damals zwar schon gegründet, doch nur durch eine grüne Grenze getrennt: Zwischen West und Ost tobt der Propagandakrieg, Stalins Deutschland-Note bewegt die Menschen, doch die Mauer wird erst sieben Jahre später quer durch das Land gezogen. Aber Theologie kann man damals besser in Westdeutschland studieren, da die atheistischen Marxisten in der damaligen Ostzone den Kirchen und den theologischen Fakultäten an den Universitäten das Leben bereits sehr schwer machen.

Horst Kasner hat zur Zeit von Angelas Geburt sein Theologiestudium beendet und ist entschlossen, nicht im Westen zu bleiben, sondern in seine Berlin-Brandenburgische Landeskirche zurückzugehen, wo er als Pfarrer gebraucht wird. Seine Frau folgt ihm mit der sechs Wochen alten Tochter in die brandenburgische Provinz – "aus Liebe", wie die Tochter später stolz sagt. Denn die Mutter muss mit diesem Schritt nicht nur auf das westliche Leben verzichten, sondern auch ihren Beruf als Lehrerin aufgeben – denn es war undenkbar, dass eine Pfarrersfrau in der DDR als Lehrerin arbeiten durfte!

Auch zwanzig Jahre später, als Angela nach ihrem Studium eine Arbeitsstelle sucht, ist der Pfarrerstochter von vornherein jegliche unterrichtende Beschäftigung, jeder Kontakt mit Studenten verwehrt. In der Akademie der Wissenschaften in Berlin aber kann sie unterschlüpfen – anders als an den Universitäten wird dort 'nur' geforscht, nicht gelehrt.

Immer donnerstags nach dem Dienst in der Akademie der Wissenschaften geht die promovierte Physikerin Angela Merkel mit einer Freundin in die Sauna, im Thälmann-Park, abends um 20 Uhr. Der 9. November 1989 ist so ein Donnerstag. Vorher schaut sie im Fernsehen noch die Pressekonferenz mit Günter Schabowski an und hört seine Ankündigung:

'Privatreisen nach dem Ausland können ohne Voraussetzungen (Reiseanlässe und Verwandtschaftsverhältnisse) beantragt werden. Die Genehmigungen werden kurzfristig erteilt. Ständige Ausreisen können über alle Grenzübergangsstellen der DDR zur BRD beziehungsweise zu Berlin (West) erfolgen.'

Sofort ruft Merkel ihre Mutter in Templin, eine Stunde nördlich von Berlin, an: "Du, zähl schon mal dein Westgeld, es könnte bald passieren!" Die Pfarrersfrau weiß gar nicht, wovon ihre Tochter spricht. "Guckt Euch die Nachrichten an. Austern essen!" Dann geht sie in die Sauna.

Als sie anschließend, ihre Badetasche in der Hand, auf dem Weg in ihre Wohnung an der Bornholmer Straße vorbeikommt, "war die Straße vor dem Grenzübergang voller Menschen, und da bin ich sofort mit über die Grenze rüber, mit den Badesachen in der Hand. Hinter mir war eine Großmutter, den Mantel über das Nachthemd geworfen, die fassungslos-begeistert auf ihr siebenjähriges Enkelkind einredete ...

Ein geschäftstüchtiger Bäcker am Straßenrand preist seine Pfannkuchen an, die Grenzer waren perplex, es war "unheimlich toll". Im Westen klingelt Merkel bei wildfremden Menschen, weil sie gerne ihre Tante in Hamburg anrufen möchte. Die hatte sie fünf Tage vorher gerade gesehen, als sie die Schwester ihrer Großmutter 'Tante Emmy' zu ihrem 85. Geburtstag besuchen dürfen, mit Antrag und Riesenaufwand vorher. Jetzt ist die Mauer auf, und sie kann einfach so in den Westen! Die West-Berliner Gastgeber öffnen die Bierflaschen und bald darauf "habe ich da mit zehn anderen Ostdeutschen, die ich alle nicht kannte, gesessen." Spät nachts geht sie zurück, glücklich.

Morgens, auf dem Weg zur Akademie in Adlershof, trifft sie in der S-Bahn zwei Wehrpflichtige von der NVA-Grenztruppe, die sich diebisch darüber freuen, dass das Leben jetzt für ihre Offiziere seinen Sinn verloren haben müsse. "Da habe ich gespürt, was die Maueröffnung für die systemnahen Berufsgruppen bedeuten wird ..." Aber nicht nur die SED-Bonzen tragen Trauer: "Am nächsten Tag, dem Samstag, war ich auf einer Geburtstagsfeier von entfernten Freunden, und dort war eine ganz trübe Stimmung, denn die ärgerten sich, dass mit der Öffnung der Mauer die Chance eines 'Dritten Weges' kaputt war. Mir war dies fremd, und ich habe gefragt: 'Wie kann man denn Angst haben, dass die Mauer auf ist?' Dass die eigenen Leute, die gegen den SED-Staat waren, nun Sorge hatten, dass alles zu schnell geht, konnte doch nicht sein."

Helmut Kohl unterbricht am Freitag seinen ersten Staatsbesuch im demokratischen Polen, um vor dem Westberliner Rathaus Schöneberg zusammen mit dem Regierenden Bürgermeister Walter Momper (SPD) anlässlich der Maueröffnung zu sprechen. Zwanzigtausend Menschen sind dort – und pfeifen den Bundeskanzler aus. Auf der anderen Seite der Mauer, vor ihrem Fernseher, schämt sich Angela Merkel. "Ich dachte, was ist denn das? Ich fand es unfassbar." Genaue Vorstellungen von einer deutschen Einheit hat die Physikerin Merkel in diesem Augenblick nicht – aber dass Walter Momper mit seinem roten Schal und seiner Ablehnung der staatlichen Einheit historisch falsch liegt, ist ihr "total klar. Momper fand ich indiskutabel, es war nur gut, dass Willy Brandt dort mit auftrat und einen Gegenpunkt zu Momper setzte."

Sonntag packt sie ihre Koffer, um zu einem Vortrag nach Thorn zu fahren. "Meine polnischen Bekannten waren begeistert, dass ich angesichts dieser Entwicklung überhaupt kam und gratulierten mir zur Entwicklung, sie hofften alle auf eine schnelle Wiedervereinigung Deutschlands." – 'Wenn wir das nächste Mal in Berlin sind, ist die deutsche Einheit perfekt', sagten sie mir. Ich war damals skeptisch angesichts der vielen praktischen Probleme und antwortete ihnen:

"Nein, das dauert noch." Doch als sie nach Berlin zurückkommt, ist in ihr der Entschluss gereift, sich politisch zu engagieren. Ihrer Zimmerkollegin in der Akademie sagt sie: "Jetzt kommt demnächst die deutsche Einheit als Thema auf die Tagesordnung". Der Kollegin ist dieses Thema völlig fern, aber Merkel beharrt darauf. Bald darauf kommt der '10-Punkte-Plan' Kohls, in dem aber das Wort Wiedervereinigung noch nicht enthalten ist. "In diesen ganzen Tagen im November und Dezember konnte ich abends nie einschlafen. Die Akademie war in Aufregung, man hat so vieles gehört, unentwegt Nachrichten gesehen, ständig die Demonstrationen ..."

Was hat die erfolgreiche Physikerin damals bewogen, in die Politik zu gehen? "Es waren zwei Prozesse, die damals abliefen. Man begann schnell, von der eigenen, alten Ordnung Abschied zu nehmen, und lebte in einer Ordnung, die Löcher bekommen hatte. In der Akademie sah man die Gesichter der Genossen, in den Nachrichten den hilflosen Ministerpräsidenten Hans Modrow und den unfähigen Egon Krenz. Wir alle spürten, dass es mit denen nicht weitergehen kann. Aus dem gemeinsamen Gefühl, gegen etwas zu sein, entwickelte sich unter den verschiedenen Gruppen langsam eine Pluralität der Einschätzungen, was jetzt passieren solle. In dieser Phase ist mir bewusst geworden: Du kannst jetzt selber etwas tun."

Politisch engagieren, aber wo? In der Ost-CDU fühlt sie sich nicht zu Hause. Die Frau, die zehn Jahre später Vorsitzende der CDU wird, will anfangs überhaupt nicht zur CDU. Jedenfalls nicht zur damaligen DDR-CDU, die es zur Zeit der Wende im Osten gab. Denn die Ost-CDU hatte mit der CDU von Konrad Adenauer, Ludwig Erhard, Rainer Barzel und Helmut Kohl – also jener politischen Strömung, die Angela Merkel über die Mauer hinweg immer sympathisch fand – außer dem Namen nichts mehr gemeinsam. Mit Terror und Druck hatte die Sozialistische Einheitspartei Deutschlands (SED) die Ost-CDU nach der Teilung Deutschlands zu einer ferngesteuerten Blockpartei gemacht: Wer zu Ulbrichts und Honeckers Zeiten in die CDU eintrat und dort 'Unionsfreund' wurde, musste die Vorherrschaft der SED anerkennen, durfte bestenfalls leise und heimlich von einem 'Dritten Weg' zwischen Kapitalismus und Kommunismus träumen. Auch Ende 1989 sucht die Ost-CDU bestenfalls jenen imaginären 'Dritten Weg'.

"Das hätte mich nie dazu gebracht, in die CDU zu gehen: Ich wollte in eine neue Partei." Aber das Neue Forum, wo Merkel schon im Sommer 89 vorbeischaut, Bündnis 90 und die neu gegründete SDP "waren mir mit ihren basisdemokratischen Strukturen völlig fremd".

Mit den Träumen 'von einer anderen Sorte Sozialismus' hat Angela Merkel nie etwas anfangen können und hat sich deshalb auch nicht für die Friedens-, Umwelt- und sonstigen alternativen Gruppen im kirchlichen Umfeld erwärmt. Aber nicht nur unter den Kirchendächern der DDR, auch bis hin zu den Systemkritikern Robert Havemann und Rudolf Bahro träumten fast alle Oppositionellen in der DDR von einem besseren Sozialismus. "Ich war ja auch oft in Friedensgottesdiensten, in der Zionskirche etwa. Aber ehrlich gesagt, es war nicht meine Art, Radtouren zu machen für den Frieden oder für Basare zu basteln ... Außerdem wurde dort zu ziellos diskutiert, es war verraucht – kurzum, es war eine ganz andere Kultur. Als Generalsekretärin der CDU bin ich zehn Jahre später viel basisdemokratischer geworden", schmunzelt sie heute.

Damals passt das nicht zu ihrem bürgerlichen Typ: "Ich habe still meine Bücher gelesen, zum Beispiel Bahro durchgearbeitet: Seine Analyse des DDR-Systems habe ich damals verschlungen. Die Analyse war toll, aber seine Schlussfolgerungen abwegig."

"Damals sind wir aufgebrochen. Zuerst habe ich bei der SDP Halt gemacht, aber da habe ich mich nicht lange aufgehalten. Mich zog es in den 'Demokratischen Aufbruch'. Der Name war Programm", erinnert sich Angela Merkel zehn Jahre später in ihrer Rede auf dem Essener Parteitag an diese Zeit.

Zusammen mit ihrem Chef in der Akademie der Wissenschaften geht sie Ende November 1989 auf 'Parteiensuche'. Doch die erste Abendveranstaltung bei der neu gegründeten SDP mit Angelika Barbe in der Treptower Kirche schreckt sie ab. Anders ihr Chef Klaus Ulbricht: Er bleibt, wird an jenem Abend SDP-Mitglied und aktiv, er ist heute noch Bürgermeister des größten Berliner Bezirkes Köpenick. Merkel dagegen geht weiter, sie will sich erst noch Eppelmann anhören.

"Ich bin dort bei den Sozialdemokraten nicht geblieben, weil es mir aus verschiedenen Gründen nicht gefallen hat, vom Genossen-Duzen bis zur Frage der deutschen Einheit. Bei den Sozialdemokraten hätte ich es nach der Wiedervereinigung nicht ausgehalten, auch bei Gewerkschaften wie der IG Metall hätte ich nie meine politische Heimat gefunden. Ich bin damals bewusst weitergegangen: zum 'Demokratischen Aufbruch'. Dort hat es mir gefallen. Es war chaotisch, und ich hatte das Gefühl, ich werde gebraucht. Vor allem aber gefiel mir die politische Richtung, die auch noch nicht total festgelegt war."

Merkel tritt Ende November/Anfang Dezember 1989 dem 'Demokratischen Aufbruch' (DA) bei, damals haust die Zentrale noch im Prenzlauer Berg, in einem Hinterhof in der Marienburger Straße. In diesem Chaos macht Merkel sich nach Feierabend nützlich: "Da standen beispielsweise eingepackte PCs herum, die habe ich dann installiert." In dieses Chaos stolpert Ende November der CSU-Bundesminister Jürgen Warnke herein, er will mit dem DA-Vorsitzenden Wolfgang Schnur sprechen. Sein Sprecher Hans-Christian Maaß trifft im Vorzimmer auf ein 'Mädchen, das am PC sitzt, und das war Angela'. Die beiden unterhalten sich ein wenig, Merkel findet den 1974 aus der DDR freigekauften ehemaligen politischen Häftling Maaß zwar etwas arrogant, weil der die Ossi-Frau spüren lässt, von vielen Dingen keine Ahnung zu haben ... Aber man tauscht die Adressen aus. Bald darauf wird Merkel von Maaß zu einem Seminar der West-Berliner Hermann-Ehlers-Akademie am Savigny-Platz eingeladen. "Es ging um die Grundregeln der Demokratie, ganz interessant für mich damals." Nie hätte sie geahnt, dass dieses Treffen zwischen Computer-Kartons den Grundstein für ihre politische Karriere bilden würde ...

Der 'Demokratische Aufbruch' ist im Herbst 1989 erst ökologisch-sozial geprägt, wird dann aber immer konservativer: Mitte Dezember 1989 verwirft der DA in seinem ersten Parteiprogramm ausdrücklich die 'Vision einer sozialistischen Gesellschaftsordnung' und setzt sich stattdessen dezidiert für die Wiedervereinigung und eine soziale Marktwirtschaft ein. Die deutsche Einheit soll als Staatenbund verwirklicht werden – Ende 1989 ist das in der DDR (und bei vielen im Westen!) eine unerhörte Forderung. Der linke Flügel des DA einschließlich prominenter Gründungsmitglieder wie Pfarrer Friedrich Schorlemmer und der Schriftstellerin Daniela Dahn verlassen daraufhin den DA. In dieser Zeit ist das Mitglied Merkel Zeuge mancher Vorstandssitzungen, auf denen noch heftig um den Kurs gerun-

gen wird: Links-ökologisch wie 'Demokratie Jetzt' oder Wiedervereinigung und Soziale Marktwirtschaft?

Basisdemokratie, wie sie zu jener Aufbruchzeit in der DDR-Oppositi-
on Mode ist, lehnt Angela Merkel ab. "Ausführliche Debatten sind
gut, aber es muss geordnete Entscheidungswege geben." Heute
nennt sie das ihren "Hang zur repräsentativen Demokratie", an der
sie trotz aller Sympathie für basisnahe Beteiligungsrechte festhält.
Wichtig ist Angela Merkel bei ihrer Entscheidung auch "mein Hang
zum Bürgerlichen". Und die politische Anfängerin Angela Merkel
spürt damals sehr bewusst, dass die DDR nur mit einem "harten
Kurs" aus ihrer Wirtschaftskrise geführt werden könne: "Es darf nicht
mehr ausgegeben werden, als eingenommen wird."

'Der 'Demokratische Aufbruch' war damals für Leute wie uns die einzig mögliche Wahl', sagt auch Matthias Rößler, der später Kultusminister in Sachsen wird. Als bildungspolitischer Sprecher des DA trifft
er Angela Merkel in der hektischen Zeit vor der Volkskammerwahl
oft in Berlin. Als die Regierung im Januar die Möglichkeit zur bezahl-
ten Freistellung an den (staatlichen) Arbeitsplätzen beschließt, damit die neuen Parteien Personal zur Vorbereitung der Volkskammerwahl finden, bietet sich Angela Merkel zur aktiven Mitarbeit an. Im
'Haus der Demokratie' in Berlin-Mitte sitzt damals Ehrhart Neubert,
stellvertretender Vorsitzender des 'Demokratischen Aufbruchs', in
dem kleinen Büro der Bürgerrechtlertruppe. Neubert stellt die promovierte Physikerin von der Akademie der Wissenschaften als 'Mädchen für alles' ein. 'Sie war unscheinbar bis zum Geht-nicht-mehr',
erinnert er sich heute, 'eine graue Maus'. Geradezu begeistert fügt
er aber hinzu: 'Doch dann hat sie in kürzester Zeit bewiesen, was in
ihr steckt. Sie war zunehmend unentbehrlich und eine unglaublich
stabilisierende Größe. Jeder konnte zu ihr gehen und Probleme mit
ihr besprechen.' Probleme gibt es genug, denn eigentlich herrscht
das Chaos zu dieser Zeit – obwohl schon zwei Monate später die
Volkskammerwahlen anstehen. Der DA hat einen hohen Anspruch,
aber zu dieser Zeit kaum mehr als achtzig Mitglieder in Berlin, kaum
Geld, kaum Kommunikationsmöglichkeiten in die Bezirke außerhalb
Berlins, aus denen erst viel später Bundesländer werden sollten.

Merkel wuselt schon im Januar 1990 im DA-Büro herum, macht sich
besonders an den Computern nützlich, ab 1. Februar ist sie dann

ganz offiziell angestellt – als einzige Ostdeutsche unter lauter westdeutschen Helfern, die den Bürgerrechtlern unter die Arme greifen wollen. Nur ein Ostdeutscher kommt noch hinzu, der DA-Landesgeschäftsführer Peter Krause. Er hält die 'graue Maus' für eine Sekretärin und bittet sie, da sie gerade an einer Schreibmaschine sitzt, ihm das Kündigungsschreiben für seine Firma zu tippen. Merkel faucht ihn an – erklärt ihm dann aber gleich die Rechtslage: Er könne sich freistellen lassen, brauche nicht zu kündigen. Und tippt dem neuen Kollegen, der weder mit Schreibmaschine noch mit Computer umgehen kann, dann doch seinen Antrag.

Wenige Tage nach Merkels Dienstantritt hat der Parteivorsitzende Wolfgang Schnur zwei Termine angenommen, die er nicht unter einen Hut bringen kann. Er bittet die neue Mitarbeiterin, für ihn einen Frühstückstermin der Konrad-Adenauer-Stiftung mit West-Journalisten im Palasthotel zu übernehmen. "In welcher Eigenschaft? Ich bin doch ein Nobody." – 'In Ihrer Eigenschaft als Pressesprecherin.' – "Aber dazu bin ich doch gar nicht gewählt', wirft Merkel ein, wissend, dass es einen vom Parteitag bestimmten Pressesprecher gibt, der allerdings noch nie in Berlin gesehen wurde. 'Ab heute sind Sie es', sagt Schnur und rast zu seinem Termin. "Und da bin ich dann eben hin." Merkel kann Zusammenhänge schnell erfassen und verarbeiten. Und sie kann gut erklären. Während andere sich an einem Manuskript festklammern müssen, redet die Wissenschaftlerin frei und natürlich, ist dabei verständlich – und überzeugend. Die Gruppe der West-Journalisten, die sich sechs Wochen vor der DDR-Volkskammerwahl nur deshalb für den Termin um halb neun aus den Betten gequält hatten, weil sie hoffen, mit Schnur einen potentiellen Ministerpäsidentenkandidaten der DDR kennen zu lernen, sind ziemlich empört, als sie tatsächlich mit einer unbekannten, unscheinbaren 'Sprecherin' vorlieb nehmen müssen. "Aber am Ende des Frühstücks hatte sich die Stimmung durchaus verändert", erinnert sich Angela Merkel zehn Jahre später mit einem schelmischen Lächeln, zufrieden über ihren ersten größeren Auftritt.

Die CDU im Westen, damals geleitet vom Generalsekretär Volker Rühe, hat Anfang 1990 große Sorgen: Für die Volkskammerwahl und die Zeit der Einheit braucht sie dringend Verbündete in der DDR. Helmut Kohl sagt in diesen Tagen über die Ost-CDU: 'Ich hielt die damalige Führung dieser Partei, wohlgemerkt die Führung, für Verräter an den Prinzipien der Christlichen Demokraten. So mancher aus den oberen Rängen der Ost-CDU war Helfer des Staatssicherheitsdienstes gewesen, Tausende von standhaften Mitgliedern der Ost-CDU aus den ersten Jahren hatten darunter zu leiden gehabt. Mit solchen Leuten konnte man sich nicht an einen Tisch setzen.'

Aber es verbietet sich auch, gegen den Namensvetter im Osten Wahlkampf machen. Kann die CDU auf die Infrastruktur der Blockpartei verzichten, die immerhin überall in der Provinz Büros mit Telefon, ja sogar Telex hatte? Während die sympathischen und jungen Leute vom 'Demokratischen Aufbruch' und später von der DSU (die es aber fast nur im Süden der DDR gibt) logischerweise überhaupt keine Strukturen haben, sondern mit ihren 'Büros' noch in Hinterhöfen hausen, ohne Telefon und Fotokopierer? Kohl und Rühe entwickeln die Idee der 'Allianz für Deutschland': Ein Wahlbündnis von Ost-CDU, DA und DSU, für das Bundeskanzler Helmut Kohl als (West-) CDU-Vorsitzender in den DDR-Wahlkampf einsteigen soll.

Nach zähen Verhandlungen wird die 'Allianz' am 5. Februar 1990 in West-Berlin von Wolfgang Schnur (DA), Lothar de Maizière (Ost-CDU) und Hans-Wilhelm Ebeling (DSU) besiegelt. Ungleicher hätten die Partner der West-CDU in der DDR nicht sein können: Die ehemalige Blockpartei CDU mit etwa 100.000 Mitgliedern, 22.000 Kadern sowie einem enormen Geld- und Immobilienbestand einschließlich sechs Tageszeitungen, die ihr zugeordnet sind. Kurzum: Die Ost-CDU ist zwar im Vergleich mit der Staatspartei SED/PDS arm, aber verglichen mit den neuen Parteigründungen DA und DSU hat sie alles, was man für einen Wahlkampf braucht: Geschäftsstellen mit Personal, Telefon und Telex-Verbindungen, Geld. Allerdings auch eines, was im Wahlkampf gar nicht gut ankommen würde: Den Geruch des alten Regimes, zu dem die Ost-CDU nun einmal gehört hat. Die Neuen, DA und DSU, waren dagegen von der Vergangenheit zwar weitgehend unbelastet, aber außer ihrem Idealismus können sie nichts vorweisen: Mehrheiten lassen sich damit nach menschlichem Ermessen nicht gewinnen. Volker Rühes Idee einer 'Allianz' von gut gerüsteter Ost-CDU und den Bürgerrechtlern ist deshalb eine strategisch geniale Idee.

Angetan von der zu erwartenden Unterstützung der Helmut-Kohl-CDU ist auch Angela Merkel. Ich "fand die Entscheidung für die 'Alli-

anz für Deutschland' richtig. Es war für mich vor allem eine Richtungs-
entscheidung hin zu Sozialer Marktwirtschaft und deutscher Einheit."
Andere im DA sind dagegen entsetzt: "Viele gingen in dieser Zeit,
weil ihnen die sich anbahnende Zusammenarbeit mit der CDU im
Westen nicht passte", erinnert sie sich. Auch der Pfarrer und stellvertretende DA-Vorsitzende Ehrhart Neubert, ihr direkter Chef, geht:
Ihm passt die geplante Zusammenarbeit der West-CDU mit den
'Blockflöten' von der Ost-CDU nicht, denn er war gerade in den DA
eingetreten, 'weil ich die Ost-CDU als langjähriges Mitglied zu gut
kannte'. So stellte der Pfarrer Neubert zwar die Pfarrerstochter Angela Merkel als Mitarbeiterin ein, erlebt sie aber nur wenige Tage
lang aus nächster Nähe mit.

'Die Merkelin fiel mir sofort durch ihre Natürlichkeit und ihren Realis-
mus auf', begeistert sich Matthias Rößler heute noch über die junge
Frau jener Zeit: 'Sie war nicht nur originell und geistreich, sondern
behielt obendrein den Überblick.' Und sie bleibt in kritischen Situationen 'total cool'. Etwa bei Bombendrohungen, von denen es in jener Zeit im 'Haus der Demokratie' viele gibt. 'Die Merkelin', so der
Ingenieur Rößler über die Physikerin, 'lässt sich nicht so schnell aus
der Ruhe bringen. Angesichts der vielen überdrehten Typen fiel sie
mir auf, weil sie normal war. Ich habe sie gleich geduzt, obwohl das
sonst überhaupt nicht meine Art ist.'

Merkel und Rößler kümmern sich intensiv um den Wahlkampf, so-
fern das mit den kümmerlichen Mitteln und Möglichkeiten des DA im
'Haus der Demokratie' möglich ist. Sie überarbeiten die Reden von
Wolfgang Schnur, 'denn die hatten es nötig, und er hätte selbst eine
Speisekarte vorgelesen, ohne zu merken, wie langweilig sie ist', sagt
Rößler. Also werden für den Spitzenkandidaten des 'Demokratischen
Aufbruchs' Wahlkampfreden geschrieben, die Herzblut enthalten, die
von Freiheit, Einheit, Rechtsstaat und Sozialer Marktwirtschaft erzählen, in denen mit der Stasi abgerechnet wird. Beim ersten
Wahlkampfauftritt des westdeutschen Bundeskanzlers Helmut Kohl
in der DDR, am 20. Februar 1990 im Schatten des Erfurter Domes,
darf Schnur als erster das Wort ergreifen – Kohl nennt den Vertreter
der ungeliebten Ost-CDU immer erst als Letzten, lässt 'Demokrati-
schem Aufbruch' und DSU immer den Vortritt. Schnur spricht vor fast
hunderttausend Menschen, dankt Kohl, 'der uns nie aufgegeben hat,
dass er an der Einheit des deutschen Vaterlandes festgehalten hat,

auch als dies nicht selbstverständlich war.' Schnur bekennt sich zur Sozialen Marktwirtschaft 'auch aus ökologischer Verantwortung', spricht aber aber die Ängste der Menschen, vor allem der Rentner, vor unbekannten Neuerungen an. Und versichert, dass die Stasi nie wieder Lebensentwürfe vernichten, und jedes Telefonat abhören dürfe ...

So stand es, einprägsam formuliert, in seinem Redemanuskript. Doch vier Wochen später ist Wolfgang Schnur, ähnlich Manfred Stolpe einer jener legendären Juristen im Umfeld der Kirche, der Stasi-Mitarbeit überführt. Eine Delegation des DA-Vorstands findet in den Rostocker Stasi-Archiven unwiderlegbare Hinweise auf eine IM-Tätigkeit. Spät nachts ist Merkel dabei, als Schnur damit konfrontiert wird. Er streitet alle Vorwürfe ab, und die West-Berater werfen den Ostdeutschen vor, sie würden immer nur das Schlechteste für denkbar halten. Merkel pocht an diesem Abend auf eine Klärung und spricht sich gegen die Vorschläge einer eleganten, unauffälligen Lösung aus, etwa ein Rücktritt nach der Wahl. Der Radio-Journalist Thomas Schwarz, ein präziser Beobachter dieser Wochen, erinnert sich: 'Sie wollte keinen Zweifel an der Gradlinigkeit des 'Demokratischen Aufbruchs' aufkommen lassen. Es war ein völlig verrauchtes Zimmer, alle fühlten sich elend, vor der Tür gierten die Medien nach dem Desaster der Konservativen. Merkel aber war konzentriert und wie selbstverständlich blickten alle Männer mit ihren hohen Parteiämtern auf Angela Merkel.' Am nächsten Morgen ist sie nicht überrascht, als Schnur nicht zu der vereinbarten Pressekonferenz erscheint, auf der er seine Unschuld beteuern wollte und sollte. Während sie eine lang angekündigte Pressekonferenz über die Positionen des DA in der Europapolitik abhalten muss, merkt sie plötzlich, dass sich das Interesse der Journalisten schlagartig einem anderen Thema zuwendet: Schnur mit Schwächeanfall im Krankenhaus.

Eberhard Diepgen und Bernd Neumann, beide von der West-CDU, sind sofort an Schnurs Krankenbett: Die West-CDU sorgt sich um ihre Lieblings-Partnerpartei im Osten. Es ist der Tag der Abschluss-Großkundgebung der 'Allianz für Deutschland' mit Helmut Kohl in Leipzig, Rainer Eppelmann wird von Wahlkampfverpflichtungen in Thüringen nach Berlin geholt und schnell zum Vorsitzenden des DA gewählt. "Abends habe ich die größte Pressekonferenz meines Lebens geleitet" – leider zu einem traurigen Thema, der Stasi-Mitarbeit des bisherigen DA-Vorsitzenden. Merkel zeigt schon in dieser Parteien-Krise, dass sie eiserne Nerven besitzt.

Vier Tage vor der Volkskammerwahl am 18. März kommt die Wahrheit über die Vergangenheit seines Vorsitzenden für den DA fast einem Todesurteil gleich. 0,9 Prozent und vier Mandate erringt die junge Partei, die einst Hoffnungsträger der West-CDU war, in der Volkskammerwhl 1990. Auf der Wahlparty des DA bleibt Angela Merkel nicht lange. Auf der Wahlfeier der CDU wird ihr später am Abend erstmals Thomas de Maizière vorgestellt, der als Berater für seinen Onkel Lothar de Maizière tätig ist. "Sie können glücklich sein, dass sie so feine Kerle wie uns vom 'Demokratischen Aufbruch' in der 'Allianz für Deutschland' dabeihaben. Ich hoffe doch, dass das bei der Regierungsbildung anständig berücksichtigt wird", sagt sie in ihrer Enttäuschung über das Wahlergebnis ihrer Partei zu dem ihr bis dahin völlig unbekannten Westdeutschen.

Tatsächlich gelangen viele von der jungen Elite aus dem 'Demokratischen Aufbruch' ungeachtet des mehr als mageren Wahlergebnisses in verantwortungsvolle Positionen: Angela Merkel wird stellvertretende Sprecherin der letzten, aber ersten demokratischen Regierung der DDR, obwohl sie bei der Vereidigung der Regierung am 12. April 1990 gar nicht dabei ist: "Mein Mann hatte eine Einladung zu einer Tagung in Sardinien, und ich wollte da mit. Ich hatte hart genug gearbeitet, um jetzt ein paar Tage Erholung in der Sonne verdient zu haben – und wusste ja auch gar nicht, ob ich etwas werde."

Tatsächlich kommt ihre Nominierung zur stellvertretenden Regierungssprecherin selbst für die Teilnehmer der Ost-Berliner Koalitionsgespräche völlig überraschend und ist nur mit dem kreativen Chaos zu erklären, das damals den Beginn der Demokratie in der Noch-DDR kennzeichnet: 'Es ging holterdiepolter, es war abenteuerlich', sagt auch der 'Entdecker von Angela Merkel', Hans-Christian Maaß, der nach der Wahl als einer der ersten Berater von Bonn nach Ost-Berlin entsandt worden ist, um der neuen Regierung bei der Pressearbeit zur Seite zu stehen. Als Maaß erfährt, dass die neue Regierung nur einen einzigen Regierungssprecher ernennen will, sagt er sofort: 'Alleine geht das doch nicht, ein zweiter Mann muss her!' Aber weder Mathias Gehler, bis dahin Redakteur der Ost-CDU-Zeitung 'Neue Zeit', noch de Maizière haben eine Idee, wer dazu geeignet sein könnte. 'Die wussten einfach niemanden, Pressesprecher gab es ja in der Opposition nicht.'

Maaß holt die Adressliste mit seinen Bekannten aus dem Spätherbst 1989 hervor. 'Und da habe ich mich an Angela Merkel erinnert und mir überlegt: Die ist Naturwissenschaftlerin, präzise, diszipliniert, die kann das schaffen. Und sie ist vom DA, das passt prima in die Koalitionsarithmetik. Ich bin zu ihrer Wohnung im Prenzlauer Berg gefahren, habe sie rausgeklingelt und gefragt: 'Erinnerst du dich?' Kaum hat Merkel Ja gesagt, wird sie mitgenommen: 'Komm mit, ich stelle dich dem Ministerpräsidenten vor, du wirst stellvertretende Regierungssprecherin.'

Lothar de Maizière sagt nach der Kurzvorstellung in einer Sitzungspause: 'Die ist nett, die nehmen wir.' Maaß persönlich stellt Merkel ein, monatlich 2.500 Mark – ein Spitzengehalt für DDR-Verhältnis-

1990 als stellvertretende Regierungssprecherin mit Lothar de Maizière im Flugzeug

se. Dann drängt die Kurzreise nach Sardinien. "Im Rückblick halte ich das für einen ziemlichen Fauxpas, dass ich damals mitgeflogen bin ..." Die Regierung de Maizière wird am 12. April vereidigt, Merkel tritt ihren Dienst um den 15. April herum an, "genau weiß ich es nicht mehr".

In vier Monaten hatte sie sich aus der Baracke der Akademie der Wissenschaften in Adlershof in das Alte Stadthaus in Berlin-Mitte katapultiert, um jetzt der interessierten Weltöffentlichkeit die Taten der Koalitionsregierung von Lothar de Maizière zu erläutern. 'Wir standen der gesamten Mannschaft aus der Propagandamaschine der alten DDR gegenüber, die ja noch voll funktionsfähig war! Und aus Bonn waren nur sehr wenige da, die sich auskannten und helfen konnten,' erinnert sich Maaß. 'Merkels Position wuchs von Woche zu Woche, weil vom Kabinett eine Vielzahl von Gesetzen und Verordnungen verabschiedet wurden und Gehler ständig den Ministerpräsidenten auf Reisen begleitete, so dass sie immer öfter vor der Pressekonferenz auftreten musste. Dort ist sie durch ihre präzise, kurze, unprätentiöse Art, die Dinge zu benennen, ohne zu polarisieren, gut angekommen. Sie hat immer sehr abgewogen und präzise argumentiert.'

Maaß ermuntert sie: 'Du kannst ruhig mal ein bisschen Blut spritzen lassen!' Nein, 'das hat sie bewusst nicht gemacht, und das war ihre Stärke', beobachtet der Helfer im Hintergrund: 'Wo mir die Pferde durchgegangen wären, hat sie gesagt: 'Das ist nicht meine Art.' Durch ihre naturwissenschaftliche Ausbildung drang sie viel tiefer in die Probleme ein als der DDR-Journalist Gehler. Sie hatte die Fähigkeit, die Dinge in der Argumentation zu verkürzen. Die Kultur der westdeutschen Pressearbeit, die Kultur der westdeutschen Politik war ihr natürlich total fremd – aber sie hat das alles schnell gelernt.'

Fotos dieser Zeit zeigen eine jugendliche Frau mit Bubikopf, die oft staunend, zuweilen unbeholfen, aber doch selbstbewusst die Gehversuche in der Volkskammer und im Kabinett verfolgt. Merkel wirkt mehr im Hintergrund als der Regierungssprecher, aber sie ist präsent, arbeitet hart und setzt sich durch. Sie hat bald einen hervorragenden Ruf: 'Als Regierungssprecherin war sie die beste und hilfreichste offizielle Quelle in Ost-Berlin, stets ein gegebenes Wort hal-

32

tend, eher leise, mit Präzision und Blick fürs Wesentliche die Kabinettssitzungen referierend', lobt sie Detlev Ahlers rückblickend in der 'Welt' vom 3. Januar 1991. Weil Gehler nicht gerne fliegt, ist sie auf den Antrittsreisen der demokratischen DDR-Regierung in Moskau, London und Paris mit dabei.

Abgesehen von diesen Glanzlichtern der Regierungstätigkeit sind die Monate des Sommers 1990 eine mühselige Aufbauarbeit. "Mitte April haben wir angefangen, und Ende September war schon alles vorbei", erinnert sie sich heute. "Wir haben alles mit unglaublichem Elan und Ernsthaftigkeit aufgebaut, gelernt, wie man Vorgänge bearbeitet und wie man Presseerklärungen macht, also das ganze Know-how, als wollten wir zwanzig Jahre regieren ... Und dabei haben wir die ganze Zeit an unserer Abschaffung gearbeitet."

Im Westen gerne als 'Laienspielschar' verspottet, muss die DDR-Regierungstruppe wegen der widrigen Umstände mehr leisten als mancher im Westen. Etwa an jenem Tag, "als im August die Koalition platzte und die SPD aus der Regierung ausschied. Dem geht eine Bauerndemonstration voran, Staatssekretär Krause bekommt dort Eier an den Kopf geworfen. Ich sitze mit Ministerpräsident de Maizière bei einem Interview mit der Zeitschrift 'Quick' und es war einer dieser seltenen Momente, wo ich gerade mal das Gefühl hatte, dass wir nicht im Ausnahmezustand lebten. Aber da geht die Tür auf, de Maizières Berater Fritz Holzwart steckt seinen Kopf rein und sagt, 'Lothar, Du musst sofort kommen', und das in einem Tonfall, der keinen Widerspruch duldet." Zwei Fragen werden noch beantwortet, danach, schon auf dem Flur, schießt eine Sekretärin mit einem Tablett mit drei Schnapsgläsern vorbei in Richtung Ministerpräsidentenbüro. "Da wusste ich schon: Es ist etwas Schlimmes passiert, Krause braucht einen Klaren." Das war um halb sechs, um halb sieben waren die Beschlüsse über das Ende der Koalition mit der SPD gefasst. "Und dann wurde ich reingewinkt, und es hieß: 'Bitte Presse so einladen, dass es noch in den 19-Uhr-Nachrichten gebracht wird!'" Punkt 19.00 Uhr beginnt Merkels Pressekonferenz, und das ZDF hat um 19.03 Uhr alles gefilmt, damit man es bis 19.12 Uhr noch in die Heute-Sendung hineinsenden kann.

Kurz nach der Währungsunion wird die Krise der LPG-Landwirtschaft offenbar. Merkel hat eine, wie sie findet schwierige Bewährungsprobe in einer Pressekonferenz zu bestehen, als ihr im Zusammenhang mit den Schwierigkeiten der LPG-Bauern der Satz Kohls vorgehalten wird, es werde keinem schlechter, aber vielen besser gehen ..."Da saß ich da und habe als Erstes erwidert, wie er eigentlich dazu komme, das hohe Gut der Freiheit mit so schnöden Fragen zu vermischen, natürlich gibt es Leid, aber insgesamt ... Ich weiß noch, wie ich Blut und Wasser geschwitzt habe, weil ich dem Wort von Helmut Kohl auf dieser Pressekonferenz nicht widersprechen wollte, denn es war ja meine feste Überzeugung, dass es jedem besser gehen wird."

Zusammen mit Günther Krause gehört Angela Merkel zum engeren Kreis um Ministerpräsident Lothar de Maizière. Ein guter Kontakt entsteht zu Günther Krause, der sich schnell als Kraftzentrum beim Aushandeln des Vertrages zur Wirtschafts- und Währungsunion und anschließend beim Einigungsvertrag entwickelt. Damals lernt sie erstmals Wolfgang Schäuble kennen, auch Willi Hausmann, der für den Bundesinnenminister die Pressearbeit macht.

Ein "schrecklicher Tag" für die stellvertretende Regierungssprecherin Angela Merkel ist der 17. Juni 1990. Eigentlich als Tag der deutschen Einheit für sie positiv besetzt – doch völlig überraschend stellt der Koalitionspartner DSU plötzlich in der Volkskammer den Antrag auf sofortigen Beitritt zur Bundesrepublik. "Das war überstürzt, alptraumartig, einfach chaotisch. Nicht, dass ich nicht beitreten wollte. Aber es musste doch geordnet erfolgen, es musste alles bedacht werden. Ich habe etwas gegen ungeplantes Vorgehen. Wir haben Tag und Nacht gearbeitet, die Währungsunion stand kurz vor der Tür – der 17. Juni war einfach zu früh. Vor der Währungsunion der Beitritt, das war falsch rum gedacht", kritisiert Merkel heute noch den Leipziger DSU-Chef Hans-Wilhelm Ebeling, der zu den Verfechtern des 'Beitritt sofort' gehörte. Merkel will die Problembereiche schnell, aber gründlich durchdacht wissen, bevor die Einheit vollzogen wird. Doch noch schneller verhandeln, als Schäuble und Krause es taten, konnte man wirklich nicht, meint sie.

Merkel ist im Sommer 1990 Mitglied im 'Demokratischen Aufbruch', noch nicht in der CDU. Ende August 1990 legen die Juristen der West-CDU fest, dass sich nur die Ost-CDU mit der West-CDU vereinigen könne, nicht aber mehrere Ost-Parteien mit der West-CDU. Deshalb müsse sich der DA vorher auflösen und der Ost-CDU beitreten. Merkel und viele andere sind darüber überhaupt nicht begeistert, fügen sich aber letztlich.

Von der West-CDU wird Johannes Gerster nach Berlin geschickt, um dafür zu sorgen, dass auf dem Parteitag auch die Zweidrittelmehrheit für die Auflösung und den Übertritt erreicht wird. "Er bekam Angst, weil viele in der Debatte sagten, wie ungern sie den DA auflösen. Ich war dagegen sicher, dass die Leute vernünftig abstimmen würden, weil wir ja keine Alternative hatten."

Die Mehrheit reicht, und dann kommt der Vereinigungsparteitag am 1. und 2. Oktober 1990 in Hamburg. Hans Geisler, einer der Denker im DA (er wird Sozialminister in Sachsen), macht Angela Merkel auf dem Presseabend mit Helmut Kohl bekannt. Lange vorher, im Frühsommer schon, haben hochrangige Bonner Beamte dezente Blicke auf die politische Elite in der Ost-Berliner Regierung geworfen. Klaus Gotto aus dem Bundespresseamt und Jürgen Aretz aus dem Innerdeutschen Ministerium etwa haben von einem Besuch im Mai/Juni 1990 das 'kleine Arbeitszimmer' von ihr noch genau in Erinnerung: 'Der Schreibtisch war schräg in die Ecke gestellt, Angela Merkel quetschte sich mit ihrem Stuhl in die Ecke und blickte ihre Besucher offen an.' Weitere Empfehlungen von Günther Krause und Lothar de Maizière, aber auch von Hans Geisler, von Rudolf Seiters und Innenstaatssekretär Horst Neusel führen zu einer Einladung im November 1990, "mitten im Bundestagswahlkampf", zu Kohl ins Bonner Kanzleramt.

Zu jener Zeit ist Angela Merkel noch nie in ein Amt einer Partei gewählt worden, hat sie noch nie ein politisches Mandat errungen. Aber sie hat Freude an der Politik bekommen und sieht, dass ein Bundestagsmandat ihr künftig die erwünschte Freiheit sichern würde. Doch in ihrer zweiten Heimat Brandenburg ist der einzige dem 'Demokratische Aufbruch' zustehende Wahlkreis bereits an Rainer Eppelmann vergeben worden – außerdem mag Angela Merkel den dortigen Vorsitzenden, den umstrittenen Innenminister Peter-Michael Diestel, nicht.

Ihr Förderer Günther Krause, damals CDU-Landesvorsitzender in Mecklenburg-Vorpommern, verhilft ihr zu einer Chance im Wahlkreis Stralsund/Rügen/Grimmen. Mit leicht bebendem Herzen ruft sie den Landrat in Grimmen, Wolfhardt Molkentin, an. Der bärbeißige, aber grundanständige CDU-Regionalchef hat gar nichts gegen die Bewerbung, weil die CDU auf dem Lande nach den kandidatenverschlingenden Kommunal- und Landtagswahlen personell ausgezehrt ist. 'Immer die Wahrheit sagen!', gibt er ihr als Leitsatz mit auf den Weg, weil er fürchtet, dass die stellvertretende Regierungssprecherin von den Problemen auf dem Lande nicht viel Ahnung haben kann.

Groß ist die Chance für die Berlinerin aus Templin allerdings nicht: In letzter Minute als Kandidatin des Kreisverbandes Grimmen nominiert, muss sie in dem großen Bundestagswahlkreis gegen zwei Westdeutsche antreten, die in den Kreisverbänden Stralsund und Rügen aufgestellt worden sind. Vor allem der Kandidat der CDU auf Rügen scheint unschlagbar: Die Rügener sind zahlenmäßig mit Abstand der stärkste der drei Kreisverbände und die Kandidaten-Kür findet nach zwei erfolglosen Versammlungen, die wegen Formfehlern nicht beschlussfähig waren, jetzt auf Rügen statt. Doch Merkel und Landrat Molkentin, der Gefallen an der 'offenen und aufrichtigen, modernen Frau' gefunden hat, mobilisieren 'ihre' Grimmer CDU. Mit zwei Bussen fahren sie auf Deutschlands größte Insel. Abends um 18 Uhr geht es los, doch die Versammlung in Prora zieht sich

Mit Landrat Molkentin
in ihrem Wahlkreis

ewig in die Länge. Spät am Abend wird das Ergebnis des ersten Wahlgangs bekannt gegeben: Der Rügener Kandidat aus dem Westen hat die absolute Mehrheit nur um zwanzig Stimmen verfehlt, Merkel hat das zweitbeste Ergebnis. Die Rügener Bauern feiern ihren vermeintlichen Sieg mit unzähligen Schnäpsen – und viele vergessen darüber, in der folgenden Stichwahl zwischen Angela Merkel und dem Rügener Kandidaten ein Votum abzugeben. Merkels Truppe dagegen steht – und nachts um zehn vor eins gewinnt sie hauchdünn mit zwölf Stimmen Mehrheit. Jetzt ist die 36 Jahre alte Hamburgerin, die in Brandenburg aufwuchs, Kandidatin in Vorpommern für die erste gesamtdeutsche Bundestagswahl am 2. Dezember 1990.

Doch vorher kommt noch die Deutsche Einheit am 3. Oktober. Alle sind in Jubelstimmung, doch bei Merkel mischt sich ein Stich Empörung in die Festtagsstimmung, als sie bei wunderschönem Wetter zur Feier in die Philharmonie geht: "Gerade hatte ich entdeckt, dass man die DDR-Volkspolizisten über Nacht in West-Berliner Uniformen gesteckt hatte. Das ist für mich ein unheimlicher Schock, ein Kulturschock. Den Gesichtern sehe ich noch genau an, wo sie herkommen ... Alle NVA-Offiziere in Bundeswehr-Uniformen, alle Polizisten übernommen – das war schwierig für mich. Ich hatte ja bezüglich der deutschen Einheit wirklich vieles überlegt, aber dann schießt es mir durch den Kopf: Hoffentlich hat der Westen *das* bedacht!" Die Schwierigkeiten der Einheit symbolisieren sich in dieser Szene bereits am frühen Morgen des 3. Oktober 1990.

Mit der Einheit, auf die sie das ganze Jahr voller Begeisterung, Überzeugung und bis an das Ende ihrer Kräfte hingearbeitet hat, kommt für Angela Merkel Ungewissheit und Leere: "Ich bin stellvertretender Regierungssprecher gewesen und am 3. Oktober plötzlich nur noch Referentin des Bundespresseamtes mit Besoldungsstufe A 13. Vorher musste ich aber noch in West-Berlin eine Einstellungsuntersuchung für den öffentlichen Dienst über mich ergehen lassen. Und weil ich einen hohen Blutdruck habe, sagte man mir, es sei gar nicht sicher, ob ich in den öffentlichen Dienst übernommen würde."

Angela Merkel ist das zwar eigentlich egal, weil sie sich ja ihr Bundestagsmandat erkämpfen will, "aber es war schon eine interessante Erfahrung. Gerade hast du noch bei Mitterrand gesessen, dachte ich, nun bist du vereint – und nichts mehr."

Mecklenburg, Leipzig, Berlin

An die erste Pfarrstelle ihres Vaters in Quitzow bei Perleberg (in der brandenburgischen Prignitz) hat Angela Merkel kaum eine Erinnerung – die Familie trat den Umzug dorthin im Spätsommer 1954, also wenige Wochen nach ihrer Geburt in Hamburg, an und blieb dort nur drei Jahre lang. Dafür aber an den 'Waldhof' in Templin in der brandenburgischen Uckermark! In diesem Refugium mitten in der Natur wächst Angela mit ihren zwei Geschwistern, dem drei Jahre jüngeren Bruder und der zehn Jahre jüngeren Schwester, auf. Hier wächst ihre Liebe zur Natur, hier in dieser Idylle gründet ihr Bedürfnis nach Privatheit und Rückzugsmöglichkeiten.

Der Waldhof ist ein Fortbildungszentrum der evangelischen Kirche für Pfarrer und Prediger. Hier arbeiten die Eltern Kasner, der Vater als Leiter, die Mutter unterrichtet nebenbei Sprachen: Griechisch und 'Englisch für die Weltkirche'. Zugleich ist der Waldhof aber auch ein zur Inneren Mission gehöriges kirchliches Heim für etwa 200 Behinderte: Es gibt dort geistig Behinderte, und viele von ihnen sind bettlägerig. "Die wurden in der DDR-Zeit unsäglich schlecht behandelt", erinnert sich Merkel im Gespräch mit der Fotografin Herlinde Koelbl, die sie für ihre Langzeitstudie über 'Spuren der Macht' befragt hat. Pastoralkolleg und Pflegeheim bilden eine räumliche Einheit außerhalb der Stadt. Der selbstverständliche Umgang mit jungen und erwachsenen Behinderten, zugleich aber auch mit den ständigen Besuchern und Lernenden, prägen das Kind Angela. Von Toleranzfähigkeit spricht man hier nicht – sie wird gelebt. Und in Kirchenkreisen ist die Welt klein: Rainer Eppelmann, der von 1989 an ihren Weg in die Politik erst als führender Mann im 'Demokratischen Aufbruch', dann als DDR-Abrüstungsminister und schließlich als Bundestagsabgeordneter in Bonn begleiten wird, war auf dem Waldhof ebenso wie viele andere Pastoren.

Als kleines Mädchen auf dem Waldhof

Unter den Erwachsenen auf dem Waldhof ist Angelas besonderer Freund der Gärtner: Stundenlang kann sie mit ihm im Gewächshaus und im Gemüsegarten verbringen. Bei ihm lernt sie als Kind nicht nur, kleine Pflänzchen zu pikieren, sondern den Blick und das Verständnis für die Natur zu entwickeln. Die Sorge um die Schöpfung, das Interesse an Botanik braucht die spätere Bundesumweltministerin in Bonn nicht erst zu üben. Auf dem Waldhof in der brandenburgischen Uckermark wächst Angela als 'Landpflanze' auf – heute noch zieht es sie jedes Wochenende in ihr Refugium in der Natur zurück.

1961, als die Mauer quer durch Berlin und durch Deutschland gebaut wird, ist Angela sieben. Der 13. August ist ein Sonntag: Angela Merkel erinnert sich noch genau, dass ihr Vater Gottesdienst gehalten hat. Viele weinten im Gottesdienst, vor allem ihre Mutter, "es war fürchterlich". Was der Mauerbau konkret bedeutet, kann das Kind noch nicht ermessen, "aber es war mir klar, dass etwas ganz Schreckliches, Trauriges passiert ist. Es war ein Drama, schlicht und ergreifend ein Drama, das unser Leben sehr stark beeinflusst hat". Vor allem für Angelas Mutter Herlind Kasner, die nicht mehr zu ihrer Verwandschaft nach Hamburg fahren darf, ist die 'Klappe zu'. Erst 23 Jahre später, zur Beerdigung ihrer Mutter, darf Herlind Kasner erstmals wieder nach Westdeutschland fahren. Allerdings sind die Hamburger Großmutter und auch eine Tante mit Kindern oft auf dem Waldhof in Templin. Doch jeder dieser Besuche musste bei der Volkspolizei beantragt werden – und dort hatte die Stasi das letzte Wort, und die hatte auch schon vor dem Mauerbau Reiseanträge aus reiner Schikane abgelehnt.

"Wir hatten eine sehr glückliche Kindheit" – aus dieser Zeit schöpft Angela seither ihre Kraft. Die Idylle, die freie Landschaft der Schorfheide, die nahe Ostsee, aber auch das freie Gespräch am Mittagstisch der Familie und mit den Gästen des Pastoralkollegs, oft Verwandtenbesuch aus Hamburg, West-Radio und später West-Fernsehen, West-Pakete und auch der Traum von Westreisen haben Angela geprägt. "Wir waren schon Außenseiter. Ich sammelte Kunst-

Selbst bei Besuchen im Wahlkreis packt Sie bei Gartenarbeiten gerne mal mit an

43

postkarten, mein Bruder kannte alle Päpste auswendig. Und gegenseitig haben wir uns die Hauptstädte der Länder der Welt abgefragt." Und auf das nächste West-Paket der Verwandschaft mit Jeans gewartet: "Ich habe praktisch nie DDR-Klamotten getragen."

War das überhaupt ein 'typisches' DDR-Leben? Allerdings: Schon in der Schule, der Goetheschule in Templin, wird ihr eingebläut, wer in der DDR regiert: Pfarrerstöchter haben da nichts zu lachen, können froh sein, wenn sie nicht von den Lehrern systematisch lächerlich gemacht werden. Den 'Helden' spielt Angela in der Schule nicht, aus ihr soll etwas werden, hofft der Vater. Sie ist in der FDJ, "das war Schutzprogramm". Genutzt hat es ihr aber nichts. Die sozialistische Jugendweihe macht sie nicht mit, sie lässt sich bewusst nur konfirmieren. Und sie feiert nicht nur gerne, sondern kassiert auch erste Preise bei den Olympiaden für Mathe und Russisch. Beim Gedanken an ihre Schulzeit erinnert sich Angela heute noch daran, wie gut es war, mittags nach Hause zu kommen und der Mutter alle Erlebnisse erzählen und damit verarbeiten zu können: "Absprechen" nannte sie das. Manchmal muss sie allerdings zurück in die Schule rasen und ihre Zahnspange retten: Weil sie damit nicht das russische 'r' rollen konnte, packt sie das Gerät immer in das Pergamentpapier der Pausenbrote – und das vergisst sie gelegentlich unter dem Tisch. Meist waren die Reinigungsfrauen schon durch die Klasse gegangen, und das Butterbrotpapier mit der teuren Zahnspange musste im Papierkorb gesucht werden ...

Ihre Eltern erinnern sich vor allem schaudernd an einen Vorfall kurz vor dem Abitur, als wegen eines der üblichen 'Kulturprogramme' plötzlich der Traum vom Studium zu zerplatzen drohte. Denn Angelas 12. Klasse hatte keine Lust, ein solches 'Kulturprogramm' zu organisieren. Konnte man vielleicht den unbeliebten Lehrer ärgern, indem man einfach nichts tat? Doch Nonkonformismus war in der DDR nicht erlaubt: Als der 'Pausenrundfunk' der Schule die 12. Klasse anprangert, stellt Angela in letzter Minute in der Schule doch noch ein Programm zusammen: "Fünf bis sechs Mädchen, der aktive Teil der Klasse, haben beschlossen, etwas zu machen, ein Kulturprogramm eigener Art. Alles legale Teile – aber die Zusammenstellung war doch recht eigenständig ..."

44

Besonders das Morgenstern-Gedicht 'Mopsenleben' erregt die Lehrer:

> Es sitzen Möpse gern auf Mauerecken,
> die sich ins Straßenbild hinauserstrecken,
> um von sotanen vorteilhaften Posten
> die bunte Welt gemächlich auszukosten.
> O Mensch, lieg vor dir selber auf der Lauer,
> sonst bist du auch nur auf der Mauer.

Außerdem wird Geld für die Frelimo gesammelt und zum Schluss die Internationale auf Englisch gesungen.

Die Darbietung ist tatsächlich so 'eigenständig', dass die Lehrer nach der Aufführung entgeistert sind. Das Kollegium merkt: Hier werden sie auf intelligente Weise vorgeführt. Dummerweise ist der Mann der Deutschlehrerin Kreisschulrat und der sorgt dafür, dass am nächsten Tag eine Maschinerie losgeht, "die man heute fast nicht mehr erklären kann": Morgens vor der ersten Stunde entfallen der Morgengruß der Klassenlehrerin, das obligatorische Morgenlied und das Vorlesen aus der Zeitung. Die Schüler anderer Klassen müssen in der ersten Stunde auf Wandzeitungen gegen Angelas 12. Klasse 'Standpunkte' beziehen. Dann werden die nicht an dem Kulturprogramm beteiligten Klassenkameraden von Stasi-Mitarbeitern verhört – nicht aber der harte Kern der sechs Freundinnen. "Das war ein dummes Gefühl ..."

Die Wellen schlagen hoch, es ist klar: Die aufmüpfigen Schüler sollen bestraft werden. Vor allem die Pfarrerstochter, die dieses antisozialistische Programm entworfen hat, soll jetzt mal richtig gemaßregelt werden. "Die hatten gefühlt, dass wir provozieren wollten. Deren Argumente stimmten nicht, aber die Sacheinschätzung entbehrte nicht völlig jeder Grundlage ...", gibt Merkel heute amüsiert zu. Damals ist ihr gar nicht zum Lachen zumute, denn Maßregelungen hätten das Ende aller Studienträume bedeutet – zu dieser Zeit hat sie bereits grünes Licht für ein Physikstudium.

Die Vorwürfe sind tatsächlich lächerlich und nicht haltbar: Christian Morgenstern sei ein bürgerlicher Autor und werde nur im Westen verlegt. Die Verbindung mit dem Wort 'Mauer' sei eine klare politische Provokation. Das Solidaritätsgeld hätte, wie damals üblich, nach Vietnam gespendet werden sollen. Die (in Mosambik kämpfende marxistische Befreiungsorganisation) Frelimo war bei SED und Stasi im Bezirk Neubrandenburg offenbar nicht bekannt und wird kurzerhand zur imperialistischen Organisation erklärt ...

Auf einer Elternversammlung wenige Tage später kommt der ganze unterschwellige Hass der Lehrer auf die Schülerclique zum Vorschein: 'Immer nur Westkleidung, wahrscheinlich hören sie auch nur Westradio!' Da gibt es von Seiten der Eltern einen "unglaublichen Aufschrei", was die Lehrer sich einbilden würden. Unter größter Mühe besorge man anständige Klamotten für die Kinder und dann diese Vorwürfe! Das Erstaunliche passiert: Der Elternzorn gegen die Lehrer hat Erfolg!

Eine Petition wird verfasst, die Angela persönlich zu Manfred Stolpe, dem obersten Kirchenjuristen der DDR, nach Berlin ins Stefanusstift bringt. Außerhalb der Provinz war für so eine Posse 1972 kein Raum mehr, dank der Kirchenschiene greift 'Berlin' ein: Angelas Klassenlehrer wird gemaßregelt – er weigert sich heute, über den Vorfall zu sprechen. Die Schüler bekommen 'nur' einen Verweis beim 'Fahnenappell'.

Doch vorsichtshalber fahren Vater Kasner und Tochter Angela nach Leipzig zur Studienabteilung der Universität und sprechen dort wegen ihres bereits zugesagten Studienplatzes vor. "Die haben gar nicht verstanden, wovon die Rede war. In der Großstadt erschien das als Provinzposse." Das Studium war also nicht in Gefahr.

Als Pfarrerstochter hatte sie sich allerdings ihren Traum, Lehrerin zu werden, schon viel früher aus dem Kopf schlagen müssen. Auch wenn ihre Begabung und Leidenschaft die Sprachen sind: Lehrerin, Dolmetscherin, selbst Psychologin – alle diese Berufe, die mit Menschen und Kommunikation zu tun haben, werden im SED-Staat abgeblockt. Wäre ihr Vater Fahrer statt Pfarrer, bekäme sie mit ihren guten Noten sofort das für das Studium des Faches jeweils notwendige 'Prädikat'. Sie als Pfarrerstochter kann dagegen froh sein, dass sie überhaupt die Erweiterte Oberschule (EOS) besuchen, das Abitur machen und dann sogar studieren darf.

Denn vielen anderen Pfarrerskindern in dieser Zeit geht es anders: In den Sommerferien an der Ostsee, auf dem Darß, erlebt sie als junges Mädchen oft, wie Pfarrersleute, die wie ihre Familie im bescheidenen Ferienheim urlauben, mit ihren Kindern vor dem Zaun des benachbarten noblen Ferienheimes des SED-Zentralkomitees stehen. "Wenn ein hoher Funktionär in Sichtweite kommt, wurden die Kinder losgeschubst, um bei der SED-Größe um Fürsprache zu bitten, damit man trotz des Vetos der örtlichen Funktionäre auf die Erweiterte Oberschule durfte ..."

Angela entscheidet sich in der 12. Klasse, nicht ihren Traumberuf Lehrerin anzustreben. Dann wäre sie verpflichtet, Kinder in der Schule auszuforschen, ob sie in die Christenlehre gehen. "Das wollte ich nicht." Sie informiert sich bei Bekannten über andere Studienfächer und erwärmt sich für Physik. "Für Einsteins Relativitätstheorie habe ich mich intensiv interessiert, allerdings mehr aus philosophischer Sicht." Sie entschließt sich, die Herausforderung anzunehmen.

In Leipzig studiert sie von 1973 bis 1978. Zu Beginn ist es sehr anstrengend: "Ich habe viel gerechnet und gemacht und getan. Die Theorie fiel mir leicht. Ordnungsprinzipien, damit beschäftige ich mich gerne, das Experimentelle liegt mir nicht." Ihr Studium ist bemerkenswert unpolitisch. "Politik spielte in unserem Fach keine große Rolle, die Professoren waren auch überhaupt nicht politisiert." Aber auch Physikstudenten müssen die obligatorischen Marxismus-Leninismus-Vorlesung absolvieren. "Einmal bin ich da rausgeflogen, weil ich heimlich Physikaufgaben gemacht habe": Drei Reihen hinter ihr passt ein Dozent auf, das hat sie nicht bemerkt. "Plötzlich schrie der laut: 'Herr Professor Kannegießer, hier macht eine Übungsaufgaben!' Der sagte nur: 'Raus!' Der Hörsaal der Tiermediziner hatte nur vorne einen Ausgang – es war ein unschönes Gefühl, durch den ganzen Hörsaal rennen zu müssen ..."

Angela geht regelmäßig, fast jede Woche, zur Studentengemeinde. Auf einem Wochenendseminar der Studentengemeinde auf Schloss Mansfeld lernt sie den Lyriker Rainer Kunze kennen, kurz bevor er aus der DDR ausgewiesen wird. Sie ist sehr beeindruckt, "wie leise der Lyriker spricht – im Gegensatz zum lauten Geschrei der Diktatoren".

An der Uni ist sie nicht in der FDJ aktiv, die Freiheit zur geistigen Unabhängigkeit und Nonkonformität nimmt sie sich bewusst. "Aber ich habe zweimal wöchentlich Disko gemacht. Viele Jungs in der Sektion Physik haben selbst gebastelte Verstärker gebaut." Angela scheint damals schon ein Gefühl für Marktwirtschaft zu haben: "Ich habe die Bardame gemacht. Das brachte pro verkauftes Glas dreißig Pfennig Verdienst, in der Woche kam ich da auf zwanzig bis dreißig Mark zusätzlich, das war fast die Miete für das Wohnheim. Bei einem Stipendium von 250 Mark im Monat war das wichtig. Da ich von meinen Eltern nicht viel erhielt, ist mir heute noch ein Rätsel, wie ich damals über die Runden kam." Für ihren Zusatzverdienst muss sich Angela heftig anstrengen: "Morgens um 7 Uhr begannen die Seminare, abends bis 12 ging die Disko." Die Einkäufe beim Getränkehändler muss sie selbst tätigen: "Unentwegt war ich mit der Straßenbahn unterwegs, um Kisten voller Kirschmost zu besorgen, denn Kirsch-Whisky war 'in'."

In Leipzig verliebt Angela Kasner sich in einen Mitstudenten, Ulrich Merkel. Sie sind im gleichen Studienjahr, aber nicht in der gleichen Studiengruppe. Ulrich wirbt beharrlich um sie, 1977 heiraten sie in Templin, beziehen eine Ein-Raum-Unterkunft im Studentenwohnheim. Die Familie ihres Mannes kommt aus dem thüringischen Vogtland, hatte dort einen mittelständischen Textilbetrieb, der 1972 in staatlichen Besitz überging und 1975 stillgelegt wurde.

"Es war eine gute Zeit in Leipzig, aber das Studium war schwer", sagt Angela Merkel rückblickend. Das Diplom besteht sie 1978 mit Bravour, doch dann stellt sich im Arbeiter- und Bauernstaat DDR wieder die Frage, was eine Pfarrerstochter – kirchlich gebunden, kein gesellschaftliches Engagement – werden darf. Weil der SED-Staat unter allen Umständen verhindern will, dass so jemand Studenten unterrichtet, kommt keine (Lehr-)Tätigkeit an einer Schule oder Universität in Frage, wie sie bald merkt.

Ihr Mann und sie bekommen Angebote aus Ilmenau: Die Technische Hochschule hat einen exzellenten Ruf und den interessanten Studiengang Bionik, ein Grenzgebiet zwischen Biologie und Technik. Doch Angela Merkel ist schockiert, als sie dort in der Berufsvermittlung merkt, was die 'Studienabteilung' ihrer Uni alles über sie weiß – und mit der Kaderakte nach Ilmenau geschickt hat: "Wie oft ich Westradio gehört habe, wann ich neue Jeans hatte – alles von Mitstudenten ausspioniert!" Das Vorstellungsgespräch war "fürchterlich unangenehm: Ich saß einem widerlichen Kaderleiter gegenüber. Der war höchstens Mitte vierzig und unglaublich arrogant. Als Erstes sagte er mir, wenn ich nach Ilmenau kommen wollte, dürfte ich nicht mehr zur Studentengemeinde gehen. Ich hatte gerade George Orwells '1984' gelesen und alle diese Assoziationen kamen in mir hoch. Außerdem war ich erkältet und hatte leichtes Fieber – ich wollte nur noch raus".

Auf dem Weg zur Kasse, wo die Fahrtkosten erstattet werden, stehen zwei Stasi-Offiziere an der Treppe und sprechen sie ganz offen an. Merkel lässt sie sofort abblitzen: "Sie brauchen sich bei mir keine Hoffnungen zu machen!" Doch die zwei Stasi-Offiziere sind hartnäckig: 'Sie haben einen völlig falschen Eindruck von uns! Wo denken Sie hin, wir arbeiten ganz anders!' Merkel ist klar, dass sie sich keine Hoffnungen mehr auf einen Job in Ilmenau zu machen braucht.

Die Stasi-Offiziere entlassen sie mit der drohenden Frage: 'Sie werden ja niemandem etwas sagen?!' Doch Merkel lässt sich nicht einschüchtern: "Ich habe von meinen Eltern gelernt, Stasi-Leuten immer zu antworten, dass man den Mund nicht halten kann. Also sagte ich damals, dass ich nicht wisse, ob ich schweigen kann, und bestimmt meinem Mann davon erzählen werde."

Ihr Vater, Horst Kasner, hat mit dieser Methode zweimal eine Anwerbung der Stasi abgewendet. Er wäre als Leiter des Pastoralkollegs Waldhof in Templin und als Mitglied der Kirchenleitung der Evangelischen Kirche Berlin-Brandenburg ein höchst interessanter Spitzel gewesen. Doch Kasner lässt die Stasi sofort abblitzen, obwohl die Offiziere ihn erpressen wollen – wegen des 'illegalen' und damit strafbaren Besitzes von zwei Exemplaren 'einer Broschüre von einem ehemaligen sowjetischen Akademiemitglied namens Sacharow', die 'sehr stark antikommunistisch geschrieben' sei. 'Ich werde sofort meinem Bischof und meinem Ehepartner von diesem Treffen berichten' – mit dieser Antwort ist 'Kandidat' für die Stasi unbrauchbar. 'Dekonspiration' nimmt dem DDR-Geheimdienst jede Chance: 'Die Zielstellung wurde nicht erreicht, da Kasner über das geführte Gespräch dem Bischof Schönherr berichtete und auch über weitere Konsultationen informierte. Aus diesen Grunde wird in Abstimmung mit der Hauptabteilung XX der Kontakt mit K. nicht fortgesetzt.' Die Vorlaufakte kam ins Archiv, Vater Kasner hatte Ruhe, hatte aber die Stasi-Einschätzung als 'Gegner des Arbeiter- und Bauernstaates' wieder bestätigt. Kasner, der sich zwar einerseits lange weigerte, an den DDR-'Wahlen' teilzunehmen und gegen den Einmarsch der

Warschauer-Pakt-Staaten in der CSSR 1968 protestierte, andererseits wegen seiner pazifistischen humanistischen Haltung und seiner Mitgliedschaft im kirchenlichen 'Weißenseer Arbeitskreis' der 'rote' Kasner genannt wurde, wurde für seine Haltung von der Stasi abgestraft: West-Reisen, die für Pastoren schon eher möglich waren als für 'normale' DDR-Bewohner, waren auf Jahre hin gestrichen.

Natürlich funktionierte die direkte Verweigerung auch bei Angela Merkel. Doch ihre bittere Ahnung erweist sich als richtig: In Ilmenau hat sie keine Chance. "Ich habe drei bis vier Wochen gewartet und dann diesen Kaderleiter angerufen, ob er mir nicht bestätigen wolle, dass ich nichts erhalte. Denn dann hätte ich mich woanders bewerben können. Er antwortete frech, er habe gerade eine schöne Stelle für mich im Glaswerk Ilmenau gefunden ... Dabei wusste der genau, dass ich promovieren wollte und für mich alles interessant war, nur nicht das Glaswerk!"

Doch Merkel hat Glück: "Am Institut für Isotopen- und Strahlenforschung der Universität Leipzig, wo ich meine Diplomarbeit schrieb, hatte ich Kontakt zur Akademie der Wissenschaften in Berlin. Dort wusste einer von einer freien Stelle – und auf die habe ich mich erfolgreich beworben." Ihr Mann findet parallel eine Doktorandenstelle an der Humboldt-Universität.

So sitzt sie bald in einer Baracke der Außenstelle der Akademie der Wissenschaften in Ost-Berlin am Schreibtisch. Dort, im Zentralinstitut für physikalische Chemie, darf Angela Merkel Grundlagenforschung betreiben. Das ist auch genau das Richtige für ihre Doktorarbeit: 'Die Berechnung von Geschwindigkeitskonstanten von Elementarreaktionen am Beispiel einfacher Kohlenwasserstoffe.'

Sie kann froh sein über diesen Job. Ein Anrecht auf eine Wohnung haben die beiden allerdings nicht, weil kleine Angestellte der 'Intelligenz' in Berlin keinen Wohnungsberechtigungsschein bekommen. 'Sie können ja zurück nach Templin ziehen', erwidern die SED-Bürokraten eiskalt. Als was sie dort als Physikerin arbeiten solle? 'Das ist nicht unser Problem.' In der 'Hauptstadt der DDR' herrscht Wohnungsmangel. Durch Freunde der Eltern im heimatlichen Templin kommen sie an eine Wohnung, Untermiete in der Marienstraße – sehr heruntergekommen im (allerdings freundlichen) Hinterhof, die Toilette zwei Etagen tiefer im Treppenhaus, fließend kaltes Wasser aus einem einzigen Wasserhahn, Kohlenöfen.

Sie kann sich glücklich schätzen, dass sie zusammen mit ihrem Mann eine Bleibe in Berlin gefunden hat. Doch Angela Merkel ist in dieser Zeit unglücklich. Die triste Großstadt bekommt ihr nicht. Statt der geliebten grünen Schorfheide-Idylle muss sie täglich an der Mauer entlang zur Arbeit. Keine grünen Parks, niemanden, den sie kennt: "Ich habe sehr geknabbert am Übergang vom Studium zum Beruf", sagt sie rückblickend lakonisch. In dieser Depression und dem Arbeitsalltag an zwei getrennten Arbeitsplätzen zerbricht die Studentenliebe. Angela Merkel ist dynamisch, ehrgeizig, zieht ihre Doktorarbeit durch, träumt von einem Haus im Grünen. Ulrich Merkel ist sehr ruhig, bedächtig, häuslich und zufrieden in der Stadt. Als er die Wohnung in vielen Feierabendeinsätzen fast fertig renoviert hat, zieht sie viereinhalb Jahre nach der Hochzeit aus. "Wir haben geheiratet, weil alle geheiratet haben. Das hört sich heute blödsinnig an, aber ich bin an die Ehe nicht mit der nötigen Ernsthaftigkeit herangegangen. Ich hatte mich getäuscht", gesteht sie 1991 Herlinde Koelbl. Dass ihre Ehe im Berliner Alltag keinen Bestand hat, darunter leidet sie sehr, fühlt sich auch irgendwie schuldig. Aber sie zieht die Konsequenz.

Umso wichtiger sind ihr zunächst die unmittelbaren Kollegen im Zentralinstitut. Die meisten von ihnen sind SED-Mitglieder: Utz Havemann beispielsweise und Frank Schneider, der als IM der Stasi ihre Stasi-Akte mit Berichten füllt. Der ist auch der FDJ-Sekretär, also der FDJ-Leiter im Institut: "Die waren fast alle exotisch links." Aber das ist ja kein Grund, nicht beim Anstreichen des FDJ-Kellers für die Diskos zu helfen, "der Keller war in unserer Baracke". Damals übernimmt sie auch für kurze Zeit ein FDJ-Amt, Kultur-Sekretär: "Ich habe Theaterkarten organisiert." Heute sei das schwer verständlich zu machen: "Das hatte viel mit meinem geselligen Leben zu tun, ich saß ja auf dem gleichen Flur mit denen."

Nach einer FDJ-Weihnachtsfeier gibt es Krach, weil sie das christliche Lied 'Es ist ein Ros entsprungen' angestimmt hat. "Nie" ist sie bei FDJ-Pfingstfesten gewesen, das weiß sie noch genau. Einmal habe sie, als sie dazu verdonnert werden sollte, "lieber den ganzen sonnigen Tag im Köpenicker Ratskeller beim Abwaschen verbracht. Bei uns im Institut wurde viel über Politik gesprochen. Ich hatte nie den Ruf, eine 'Rote' zu sein." Allerdings "war die Grenze zwischen Mitmachen und Verweigerung oft hauchdünn. Wer völlig phlegmatisch war, kam in der DDR am besten durch". Demokratie, Rechtsstaat, Marktwirtschaft, an diesen Zielen hat es für sie nie einen Zweifel gegeben, diese staatsfeindliche Position hat sie auch zu DDR-Zeiten im Kollegenkreis offen vertreten. Zur Zeit ihres 30. Geburtstags erhält sie, natürlich ohne dass sie das damals erfahren hätte, in ihrer Stasi-Akte den vermeintlichen Ritterschlag: 'PID-Verbreiter, Kirche', stellt der Stasi-Offizier in einer Beurteilung fest. 'PID' bedeutet zu Deutsch: 'Politisch-ideologische Diversion', dazu Kirchennähe, zwei der schlimmsten Vorwürfe, die es aus Stasi-Sicht gab.

Übernommen hat sie von ihren Eltern die humanistische Grundhaltung. Aus der Einstellung, 'etwas für den Menschen tun zu wollen', kann man ihre aktive FDJ-Arbeit erklären. Dabei ist sie bestrebt, die FDJ-Arbeit nicht zur politischen Arbeit unter jungen Menschen zu gestalten. Vielmehr sieht sie ihre FDJ-Arbeit als Möglichkeit zur Organisation von kulturellen und sportlichen Veranstaltungen sowie der Hilfeleistung bei sozialen Problemen. Sie ist anderen gegenüber sehr aufgeschlossen und hilfsbereit und genießt deshalb die Achtung der anderen jungen Mitarbeiter. Hinzu kommt, dass sie sehr engagiert in ihrer fachlichen Arbeit ist und fachlich anerkannt wird. 'Angela ... steht unserem Staat sehr kritisch gegenüber', schreibt der IM 'Bachmann', ihr Zimmerkollege, in einem Bericht über sie an die HVA-Hauptabteilung VI. 'Sie hat auch Kontakt zu Kreisen aus dem Prenzlauer Berg, die wenig mit der Politik unseres Staates gemeinsam haben, sowie zu jungen Künstlern und Mitgliedern der evangelischen Kirche ... Seit ihrer Gründung war sie begeistert einverstanden mit den Forderungen und den Aktionen der 'Solidarnosc' in Polen ... Obwohl Angela die Führungsrolle der Sowjetunion mehr als die Rolle eines Diktators auffasst, dem sich alle anderen sozialistischen Länder unterordnen, ist sie auf der anderen Seite von der russischen Sprache sowie der Kultur der Sowjetunion begeistert.'

Penibel hat die Stasi auch Angela Merkels Besuche bei der Witwe des 'Staatsfeindes' Robert Havemann in Grünheide östlich von Berlin notiert. Und im Umfeld der 'gefährlichen' Kirchengemeinden in Berlin bewegte sich 'die Merkel' auch. Aber in der Friedenskirche, der Gethsemane-Gemeinde und der Zionskirche "schwärmten viele von einer anderen Sorte Sozialismus oder von Basisdemokratie. Das war nicht mein Ding." Bei Besuchen in Polen bei Solidarnosc-Anhängern, von der Verwandtschaft aus Westdeutschland ist ihr längst klar, dass "es ohne Marktwirtschaft nicht geht".

Falsch liegt die Stasi mit ihrer Analyse allerdings keinesfalls, erinnert sich Michael Schindhelm, der damals in Merkels Nebenzimmer sitzt und sich ebenfalls den Kopf über theoretische Chemie zerbricht. 'Die Chemie zwischen Angela und mir war hingegen sehr praktisch, sie hatte damit zu tun, dass die Kollegin mir jeden Tag zweimal ein Tablett mit türkisch gebrühtem Kaffee hinstellte, wir diese Welt aus Computerlistings, Lochkarten und Reviews beiseite legten und uns mit den phantastischen Entwicklungen in Perestroikaland beschäftigten oder mit Weizsäckers Rede zum 40. Jahrestag des Kriegsendes', sagt der heutige Theaterintendant in Basel.

Regimegegner forschen in der DDR-Akademie der Wissenschaften – für das Regime? Das war "schon eine Art Schizophrenie", gibt sie zu: "Wir haben uns als Wissenschaftler gefragt: Sollen wir rackern zum Ruhme eines Staates, den wir ablehnen? Aber wenn wir nicht rackern, verdummen wir – und wenn eines Tages doch die Einheit kommt, dann können wir nicht mithalten. Also haben wir beschlossen: Wir rackern!" Und wenn die Einheit nicht gekommen wäre? "Dann hätte ich sicherlich über kurz oder lang den Ausreiseantrag gestellt."

Dass sie rackern kann, das beweist sie später, vor allem in dem anstrengenden Jahr 1990, als es gilt, die Einheit konkret vorzubereiten. In der Grundlagenforschung der DDR allerdings war das Rackern von einer ganz anderen Welt: Zeit für zweimal Mokka täglich und für viele politische Debatten. Merkels Kollege Schindhelm schreibt darüber in seinem autobiographischen Roman 'Roberts Reise': 'Unsere Abteilung genoss den Vorteil, Grundlagenforschung zu betreiben. Der sozialistische Plan verlor sich im imaginären Reich unabsehbarer Visionen und Perspektiven. Wir zogen in unserer Sandkiste schöne Kreise, bis demnächst der Regen kam oder ein Kaninchen hineinpinkelte. Da wir inzwischen fünfzehn bis zwanzig Jahre hinter der Hard- und Softwareentwicklung im Westen her zu sein schienen, stanzten wir die selbst gebastelten Fortran-Programme in Pappkartons und ließen die Kartenstapel durch einen Oldtimer gehen, der ober- und unterirdisch große Gebäudekomplexe beanspruchte und dessen Rechenkapazität heute in die Hosentasche eines Teenagers passt.'

Mit Hilfe eines anderen Akademiekollegen, Utz Havemann, 'besetzt' Angela Merkel nach dem Auszug bei ihrem Mann eine leer stehende Wohnung in der Templiner Straße. Dort wohnt sie "mehr illegal als legal", zahlt aber brav monatlich 30,50 Mark an die Wohnungsverwaltung in der Schwedter Straße. Dort merkt niemand, dass es eigentlich gar keinen Mietvertrag gibt … Selbst die in der DDR zwingend notwendige polizeiliche Anmeldung übersteht sie mit unglaublicher Chuzpe: Havemann gibt ihr den Tipp, kurz vor der Kommunalwahl, bei der die Behördenmitarbeiter meist freundlicher gestimmt waren, auf die Autorität ihres Akademieausweises zu vertrauen. Merkel geht am Tag vor der Wahl zur Polizei. 'Und wo ist die Bestätigung ihres Hauswartes?' – "Vergessen", lügt sie – und kommt damit im Polizeistaat durch.

Doch auch diese Wohnung ist in einem unglaublichen Zustand, und mit 650 Ostmark brutto kann sich die Akademikerin keine großen Anschaffungen leisten. Sie besitzt kaum mehr als Sperrmüllmöbel, doch ihr Stolz verbietet es ihr, die Eltern um Unterstützung zu bitten. Als ihr Vater sie zu ihrem 30. Geburtstag 1984 in Berlin besucht, stellt er lakonisch fest: 'Weit hast Du es ja noch nicht gebracht.'

Bald darauf hat sie ein Vierteljahr lang in Prag zu tun. Bei ihrer Rückkehr findet sie einen Zettel im Briefkasten vor: Das Hinterhaus soll renoviert werden, sie muss ausziehen. "Der Glücksfall meines Lebens", jubelt Angela Merkel: Weil niemand in der Behörde den Durchblick hat, bekommt sie auf Nachfrage 'selbstverständlich' eine Ersatzwohnung zugewiesen. Eineinhalb Räume im Prenzlauer Berg, in der Schönhauser Allee, mit Gasheizung in Bad und Küche! Und der Umzug wird voll bezahlt! So lässt es sich leben, nach sieben Jahren Illegalität in der 'Hauptstadt der DDR'.

Angela Merkel liebt es, gegen den Stachel zu löcken. So, wie sie in die leer stehende Wohnung eingezogen ist, bricht sie 1984 mit zwei Freunden zu einem illegalen Urlaub in die Sowjetunion auf. Ungarn, Polen, Bulgarien, Tschechoslowakei: "Überall" im Osten war sie schon, auch offiziell in der UdSSR: Erstmals mit 14 Jahren, als Preisträgerin einer Russisch-Olympiade, mit dem 'Zug der Freundschaft' in

Moskau, während des Studiums drei Wochen in Leningrad sowie von der Akademie zu einem Sprachkurs in der Ukraine. Nur das wirkliche Leben in der Sowjetunion kennt sie nicht – individuelle Reisen in das große Bruderland UdSSR sind für DDR-Bürger verboten. Doch Merkel kennt einen Trick, wie sich das umgehen lässt: "Wer damals Pep hatte, der hat es versucht: Offiziell reiste man über die Sowjetunion nach Bulgarien – das Transit-Visum für die Sowjetunion ist drei Tage gültig." Über Brest reisen die drei Freunde in die UdSSR ein, doch statt in Kiew einen Zug nach Odessa und von dort ein Schiff Richtung Bulgarien zu nehmen, steigen sie in einen Zug Richtung Georgien – und tauchen nach den erlaubten drei Tagen im Kaukasus unter: "Kein Hotel, keine offiziellen Campingplätze, keine Bahnhöfe – überall dort wären wir kontrolliert worden!" Stattdessen wurde wild gezeltet und getrampt. "So lernt man Land und Leute kennen, allerdings war das Trampen ziemlich halsbrecherisch, vor allem in den südlichen Sowjetrepubliken: Wenn ein Autofahrer dort feststellte, dass die Tramper Ausländer waren, musste das gefeiert werden. Die gelinde Form war mit Melone und Sekt, die übliche war mit Cognac. Und dann brauste der Fahrer los – mir war immer ganz schwummrig dabei. Es war eigentlich halsbrecherisch, mit Betrunkenen zu fahren, aber es ging alles gut."

Unbedingt galt es aufzupassen, dass man nicht an Polizisten geriet. "Zu dritt braucht man aber Autos vom Typ Schiguli, sonst passen die Rucksäcke nicht mit hinein – und Schigulis fährt auch die Polizei. Eine meiner wildesten Erinnerungen ist, als wir von Aserbeidschan zurück nach Georgien fuhren. Es kam, wie es kommen musste: Wir hielten einen Schiguli an, und es saß ein Polizist in Uniform drin! Aber er beruhigte uns, er wäre nach Aserbeidschan gefahren, um Fleisch zu kaufen – das Reh lag im Kofferraum. Damit er nicht angehalten wird, wenn er zu schnell fährt, hatte er seine Uniform angezogen. Und er fuhr zu schnell und wurde angehalten – für ihn kein Problem, aber wir mussten aussteigen."

Merkel und ihre Freunde wollten nach Gori, Stalins Geburtstadt, und saßen jetzt in Mcheta, der alten Hauptstadt Georgiens im Polizeihauptquartier fest. Doch die Polizisten lassen sich von Merkel beim Nationalstolz packen: "Sie waren gerührt, als ich sagte, wir könnten jetzt unmöglich weiterreisen nach Bulgarien, weil Georgien doch so wunderschön sei. Sogleich wurden wir gefragt, ob wir die Hauptstadt Tiblissi schon kennen? Das müssten wir uns unbedingt noch ansehen!"

Am nächsten Morgen hält die Polizei ein ziviles Auto an, um ihre illegalen Touristen nach Tiblissi mitnehmen zu lassen. 'Nicht mehr übernachten!', werden sie noch freundlich gewarnt, "aber es war allen Beteiligten natürlich völlig klar, dass wir genau das tun würden". Übernachtet hat die Dreißigjährige im Bahnhofsasyl von Tiblissi, bei den Obdachlosen.

Schließlich waren aus den laut Transitvisum erlaubten drei Tagen UdSSR drei Wochen geworden. "Bei der Ausreise kam die Stunde der Wahrheit. Wir mussten nach Sotschi, denn der Rückflug war nur von dort aus möglich. Sotschi liegt in Russland, und da ging es geordneter zu. So eine Reise hätte man in Russland nicht machen können, da wären wir schnell aufgegriffen worden. Aber in den drei südlichen Republiken ging das. In Sotschi wurden wir sofort von der Polizei verhört. Doch die konnten uns ja nichts tun: Achtzig Rubel Strafe waren das Maximum, und ein Jahr Einreiseverbot. Na und? Wir mussten einen Aufsatz schreiben: 'Warum habe ich die Gesetze übertreten, obwohl ich studiert habe und sie kenne?' Die sprachbegabte Merkel schreibt den Text gleich auf Russisch, das erspart den drei illegalen Reisenden das eintägige Warten auf einen Dolmetscher. Mit dem Flugzeug geht es von Sotschi zurück nach Berlin-Schönefeld.

Zwei Jahre später darf Angela Merkel erstmals nach Westdeutschland reisen: "Eine meiner Cousinen heiratete, und das war eine Chance, den Antrag zu stellen. Bis zur letzten Minute war es unsicher, ob ich fahren dürfte. Die Kaderabteilung im Institut, die Volkspolizei, alle entschieden mit ..." Die Schwester der Braut in Hamburg entschuldigt sich gleich bei der Cousine Angela, dass sie so schnell wohl nicht heiraten werde und es deshalb keine absehbare Chance für eine neuerliche 'Westreise' geben werde. Merkel, damals 32, nutzt die Chance, den aus Erzählungen und dem Fernsehen virtuell bekannten Westen wirklich kennen zu lernen: Nach der Hochzeit in Hamburg geht sie 'auf Tour': Mit dem Intercity zum Bodensee, besucht in Konstanz einen geflohenen Kollegen aus der Akademie der Wissenschaften und in Karlsruhe einen Professor. "Mein stärkstes Erlebnis war der IC der Bundesbahn! Diese Schienentechnik! Meine Güte! Das war gigantisch. "Dass westdeutsche Studenten mit den Schuhen auf dem Sitz im Abteil sitzen, findet sie "ungeheuerlich: dieser schöne Zug!".

Die vielen westdeutschen Fernsehkrimis hatten sie völlig verunsichert: "Die Fahrt war aufregend, weil ich mir nicht sicher war, ob man als Frau alleine im Westen übernachten kann ... Es war schon ziemlich absurd: Ich bin in Budapest, Moskau, Leningrad, in Polen gewesen, durch die Sowjetunion getrampt, aber mir war nicht klar – und das muss mit den vielen westlichen Krimis zu tun haben, die ich gesehen habe – ob man sich als Frau in Westdeutschland alleine ein Hotelzimmer nehmen kann ..."

In Konstanz probiert sie es: Zwar ist die Dusche über den Gang ("ich habe geäugt, ob jemand da ist"), aber nichts passiert! Und "abends bin ich alleine beim Griechen gewesen, alles ist gut gegangen! Keiner hat mich angepöbelt ... Ja, ich war sehr damit befasst gewesen, ob ich mich zurechtfinde." Doch schnell legt die Naturwissenschaftlerin ihre Vorurteile ab: "Sehr vieles ist mir eigentlich vertraut gewesen. Der Westen war eine beherrschbare Welt, das konnte ich zum Schluss klar mit Ja beantworten! Für mich gab es jetzt erst recht keinen Zweifel mehr – wenn man die freie Wahl hat, sucht man sich die westliche Ordnung aus. Ich habe auch etwas gehört oder gelesen, das ich als alternatives Gesellschaftsmodell angesehen hätte. Für mich war völlig klar, es muss das West-Modell sein. Für meine Mutter war das auch so klar, bei meinem Vater bin ich mir nicht sicher. Der hatte eher Vorbehalte gegen eine einfache Angleichung an den Westen gehabt."

Die eine Woche im Westen war "einfach gut", findet sie. Nicht, dass sie sich "in exorbitante Zustände versetzt fühlte – ich hatte ja meine Vorstellungen über die Bundesrepublik". Im Sommerschlussverkauf in Konstanz hat sie noch "unglaublich günstig eingekauft", obwohl sie kaum Westgeld hatte: "Für 50 Mark – eine Reisetasche (20 DM), zwei Hemden für meinen Mann (je 5 DM), einen Pullover (20 DM)."

Dann fährt sie wieder zurück, nach Ost-Berlin, zur Familie, zur Arbeit – "erstaunlich, wie man sich abfindet, wieder zurückkehren zu müssen ... bis wieder einer einen runden Geburtstag oder eine Hochzeit feiert ..."

Ein Jahr später, 1987, sitzt Angela Merkel in ihrer Wohnung im Prenzlauer Berg vor dem Fernseher und hört diese Sätze: 'Die Menschen in Deutschland leiden unter der Trennung. Sie leiden an einer Mauer, die ihnen buchstäblich im Wege steht und die sie abstößt. Wenn wir abbauen, was Menschen trennt, tragen wir dem unüberhörbaren Verlangen der Deutschen Rechnung: Sie wollen zueinander kommen können, weil sie zusammengehören.' Gesagt hat diese Worte Helmut Kohl in Bonn-Bad Godesberg bei seiner Tischrede, dem DDR-Staatsratsvorsitzenden Erich Honecker bei dessen Bonn-Besuch direkt ins Gesicht.

Das hat Merkels Bild von Helmut Kohl geprägt. Dies umso mehr, da SPD und SED erst kurz zuvor in einem gemeinsam unterschriebenen Papier die Friedens- und Reformfähigkeit von sozialistischer Diktatur und freiheitlicher Demokratie auf eine Stufe gestellt hatten. "Außerordentlich böse" ist sie, als SPD und Grüne im Westen auf die SED-Forderung eingehen, die gemeinsame deutsche Staatsbürgerschaft streichen zu wollen. "Wir als Ostdeutsche hatten als letzte Möglichkeit immer den Ausreiseantrag, wenn es uns mal an den Kragen ging. Dies war einfach unheimlich wichtig für uns. Ich fühlte mich ganz bewusst als deutsche Staatsbürgerin im 'passiven' Gebiet des Grundgesetzes, das sich ja nach seiner Präambel auch für uns in der Pflicht und Verantwortung sah. Wenn man mit Polen oder Tschechen sprach, dann war immer klar: Die haben diese Möglichkeit nicht, wir hatten sie – das war doch eine unglaubliche Sache! Als die SPD das streichen wollte, da bin ich politisch sehr wach geworden – das empfand ich als Verrat an uns."

Mitte der achtziger Jahre ist ihr Verhältnis zu dem Berliner Chemiker Joachim Sauer sehr eng geworden. Merkel ist seit 1982 geschieden. Die Stasi notiert 1984 regelmäßige Mittagessen mit ihrem Kollegen Sauer in der Betriebskantine. Lange leben sie unverheiratet zusammen.

Merkel hätte schon gern früher geheiratet, aber weil sie Konformität hasst, will sie später als Ministerin unbedingt den Eindruck vermeiden, sie heirate ihren Lebensgefährten jetzt nur, um der öffentlichen Erwartung gerecht zu werden. Deshalb wird die Hochzeit verschoben. Erst als sie 1998 nicht mehr Ministerin ist, sondern als CDU-Generalsekretärin ein 'Einer-Amt' innehat, in dem es keine gleichrangigen Kollegen gibt, mit denen sie verglichen werden kann – da heiratet sie Joachim Sauer standesamtlich: Am 30. Dezember 1998. Zwischen zwei Telefongesprächen mit der 'Berliner Morgenpost' und dem 'Focus', in denen sie versucht, den aufkommenden Streit in der Union über die Unterschriftenaktion gegen die doppelte Staatsbürgerschaft zu entschärfen.

Ein 'toller' Hochzeitstag – aber der Chemieprofessor Sauer hat ja gewusst, wen er da heiratet.

Mit Ehemann Joachim Sauer 1992 in den USA

Bundesministerin:
'Die Stille von Bonn' moderiert – und greift hart durch

Bundestagsabgeordnete! Die 'graue Maus' hat aus dem Stand ein Direktmandat errungen, in einem Wahlkreis, der nicht gottgegeben CDU-freundlich ist: Im nördlichen Vorpommern mit seinen riesigen Landwirtschaftlichen Produktionsgenossenschaften (LPG), der Fischerei und den großen Armee- und Marinegarnisonen ist auch die PDS stark ...

Die Kandidatin hat dafür in ihrem Wahlkreis gerackert, sich in die Probleme der LPGs eingearbeitet. Bald scheint sie sich mit Kälbern und Raps genauso gut auszukennen wie mit Kohlenwasserstoffmolekülen. Wahlkampf, mit Leuten zu sprechen, das macht ihr großen Spaß. Auf dem Land aufgewachsen, versteht sie die Sprache der Menschen. Dort, wo sie im Wahlkampf hinkommt, vermittelt sie das Gefühl, die Fragen und Sorgen zu verstehen. 'Die junge Frau' (Merkel ist 36 Jahre alt), die da vorbeikommt, die ihnen zuhört und die sich künftig in Bonn um die Belange der Vorpommern kümmern will, wirkt glaubwürdig. Bei Merkel wirken Gummistiefel als Schuhwerk ganz normal – das hilft in einem ländlichen Wahlkreis. Die Frau ist unkompliziert im Umgang mit Mitmenschen, hat keine Allüren. Sie begreift, worum es ihrem Gegenüber geht. Und dass sie auch einen norddeutschen Dickschädel haben kann, das bringt in Vorpommern Punkte.

Natürlich ist es ein Vorteil, dass viele sie aus dem DDR-Fernsehen wieder erkennen – der jugendlich-schlacksige Typus der stellvertretenden Regierungssprecherin hat einen großen Wiedererkennungswert. Weil man sie vom Fernsehen her kennt, gilt sie als berühmt, aber sie könnte doch auch 'eine von hier' sein, Templin ist nicht weit weg.

Bei der ersten gesamtdeutschen Wahl am 2. Dezember 1990 erringt die Kandidatin Merkel 48,6 Prozent der Erststimmen, 47,0 Prozent der Zweitstimmen gewinnt sie für die CDU. Jetzt ist sie Abgeordnete in Bonn, ihren Posten als Referentin im Bundespresseamt kann sie dankend aufgeben. Nach der Einheitswahl gewinnt sie auch 1994 und sogar in der für die CDU verlustreichen Wahl des Jahres 1998, in dem eine SPD/PDS-Mehrheit in Mecklenburg-Vorpommern eine rot-dunkelrote Landesregierung bildet, ihr Mandat jedes Mal direkt.

Im politischen Bonn ist sie bereits im Sommer 1990, also lange vor der Bundestagswahl aufgefallen. CDU-Generalsekretär Volker Rühe registriert die stellvertretende Regierungssprecherin als Nachwuchstalent, parallel dazu weist Günther Krause seinen Verhandlungspartner Wolfgang Schäuble auf sie hin. Der neu gewählte sächsische Sozialminister Hans Geisler aus dem 'Demokratischen Aufbruch', den Kohl seit seiner Diskussion mit den Bürgerrechtlern im Herbst 1989 in Dresden kennt, stellt dem Bundeskanzler auf dem Hamburger Einheitsparteitag am 1. Oktober 1990 die junge Dame erstmals vor.

Im November ("mitten in der heißen Wahlkampfzeit") lädt Bundeskanzler Kohl Merkel ins Kanzleramt zu einem Gespräch ein. Aber sie muss überhaupt erst einmal beweisen, dass sie nach den Maßstäben der bundesrepublikanischen Politik eigenes Gewicht besitzt: 'Mit ihrem errungenen Direktwahlmandat hat sie sich durchgebissen', sagt Klaus Gotto, als Abteilungsleiter des Bundespresseamtes ein enger Berater von Kohl, zu der entscheidenden Voraussetzung. Aber auch das hätte noch nicht unbedingt gereicht: Das Bonner Proporzdenken und das Prinzip der Seniorität hätten eigentlich die Jugendministerin der Regierung de Maizière, Cordula Schubert von der Ost-CDU, als Ministerin in Bonn wahrscheinlich gemacht. Doch Cordula Schubert scheitert bei der Bundestagswahl, schafft es nicht, im 'schwarzen' Süden des Beitrittsgebietes ein Mandat zu erringen. Dagegen hat es Angela Merkel im eher schwierigen Norden geschafft. Illusionen auf ein Ministeramt in Bonn hat sie sich nie gemacht. Realistisch hofft sie unmittelbar nach der gewonnenen Wahl auf einen Platz im Forschungsausschuss des Bundestages. Doch Hans-Christian Maaß, ihr Entdecker und gelegentlicher politischer Ratgeber in dieser Zeit, ahnt schon nach der Einladung bei Kohl im November, dass der 'Alte' Pläne mit ihr hat. "Du, Kohl hat mich in den Arm genommen", berichtet ihm Merkel damals. "Was wird man denn dann?!" – 'Parlamentarischer Staatssekretär!' So erinnert sich Hans-Christian Maaß.

Anfang Januar 1991 werden die Gerüchte nachlesbar: 'Da mag wohl ein Posten als Parlamentarische Staatssekretärin in dem neu zu gliedernden Bereich Familie, Gesundheit, Frauen und Jugend für sie frei sein', ahnt Detlev Ahlers in der 'Welt'. Wenige Tage später 'warnt' Lothar de Maizière sie vor, als sie sich im Kanzleramtspark, zwischen ihren Büros im Palais Schaumburg und dem Kanzlergebäude, treffen: 'Dir kann es passieren, dass der Bundeskanzler dich anruft, du sollst Ministerin werden.' – 'Unglaublich erschrocken' sei Merkel in diesem Augenblick gewesen, erinnert sich de Maizière.

Als sie wirklich gefragt wird, überwindet sie sich und sagt Ja. Merkel ist nicht vom Ehrgeiz zerfressen, aber Chancen ergreift sie nach ruhiger Überlegung beherzt. Andere aus der demokratischen DDR-Regierung, die im Gegensatz zu ihr nach der Wende schon einige Monate lang Minister waren, trauen sich ein solches Amt in Bonn nicht zu. Denn die Ostdeutschen können sich im politischen Betrieb in Bonn nicht auskennen. Es ist praktisch vorprogrammiert, zumindest belächelt zu werden. 'Als ich hinterher die tiefen Ringe unter den Augen von Merkel, Ortleb, Krause und den anderen sah, habe ich bei mir gedacht: Ein Glück, dass du dich entschieden hast, nicht Minister zu werden!', erinnert sich einer von ihnen.

Merkel dagegen stürzt sich in das Abenteuer. Zuerst wird der Organisationsplan des neuen Ministeriums auf dem Fußboden ausgebreitet. Wer sitzt wo und macht was? Wo kann sie Verbündete finden – sie, die ohne politisch erfahrene Freunde aus dem Osten nach Bonn gekommen ist, die keine Seilschaft hat?

Der Bundeskanzler hat ihr einen neu gewählten Abgeordneten als Parlamentarischen Staatssekretär empfohlen, der in diesem Ministerium bereits sieben Jahre Leitungserfahrungen als politischer Beamter vorweisen kann: Peter Hintze, von 1983 bis 1990 Bundesbeauftragter für den Zivildienst. Mit ihm verabredet sie sich, vor ihrer offiziellen Ernennung, zum Abendessen.

Die neue Bundesministerin für Frauen und Jugend erhält ihre Ernennungsurkunde von Bundespräsident Richard von Weizsäcker

Peter Hintze hat noch eine 'genaue Erinnerung' an diese erste Begegnung im chinesischen Restaurant 'Kanton' in der Bonn-Bad Godesberger Mittelstraße. 'Niemand in Bonn kannte sie damals, auch wenn alle sagten: Es läuft auf sie zu.' Während des Abendessens registriert er erstmals die 'ungeheure Wachheit und das Hochgeschwindigkeits-Lernvermögen' der designierten Ministerin, das später noch viele registrieren werden. 'Ich habe noch keinen Menschen getroffen, der mit einer solchen Geschwindigkeit lernt.' Dazu gehört nicht nur die abstrakte Intelligenz, sondern auch die Klugheit zu wissen, dass sie auf bestimmte Leute im politischen Geschehen angewiesen ist. Hintze ist so jemand, der ihr nützlich sein kann.

Die Rechnung des Kanzlers geht auf: Der evangelische Pastor aus dem Rheinland und die Physikerin aus der Uckermark verstehen sich. Hintze wird der 'Neuen' administrativ etwas den Rücken freihalten können, ohne selbst in die Versuchung zu kommen, Minister zu spielen (er verabschiedet sich allerdings zwei Jahre später, um CDU-Generalsekretär zu werden – ein Amt, das er 1998 dann an sie übergeben wird).

Für die im Westen und in administrativen Dingen unerfahrene Ministerin ist es günstig, dass sie ihre ersten administrativen Erfahrungen in einem kleinen Ressort machen kann. Trotzdem ist der Anfang schwer und hart: "Ich habe mich anfangs sehr eingeigelt", gibt sie zu. Vieles kommt ihr merkwürdig vor: Reihenweise sprechen Mitarbeiter bei der neuen ostdeutschen Chefin vor und klagen, dass ihnen ewig schon ein Aufrücken in der Gehaltsstruktur versprochen worden sei ...

Im Sommer 1991 stirbt der beamtete Staatssekretär im Frauen- und Jugendministerium, Werner Chory. Merkel braucht einen Nachfolger und registriert verärgert, dass im Hintergrund bereits kräftig daran gearbeitet wird, wer das denn werden könne. "Solche Situationen mag ich gar nicht, wenn ich unter Druck gesetzt werde." Sie weiß längst, wen sie haben will, hat ihn schon früh zu sich ins Ministerbüro eingeladen: Willi Hausmann aus dem Innenministerium. Den promovierten Juristen hat sie 1990 bei den Verhandlungen um den Einigungsvertrag in Ost-Berlin als Pressesprecher von Schäuble kennen gelernt. "Wir haben dort vom ersten Tag an gut zusammengearbeitet. Er war nicht arrogant, er hat mir kein Minderwertigkeitsgefühl vermittelt, sondern mir im Gegenteil viel erklärt."

Als es soweit ist, "bin ich zu Wolfgang Schäuble ins Innenministerium gegangen und habe gesagt: 'Ich möchte, dass Herr Hausmann mein Staatssekretär wird.' Ich habe nicht groß gefragt, wer ihn für gut oder schlecht hält – ich war mir total sicher in meiner Entscheidung. Ich habe schon deutlich gemerkt, dass man erwartete, dass ich erst frage, ob man mir den empfehlen könne ... Ich habe aber keine Diskussion zugelassen, und er kam!"

Das kleine Ministerium hat auch riesige Nachteile: Es fehlen ihm die Zuständigkeiten. Weder beim Kindergeld noch in der Abtreibungsproblematik hat das Merkel-Ministerium das letzte Wort. "Die Dreiteilung des Ministeriums war ein taktisch genialer Schachzug von Kohl. Aber eine Zweiteilung hätte gereicht. So gab es viele Kompetenz-Überschneidungen, vor allem zwischen dem Familienministerium von Frau Rönsch und meinem Frauen- und Jugendministerium. Ich wage die Behauptung, dass zwei Männer sich schwerer damit getan hätten als wir." Aber am Ende der Legislaturperiode wirft die westdeutsche Politikerin Hannelore Rönsch entnervt das Handtuch, nicht Merkel.

Erste Kabinettssitzung mit der neuen Bundesministerin für Frauen und Jugend Angela Merkel (Mitte), links Familien- und Seniorenministerin Hannelore Rönsch, rechts Gesundheitsministerin Gerda Hasselfeldt

Zu den Dingen, für die sie tatsächlich komplett zuständig ist, zählen das Gleichberechtigungsgesetz, das sie von ihrer Vorgängerin Rita Süssmuth geerbt hat. Das jedoch will kaum jemand außer dem Ministerium wirklich: Bundeskanzler Kohl hält es, obwohl es im Koalitionsvertrag vereinbart ist, für 'arg zeitgeistverdächtig und damit suspekt', wie sich Peter Hintze erinnert, die Wirtschaftsverbände laufen Sturm gegen gesetzliche Regelungen und auch das Bundesinnenministerium arbeitet massiv dagegen: 'Wir hatten härtesten Widerstand. Aber für Merkel gehört das Überwinden von Widerständen zu ihren sportlichen Morgenübungen', zollt Hintze Respekt. 'Sie hat nicht gefragt: Ist das meine Herzenslust? Sie hat die Herausforderung angenommen und es zu einem guten Ergebnis gebracht.'

Kritiker monieren, dass das Gesetz praktisch nur im öffentlichen Dienst Wirkung zeige. Doch die Änderung des Grundgesetz-Artikels 3 im Oktober 1994 ('Der Staat fördert die tatsächliche Durchsetzung der Gleichberechtigung von Frauen und Männern und wirkt auf die Beseitigung bestehender Nachteile hin'), das Frauenfördergesetz und das Gesetz zum Schutz der Beschäftigten vor sexueller Belästigung am Arbeitsplatz setzen Zeichen in der politischen Debatte. Hintze analysiert heute: 'Unabhängig von der tatsächlichen rechtlichen Wirkung der Gesetze hatten sie bewusstseinsbildenden Charakter: Bei Tarifverhandlungen und Gremienbesetzungen ging seither kein Weg an der Gleichberechtigung vorbei.'

Anfangs wird Merkel von der Sorge gepackt, dass sie im Ministerium gar nicht die Richtung bestimmen kann, dass in dieser West-Bürokratie alles festgezurrt sei und sie eingemauert werde. "Es hat mich sehr belastet, was bei mir dazu führt, dass ich mich zurückziehe, die Tür zumache und versuche, wieder Oberwasser zu bekommen."

Dank ihrer Fähigkeit, Mitarbeiter zu motivieren, und der Gabe, sich schnell in die Details der Sachthemen einzuarbeiten, gelingt ihr das bald. Später, als sie schon Umweltministerin ist, beobachtet Elisabeth Niejahr das im 'Spiegel Spezial' vom 1. Juli 1995 ganz ähnlich: 'Ihr ist es gelungen, einen Großteil ihrer Mitarbeiter für sich einzunehmen. Die Beamten im Ministerium, die zu Töpfers Zeiten immer wieder das Scheitern ihrer Konzepte erleben mussten, sind von der neuen Chefin angetan; allenfalls stöhnt mal einer, dass die Neue 'knackige Leistung verlangt'.'

Sich selbst schont sie auch nicht: 'Sie hat eine Eigenschaft, die nur wenige Politiker haben: Sie ist sehr fleißig, und sie arbeitet ihre Akten wirklich durch', erinnert sich Hintze. Die Akten auf dem Schreibtisch: Das sind die Ausarbeitungen, die Vorschläge und Bedenken der fachkundigen Beamten. Wirklich mitreden über komplizierte politische Sachverhalte kann ein Politiker nur, wenn er sich die Grundlagen angelesen hat. 'Angela Merkel hat die Akten von A bis Z durchgearbeitet, das sah man an ihren Kommentaren am Rand. Sie war typisch ostdeutsch, weil sie sehr früh im Büro anfing, aber auch typisch westdeutsch, weil sie bis spät in die Nacht durchgearbeitet hat. Sie hat sich selbst immer sehr lange Arbeitstage verordnet', sagt ihr früherer Parlamentarischer Staatssekretär.

Zwangsläufig gerät Merkel mitten in die Kulturscheide zwischen West-Frauenemanzipation und Ost-Frauenverständnis. Gerade die Frauenpolitikerinnen des Westens haben hart daran zu knabbern, dass Helmut Kohl 1990/91 alle wichtigen 'Frauen'-Posten an Politikerinnen aus dem Osten vergeben hat: Neben ihr als Ministerin wird Maria Michalk stellvertretende Fraktionsvorsitzende mit 'Frauen'-Zuständigkeit, Claudia Nolte wird frauenpolitische Sprecherin (und vier Jahre später Merkels Nachfolgerin im Ministeramt).

Themen gibt es viele, denn im Gegensatz zu den Männern unterscheiden sich die typischen Lebensläufe der Frauen zwischen Ost und West dramatisch: "Meine große Entdeckung nach der Einheit ist, dass es im Westen emanzipierte Frauen gibt, die nie erwerbstätig waren." Impulsive Äußerungen auf die Frage, warum die typische Frau im Osten eine 'normale' Rente erhalte, die im Westen aber nicht ("aber die haben im Osten doch gearbeitet"), revidiert die neue Frauenministerin bald.

Stattdessen macht sie die gesellschaftliche Höherbewertung der Erziehungsarbeit in der Familie und des ehrenamtlichen Engagements in der Gesellschaft zu ihrem Thema. "Das wird für die, die keine Kinder haben, unschöne Folgen haben", sagt sie im Wahlkampf 1994 öffentlich voraus. Mit Kindererziehungszeiten sei das Thema noch nicht gerecht gelöst.

Mit dem Abschied vom Amt der Frauen- und Jugendministerin ist das Thema Familie für die kinderlose Politikerin nicht erledigt: Als sie knapp fünf Jahre später Generalsekretärin der CDU ist, macht sie die Familienfrage zu ihrem persönlichen Anliegen und schlägt einen radikalen Umbau des Rentensystems mit einer Kinderkomponente vor. Auch beim Ringen um die Rentenreform im Sommer 2000 ist die Besserstellung von Familien mit Kindern bei der staatlichen Unterstützung für die Privatrente eine der Kernforderungen der Union.

Besuch von erkrankten Kindern aus Tschernobyl

Die 'partnerschaftliche Familie' wird für Merkel zum Leitbild: geprägt von der Gleichberechtigung von Mann und Frau, von Eltern und Kindern. "Es kann nicht mehr darum gehen, wie in der DDR Erwerbstätigkeit und die Arbeit in der Familie gegeneinander auszuspielen", vielmehr müssen Wahlmöglichkeiten für Frauen und Männer durchgesetzt werden. "Wir können keine Frauenpolitik betreiben, die sich letztlich gegen die Familie oder gegen die Kinder richtet. Frauenpolitik muss die Kinder und die Familie einbeziehen." Hier sei nicht nur der Staat gefordert, sondern auch die Sozialpartner im Arbeitsleben.

In ihre Zeit als Frauenministerin fällt die Debatte über die Neuregelung des § 218. Der Einigungsvertrag zwingt den Bundestag, die zwei völlig verschiedenen Regelungen in Ost und West zu einem einheitlichen Bundesgesetz, vor allem aber völlig verschiedene Debattenkulturen zusammenzuführen. Weil man 1990 bei den Verhandlungen über den Einigungsvertrag keine Regelung fand, ist die Aufgabe auf den neu gewählten Bundestag abgewälzt worden.

Merkel ist zum Zeitpunkt der Abstimmung erst ein gutes Jahr im Amt und empfindet die Bonner Debatte um das Abtreibungsrecht als "sehr schwierig". Unübersehbar ist: Da schwingen viele alte Feindschaften und Prinzipien aus den alten westdeutschen Debatten und Kulturkämpfen mit. Und viel Frustrationen von Frauen über Berufschancen und Rollenverteilung. Merkel hält dagegen: "Der § 218 ist nicht geeignet, stellvertretend für andere Probleme dem Selbstbestimmungsrecht der Frau unbegrenzten Raum einzuräumen ... Nur eine Abwägung zwischen der Notlage der Frau und dem schützenswerten ungeborenen Leben kann für mich einen Schwangerschaftsabbruch rechtfertigen", sagt sie im Bundestag.

"Ich komme aus einer anderen Welt", ihr gefällt die harte und "zum Teil sehr männliche Diskussion" nicht. "Was mich am meisten belastet hat, ist, dass ich nur auf Menschen zu stoßen schien, die eine feste, unumstößliche Meinung hatten. Der Druck von außen, aber auch in der Fraktion war unheimlich groß."

Der einzigen Ost-Frau in Kohls Kabinett wird unterstellt, dass sie für die DDR-Fristenlösung ist – dabei ist sie grundsätzlich gegen Abtreibung. Zugleich ist sie sich aber sehr sicher, dass "das Strafrecht den Frauen in der letzten Konsequenz nicht hilft". Gegen die Frauen lässt sich die Zielsetzung der Abtreibungsverhinderung nicht erreichen, davon ist sie überzeugt, Beratung und wirksame soziale Hilfen hält sie für erfolgreicher. Die Gefahr, dass strikte Verbote Frauen in Krisensituationen in die Illegalität treiben können, sei groß. 'Helfen statt strafen' macht sie deshalb zu ihrer Devise – um frustriert festzustellen, dass die Frauenministerin in dieser Frage gar keine Kompetenzen hat – die liegen bei Familienministerin Rönsch und dem Justizministerium.

In der entscheidenden Debatte am 25. Juni 1992 sagt sie im Bundestag:

> "Der Gesetzgeber hat den grundgesetzlichen Auftrag, jede Form von Leben zu schützen. Ich habe mir sagen lassen, dass Sie in der vergangenen Legislaturperiode in diesem Haus eine Debatte über ein Embryonenschutzgesetz geführt haben, in dem es sehr strenge Regelungen über den Schutz von Leben gibt. Ich denke, dass es wichtig ist – und dass es die Verpflichtung für uns als Gesetzgeber ist – dass diese Abwägung zwischen der Konfliktlage der Frau und dem ungeborenen Kind nicht nur gewollt ist, sondern dass sie auch tatsächlich stattfindet."

Der Gesetzentwurf der Koalition ist ihr zu starr, den der Opposition hält sie für verfassungswidrig. Merkel, die am Mehrheitsentwurf in der Unionsfraktion mitgearbeitet hat, wünscht sich ein Gesetz, "das Notlagen ebenso gerecht wird wie dem Schutz des ungeborenen Lebens". Mit dem Kompromiss, der schließlich gefunden wird, kann sie "gut leben".

"Ich habe mich um einen Diskussionsstil bemüht, der auch den Gegenpositionen Raum lässt", resümiert sie im Dezember 1992 im Gespräch mit Herlinde Koelbl. "Bei weniger sensiblen Themen als dem § 218 dagegen liebe ich die scharfe parlamentarische Auseinandersetzung. Dann macht es mir sogar richtig Spaß, wenn es auch mal lauter wird."

1992 wird im Zusammenhang mit dem § 218 vom Merkel-Ministerium auch das Recht auf einen Kindergartenplatz durchgesetzt: In Westdeutschland müssen dafür in den nächsten Jahren Kindergärten mit 600.000 Plätzen für etwa zwanzig Milliarden Mark neu gebaut werden – die Gemeinden und Städte schreien angesichts dieser Lasten unter dieser Vorgabe des Bundesgesetzgebers auf. Für Frauen, die Familie und Kinder miteinander vereinbaren wollen, ist das Recht aller dreijährigen Kinder auf wenigstens einen Halbtagsplatz jedoch sehr viel wert.

Die Frauen- und Jugendministerin gründet in den folgenden Monaten das deutsch-polnische Jugendwerk, legt ein 'Programm gegen Aggression und Gewalt' auf, ein Aktionsprogramm 'Keine Gewalt gegen Kinder', mischt sich beim Jugendschutz im Fernsehen ein, setzt sich bei der Bekämpfung der Gewalt gegen Frauen und der Bestrafung von Vergewaltigung in der Ehe durch. Weil die Ministerin formell wenig Kompetenzen hat, versucht sie, "viel mit Bewusstseinsbildung in der Gesellschaft" zu erreichen.

'In diesem kleinen Ministerium ohne große Zuständigkeiten zu reüssieren, war überhaupt nicht einfach. Die Ministerin hatte keine natürliche politische Autorität für bestimmte Themen – das Ressort lebte nur von der Figur des Ministers. Eigentlich war es eine Fehlentscheidung von Kohl, Merkel das Frauenministerium zu geben: Denn der frauenrechtlerische Ansatz fehlt ihr völlig', meint Hintze.

Als Frau und Frauenministerin fühlt sich Merkel nicht als Sprecherin der femininen Gemeinschaft. Sie ist deutlich distanzierter als ihre Vorgängerinnen im Amt, sie analysiert die Themen viel wissenschaftlicher. 'Im Unterschied zu Rita Süssmuth war ihr das Frauenrechtsthema eher fremd. Deshalb war es für sie besonders schwierig. Aber weil sie blitzgescheit ist, hat sie viel daraus gemacht', vergleicht Hintze, der beide Ministerinnen aus nächster Nähe erlebt hat.

Kaum ist Merkel 1991 in Bonn und in ihrem Ministerium angekommen, da erfährt sie im Herbst, dass Ulf Fink, früher Sozialsenator in West-Berlin, als CDU-Landesvorsitzender in Brandenburg kandidieren wird. Brandenburg ist ihre Heimat, "und ich knapste noch immer daran, dass es mir wegen Peter-Michael Diestel nicht gelungen war, in Brandenburg einen Wahlkreis zu bekommen." Und über Fink hatte sie eine klare Meinung: "Ich war über die Nachricht sehr unglücklich, weil ich ahnte, dass es ihm nicht um das Schicksal Brandenburgs ging, sondern eher um persönliche Motive: Er hatte weder in Nordrhein-Westfalen noch in Berlin einen Bundestags-Wahlkreis erhalten und wollte jetzt über Brandenburg in den Bundestag gelangen. Fink ist unbestritten ein hervorragender Sozialexperte. Aber er war leider nicht der richtige Mann für Brandenburg, mit seiner Großstadterfahrung passte er nicht auf das Land, er war nicht in der Breite der Partei verhaftet. Und seine Sozialpolitik setzte eine funktionierende Wirtschaft voraus – und wir im Osten waren doch gerade erst beim Aufbau ..."
Kurz entschlossen wirft Merkel ihren Hut in den Ring: "Ich habe mir gedacht: Du kandidierst hier! Außerdem hatte ich das Gefühl: Du bist jetzt Ministerin geworden, du hast dir die Dinge nicht erarbeitet, du brauchst dringend Boden unter den Füssen."

Eigentlich war es längst zu spät: Fink hatte seine Kandidatur von langer Hand professionell vorbereitet, Merkel bleiben noch ganze 14 Tage bis zum Wahlparteitag in Kyritz. "Im Rückblick muss ich sagen: Es war ein sehr abenteuerliches Unterfangen! Insbesondere war es wegen meiner gerade erst beginnenden Verwurzelung in Mecklenburg-Vorpommern problematisch. Für meinen Wahlkreis in Vorpommern war das natürlich eine Zumutung: Die hatten mich ja gerade erst als Fremde aufgenommen! Letztlich haben sie die Notwendigkeit eingesehen und mir verziehen, aber heute würde ich das nicht mehr so machen. Das ist auch nur in den ersten Jahren der deutschen Einheit möglich gewesen, dass man so etwas schadlos übersteht."

Als Merkel sich spontan entscheidet, ist Helmut Kohl auf einer Auslandsreise. "Ich habe ihm von meinem Entschluss erst nach seiner Rückkehr berichtet. Rühe als Generalsekretär hatte ich das schon vorher mitgeteilt, aber ihn nicht gefragt. Wenn ich etwas entschieden habe, dann bin ich damit fertig. Wenn er mir gesagt hätte: 'Das gewinnen Sie nicht!', hätte ich geantwortet: Das interessiert mich nicht, ich mache das jetzt!"

Merkel hatte sich überhaupt keine Gedanken darüber gemacht, wie sie eine Mehrheit finden könnte. Ulf Fink dagegen war schon in allen Kreisverbänden gewesen. "Es war etwas halsbrecherisch, wie ich vorgegangen bin. Ich habe dann in allen Kreisverbänden angerufen und dort überall erfahren, dass sie mit Fink schon einen Termin vereinbart haben. 'Dann müssen Sie mit mir auch noch einen machen!' Es war wie beim Hasen und Igel, ich rannte immer hinterher. Fink konnte damals viel besser reden als ich. War geschmeidiger gegenüber Altmitgliedern, war erprobter in seinen Versprechungen ... Ich sehe noch, wie Ulf Fink seine Bewerbungsrede schließt: 'Und der rote Adler von Brandenburg schwebe über allem ...' Da habe ich bei mir gedacht: Das kannst du überhaupt nicht – völlig ausgeschlossen!"

Merkel verliert die Wahl erwartungsgemäß: 36 Prozent der Delegierten votieren für sie, fast zwei Drittel für Fink. "Ja, dann habe ich eben verloren und bin wieder zurück an meine Futterkrippen im Wahlkreis. Es war aber trotzdem interessant – ich bedauere diese Kandidatur nicht. Ich habe in diesen 14 Tagen viel gelernt."

Ihre Wahl zur (damals einzigen) stellvertretenden Bundesvorsitzenden der Partei auf dem Bundesparteitag vom 15. bis 17. Dezember 1991 behindert diese Niederlage nicht. Als Lothar de Maizière wegen der gegen ihn erhobenen Stasi-Vorwürfe alle Ämter ruhen lässt, ist Merkel gerade mit Volker Rühe auf einem deutsch-englischen Seminar in Cadenabbia, dem Feriensitz Konrad Adenauers in Italien. "Wir saßen vormittags zusammen, als die Nachricht kam." Rühe sagt spontan: 'Dann musst du das machen!' – "Du spinnst", erwidert sie, aber Rühe bleibt dabei, sie freundet sich mit dem Gedanken an.

Im Gespräch mit Volker Rühe und Helmut Kohl

"Ich war wirklich erstaunt, dass er das so eindeutig sagte, denn Lothar de Maizière war ja immerhin DDR-Ministerpräsident gewesen – bei mir war das ja gar nicht durch ein Amt unterfüttert. Da war ich schon ein Lückenbüßer ..."

Nach ihrer Wahl verlangt sie ein kleines Büro im Konrad-Adenauer-Haus und einen Mitarbeiter – de Maizière hatte das nicht. "Ich wollte zeigen, dass ich keine Luftbuchung bin. So lernte ich über Christian Wulff Frau Baumann kennen", die bis heute Merkels Büroleiterin und Vertraute ist.

Als Günther Krause im Frühsommer 1993 in Bonn strauchelt und als Minister zurücktreten muss, folgt Merkel schließlich den Bitten von Helmut Kohl, den schwierigen Landesverband an der Ostseeküste als Vorsitzende zu übernehmen. Gedrängt hat sie sich nicht – kein Wunder: Mindestens drei Gruppierungen gibt es in dem Landesverband, die voneinander jeweils nicht immer nur das Beste denken. Im Juni 1993 wird sie auf dem Landesparteitag mit 135 von 159 Stimmen zur Landesvorsitzenden gewählt. Erst am 20. Mai 2000, nach ihrer Wahl zur Bundesvorsitzenden, legt sie dieses Amt nieder. In diesen sieben Jahren gelingt es ihr, den Landesverband zu befrieden und aus den negativen Schlagzeilen herauszuführen.

"Ich habe alle Koalitionsverhandlungen mit geführt, da hatte ich immer zu tun. Besonders 1994, bei den Koalitionsverhandlungen mit der SPD, habe ich mich sehr für das umweltpolitische Programm unseres damaligen Umweltministers, Freder Jehlen, interessiert: Während der Koalitionsverhandlungen in Schwerin wusste ich nämlich schon, dass ich Bundesumweltministerin werde – aber sonst niemand."

Anderen Teilnehmern fällt ihre zielstrebige Verhandlungsführung auf: Die Koalitionsvereinbarungen wurden nur von wenigen Spitzenpolitikern von CDU und SPD verhandelt, ohne dass die Fachleute der Fraktion anwesend sein durften. 'Oft kam Merkel herausgeschossen, fragte auf dem Flur die Fachminister kurz nach

Auf dem Parteitag in Dresden 1991 wird Angela Merkel zur stellvertretenden CDU-Vorsitzenden gewählt

den wichtigsten Sachverhalten ab, fragte kurz zurück: 'Sehe ich das richtig, dass erstens ..., zweitens ..., drittens?', und stürmte wieder rein an den Verhandlungstisch', erinnert sich Thomas Ellerbeck, damals stellvertretender Regierungssprecher. 'Die Koalitionsvereinbarungen tragen ganz maßgeblich ihre Handschrift, und im Gegensatz zum damaligen Ministerpräsidenten Berndt Seite ging sie sehr in die Details, stritt um die Sache.'

Ihren teilweise legendären Ruf in der mecklenburg-vorpommerschen CDU begründet sie in der Koalitionskrise im April 1996, als der Koalitionspartner SPD wegen eines Streits um die Werften die Machtfrage stellt: Die SPD verlangt von der CDU, Finanzministerin Kledehn müsse zurücktreten. Als im Koalitionsausschuss alles festgefahren und hoffnungslos erscheint, weil sich der SPD-Landesvorsitzende Harald Ringstorff und Ministerpräsident Berndt Seite (CDU) ineinander verbissen haben, als die PDS bereits davon träumt, mit der SPD an die Macht zu kommen – da marschiert die CDU-Landesvorsitzende und Bonner Ministerin am Sonntag, dem 21. April 1996, in eine Sondersitzung der SPD-Landtagsfraktion.

"Ich wusste, dass die eine Klausurtagung haben, und einen Besuch konnte man mir als Koalitionspartner schlecht ablehnen. Ich wollte das Hasspotential abbauen, was entstanden war. Ich hatte ein klares Zeitlimit, aber ich habe der SPD in dieser kurzen Zeit deutlich gemacht, dass die CDU auch eine Seele hat, dass wir unsere Prinzipien nicht um des Machterhaltes willen verraten würden. Auch wir haben mehr als eine Option – eher gehen wir aus Selbstachtung in die Opposition. Das auszusprechen war wichtig, weil die Sozialdemokraten wirklich der Meinung waren, dass die CDU nur durch die Macht zusammengehalten wird."

Zwei Tage später verständigen sich CDU und SPD in Schwerin auf einen 'Neuanfang' ihrer Koalition, die bis zur Landtagswahl 1998 hält. Dann traut sich die SPD, ganz offiziell mit der PDS eine Koalition einzugehen, erstmals in Deutschland.

"Helmut Kohl hat mich bald nach der Wahl 1994 gefragt, ob ich Umweltministerin werden möchte. Ich fand die Idee toll, das hat mich wirklich gereizt. Ich habe sofort Ja gesagt. Damit war es für mich erledigt. Ich habe geschwiegen, es gab nirgendwo die geringste Andeutung in der Presse. Es hatte ja auch niemand damit gerechnet, und keiner hätte mir damals dieses Amt zugetraut ..."

Doch solches Stillschweigen ist unüblich für Bonner Verhältnisse. Kohl scheint es unheimlich zu werden. "Nach zwei Wochen hat er mich gefragt: 'Wir bleiben doch dabei?' – 'Na klar.' – Ich fand das ganz erstaunlich, denn ich hatte mich längst entschieden."

Die Vierzigjährige weiß, dass das neue Amt eine echte Herausforderung darstellt: "Natürlich war es nicht einfach, nach Klaus Töpfer Bundesumweltminister zu werden. Und wir hatten gerade die Ratspräsidentschaft in der Europäischen Union, der erste Castor-Transport nach Gorleben stand bevor ... Entsprechend skeptisch war die Presse." Drei Ministerämter hat Kohl nach der Bundestagswahl 1994 neu vergeben: Claudia Nolte wird als Nachfolgerin Merkels Frauen- und Jugendministerin ("sie geriet schnell unter Beschuss, weil sie die Jüngste war"), Jürgen Rüttgers wird Forschungsminister und versteht es mit einer offensiven Pressearbeit, als 'Zukunftsminister' hochgelobt zu werden, "und ich als Umweltministerin vagabundierte im Presseecho so dazwischen".

Auch Rainer Eppelmann erinnert sich an diese Zeit: 'Ich denke noch an die ätzende Kritik, die es damals über sie gab: 'Eine dumme Gans, die kann in dem Amt nach Töpfer ja nur scheitern ... ' Ein Jahr später wollte keiner mehr daran erinnert werden!'

Merkel, die Naturwissenschaftlerin, analysiert die Strukturen und Unterschiede der beiden Ministerien und kommt für sich zu dem Schluss, "dass es mit der Umweltpolitik so ist wie mit der Frauenpolitik. Aber das wurde in Bonn überhaupt nicht verstanden: Umweltpolitik ist ebenso wie Frauenpolitik ein Randgebiet in der CDU, bei dem der Minister zwischen allen Stühlen sitzt: Umweltverbänden ist man nicht umweltfreundlich genug, für die Wirtschaftsverbände dagegen viel zu umweltfreundlich. So ist die Grundkonstellation bei der Frauenpolitik doch auch: Man kommt mit Frauenverbänden nicht klar, mit der Wirtschaft nicht ..."

Merkel schüttelt heute noch den Kopf, dass diese Bemerkung von ihr, obwohl "das eine der logischsten und weitsichtigsten Bemerkungen war, die ich je gemacht habe", von den Bonner Journalisten nicht begriffen wurde. "Wahrscheinlich kannten sich die Umwelt-Fachjournalisten nicht mit Frauenpolitik aus. Außerdem habe ich bei der Ernennung eine sehr ernste Miene gemacht. Das hat bei vielen den Eindruck erweckt, ich hätte das Amt nicht gewollt – völlig verkehrt, denn ich war stolz wie selten zuvor. Allerdings war ich mir meiner Verantwortung bewusst, vielleicht auch deshalb der ernste Gesichtsausdruck. Aber das wurde mir sofort als mangelnder Enthusiasmus ausgelegt ... Ich habe dann eine Weile gebraucht, um mich hochzuarbeiten."

Und der Staatssekretär Clemens Stroetmann, ein Beamter mit ausgewiesener Fachkompetenz, der in Bonn als heimlicher Umweltminister angesehen wurde? "Der Staatssekretär? Ach so, ja! Von ihm habe ich mich getrennt." Punkt. Mehr will Merkel zu dem Thema heute nicht mehr sagen. Allenfalls diesen Satz noch: "Das ist im Bereich der Möglichkeit dessen, was ein neuer Minister machen darf, wenn der Staatssekretär acht Jahre lang unter dem Vorgänger gedient hat. Das wurde oft überinterpretiert."

Kann die Öffentlichkeit den Rausschmiss eines Staatssekretärs – der nur sehr selten passiert – nach dem Amtsantritt überinterpretieren, noch dazu, wenn ein solch markanter Schnitt von einer Ministerin aus dem Osten vollzogen wird, die am Jahresanfang 1995 noch immer als jung und unerfahren, als die 'Stille von Bonn' gilt? Und das, nachdem die Lobbys und die Presse bereits einen 'Kurswechsel in der Umweltpolitik hin zum Unverbindlicheren' (so die 'Süddeutsche Zeitung') beklagen?

Wochenlang ist Merkels Rausschmiss des Profis Stroetmann in den Schlagzeilen. Der 48 Jahre alte Jurist war dort mehr als sieben Jahre lang, praktisch seit der Schaffung des Ministeriums, Staatssekretär gewesen. Kann eine neue Ministerin auf den personifizierten Sachverstand verzichten? Schnell ist Merkel nach ihrem Amtsantritt am 17. November 1994 klar, dass die Zusammenarbeit mit Stroetmann nicht klappen würde. "Ich habe den Anspruch, in meinem Ministerium die Leitlinien vorzugeben", sagt Sie.

Merkels eigener politischer Gestaltungswille ist mit dem des sehr politisch denkenden Staatssekretärs kollidiert. Unter Töpfer, der viel auf Dienstreisen unterwegs war, hatte Stroetmann freie Hand – was den sehr selbstbewussten Macher im Ministerium selbst nicht unbedingt beliebt gemacht hat. Merkel dagegen will das Ministerium selbst führen.

Mit ihrer knallharten Entscheidung, Stroetmann in den einstweiligen Ruhestand zu versetzen, verschafft sie sich Autorität im Ministerium. Das Wehklagen der Opposition und der Naturschutzverbände, mit der Entlassung Stroetmanns komme es zu einer 'Demontage der Bonner Umweltpolitik', lässt Merkel kalt. Sie beruft Erhard Jauck aus dem Innenministerium, der sich dort früher mit Umweltpolitik befasst hat, als Nachfolger.

Kaum sind diese Wogen etwas geglättet und der neue Staatssekretär im Amt, bricht der erste Castor-Transport endgültig über die neue Ministerin herein. Schon in ihrer ersten Woche im Amt hatte sie sich mit dieser Altlast beschäftigen müssen, damals wird der fest geplante Transport des Atommüllbehälters vom Kernkraftwerk Philippsburg bei Karlsruhe zum Zwischenlager in Gorleben kurzfristig vom Lüneburger Verwaltungsgericht gestoppt: 'Ungenügende Sicherheitsnachweise', rügen die Richter.

Am 23. Januar 1995 sind die Bedenken des Gerichts ausgeräumt – nicht aber die der niedersächsischen Umweltministerin Monika Griefahn. Schon Merkels Vorgänger hatte sie angewiesen, dem Transport zuzustimmen, ohne Erfolg. Ein erstes Gespräch der beiden Ministerinnen am 25. November 1994 bleibt ergebnislos.

Als die Gerichte alle Einsprüche der Gegner abgewiesen haben und der Rechtsweg ausgeschöpft ist, weist die neue Ministerin im dritten Monat ihrer Amtszeit das Land Niedersachsen mit einer 'bundesaufsichtlichen Weisung' an, innerhalb einer Woche die Einlagerung des Castor-Behälters zuzulassen. "Ich fordere die niedersächsische Landesregierung auf, ihre Obstruktion aufzugeben und die Bevölkerung nicht durch unzutreffende Sachinformation zu beunruhigen", warnt die Physikerin Merkel, nachdem das Bundeskabinett ihre Linie bestätigt hat. Einen Tag später beugen sich Ministerpräsident Schröder und seine Ministerin. Der Castor-Transport rollt, vor massiven Protesten geschützt von 7.600 Polizisten, am 25. April 1995 in das Zwischenlager in Gorleben.

Im Bundestag wird Merkel Ziel scharfer Kritik von Abgeordneten der SPD und der Grünen. Der SPD-Umweltexperte Michael Müller wirft ihr 'eine ganz schlimme Provokation' der Bevölkerung und 'Kumpanei mit den Atomkonzernen' vor. Joschka Fischer, Fraktionssprecher von Bündnis 90/Die Grünen, kritisiert, Merkel wolle 'mit dem Kopf durch die Wand'. Selbst wenn man zu den Befürwortern der Atompolitik gehöre, gebe es derzeit keine sachliche Veranlassung für den Transport nach Gorleben.

Merkel erwidert darauf, sie vollziehe, "was ich nach Recht und Gesetz zu tun habe. Das ist für mich eine Grundsatzfrage des Rechtsstaates. Entweder werden geltende Gesetze eingehalten oder nicht. Ich halte es für völlig fatal, den Menschen immer wieder einen Ausweg zu bauen, um das Gesetz zu umgehen. In solchen Fällen muss man sich durchsetzen! Man kann die Gesetze ändern, wenn es die Mehrheiten dafür gibt – aber man darf nicht einknicken, schon gar nicht vor Gewalt."

Merkel sieht ein Grundübel in der westdeutschen Politik darin, dass diese immer wieder unentschieden war. "Das hat nicht dazu geführt, dass das Anrennen gegen den Staat geringer geworden ist ..." Bedrückt registriert sie den Hass, der in der Eskalation auf Seiten der Anti-Kernkraft-Demonstranten erkennbar ist. "Natürlich hat der Staat die Aufgabe zu deeskalieren. Deshalb bin ich stolz darauf, dass ich kurz vor dem Castor-Transport 1997 nach Gorleben gefahren bin – gegen die Ratschläge der meisten Beamten und Sicherheitskräfte. Ich wollte zeigen, dass es nicht nur diese absolute Feindhaltung gibt, dass es eine Trennlinie zwischen unterschiedlichen politischen Meinungen und einem Sich-nicht-mehr-verständigen-Können gibt. Dass Menschen mit 18 Jahren nicht mehr gesprächsbereit mit Andersdenkenden sind, dass sie keine Achtung vor der Meinung des anderen haben, das ist das Schlimmste, was einem Land passieren kann."

Sie träumt von einer Kultur des Meinungsaustausches, um selbst bei unterschiedlichsten Meinungen Gesprächsfähigkeit erhalten zu können – nicht zu verwechseln mit dem 'Klein-beigegeben' des Staates! Auch die CDU habe diese Kultur des Meinungsaustausches zu ihrer Regierungszeit nicht ausreichend gepflegt. "Deshalb bin ich bewusst nach Lüchow-Dannenberg gefahren. Es ist unsere verdammte Pflicht und Schuldigkeit, dies zu schaffen!" In dieser Zeit erscheint auch ihr Buch 'Preis des Überlebens' mit Debatten, die sie mit allen wichtigen Akteuren des Umweltschutzes geführt hat. Das Buch verdeutlicht das Politikverständnis Merkels: Nicht Durchsetzung eines gesetzten Zieles, sondern Dialog zur Definition und Erreichung gemeinsamer Ziele.

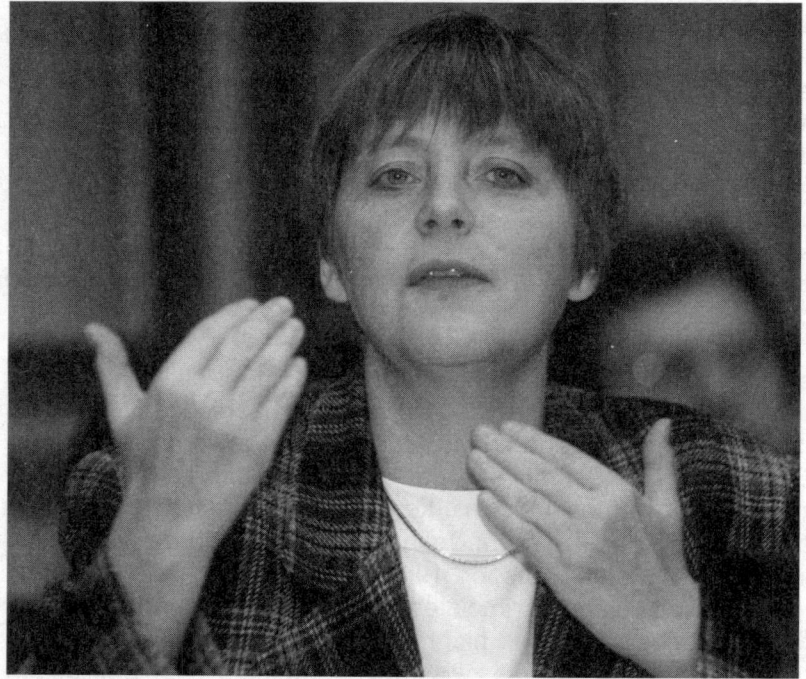

Die engagierte Umweltministerin im Dialog

Gerhard Schröder ist damals schon der Lieblingsgegner der Politikerin: Der niedersächsiche Ministerpräsident gibt in der SPD den Ton in der Energiedebatte an, Merkel als Bundesumweltministerin ist sein Gegenüber in Bonn. Bei den Energiekonsensgesprächen sitzen sie zusammen – einen Konsens finden sie nicht. "Es war fatal, dass sich damals Oskar Lafontaine in der Atomenergiefrage gegen die Gemäßigten in der SPD durchgesetzt hat", resümiert sie. Und kann sich diebisch freuen, dass sie das Atomgesetz so durch den Bundestag bringen kann, dass es der Zustimmung der SPD im Bundesrat nicht bedarf.

Gleich im ersten halben Jahr ihrer Zeit als Umweltministerin steht die UNO-Klimakonferenz auf ihrem Terminkalender, die sie als Präsidentin leitet: "Die Berliner Klimakonferenz gehört sicherlich zu meinen politischen Höhepunkten." Internationales begeistert sie: Menschen zu treffen, aus verschiedensten Kulturkreisen, das macht ihr besonderen Spaß. Ernsthaft geht sie in der Kürze der Zeit an die Vorbereitung, denn die Erfolgsaussichten der Konferenz gelten als überhaupt nicht gut: Zu groß sind die Bedenken allenthalben, sich bei der Reduzierung aller Treibhausgase festzulegen. Merkel reist in die USA, trifft sich mit Vize-Präsident Al Gore, um dort, bei einem der größten Verursachern von Treibhausgasen, einen "Eindruck von der Gefechtslage" zu erhalten.

Die Konferenz dauert beschwerliche 14 Tage, zwischendrin muss Merkel immer wieder zu Kabinettssitzungen nach Bonn. Sie selbst schaltet sich bereits bei den Beratungen auf Beamtenebene intensiv ein, um dann, wenn die Minister erst angereist sind, alle Argumente zu kennen. "Ich hatte früh einen Plan, wie weit ich kommen kann, schon am Ende der ersten Woche": präsent sein, Vertrauen bilden, Allianzen schmieden. Und sie lernt: "Solche Tagungen haben teilweise einen trostlosen Charakter ... Alles Wichtige passiert draußen vor den Türen, in den Sitzungen gibt es fast nur die abgelesenen Statements." Die tausend Teilnehmer aus etwa 130 Nationen sind begeistert, als Helmut Kohl das Ministertreffen mit einer emotionalen Rede über 'Mutter Erde' beginnen lässt, aber dann wird es zäh. Ein Erfolg ist nicht in Sicht. In der letzten Nacht steht alles auf einer Karte: Merkel als Präsidentin der Konferenz beginnt eine Pendeldiplomatie zwischen den Industrie- und den Entwicklungsländern, deren Repräsentanten hat sie in zwei getrennte Räume setzen lassen. Sie pendelt hin und her, viele Stunden lang. "Mir hat geholfen, dass in den 14 Tagen genügend Vertrauen in mich gewachsen war, dass ich, obwohl ich aus einem Industrieland kam, nicht parteiisch bin, sondern nur für die Sache gekämpft habe."

Als Mittler zwischen beiden Welten ärgert sie sich besonders über die Öl- und Industrieländer, die sich nicht auf konkrete Zahlen zur Reduktion der Treibhausgase festnageln lassen wollen. Auch den Entwicklungsländern müssen Brücken für die gemeinsamen Umweltprojekte gebaut werden, "aber sie haben sich klug verhalten. Ich habe großen Respekt und Hochachtung vor der geistigen Wachheit der Menschen aus den Entwicklungsländern gewonnen."

Früh um sechs, als es schon hell wird, ist es geschafft. Später am Tag lässt Merkel den symbolischen Hammer fallen: Das Protokoll, das den Weg zu den Vereinbarungen von Kyoto ebnet, ist verabschiedet. "Und dann stand der amerikanische Kollege auf und sagte: 'Das heißt jetzt das Berliner Protokoll!'"

Im Mai 1998 kommt die Bundesumweltministerin massiv ins Trudeln: Seit Mitte der achtziger Jahre haben Castor-Behälter beim Transport von abgebrannten Brennelementen in die Wiederaufbereitungsanlagen La Hague (Frankreich) und Sellafield (Großbritannien) radioaktive Strahlung aufgewiesen, die um ein Vielfaches über dem Grenzwert liegen, wird bekannt. Die Atomkraftwerksbetreiber räumten kleinlaut ein, sie hätten davon gewusst ... Merkel verfügt einen Stopp aller Atommüll-Transporte.

Dennoch wird laut ihr Rücktritt gefordert, die SPD wirft der Ministerin Leichtfertigkeit beim Umgang mit dem gefährlichen Nuklearmaterial vor. Sie sei verantwortlich entweder für 'Schlamperei oder für Kumpanei', kritisiert der SPD-Umweltpolitiker Michael Müller.

Merkel wird nicht nur von der Öffentlichkeit und der Opposition unter Druck gesetzt – auch die Kernkraftbetreiber beklagen sich. Die Angelegenheit hätte doch unter der Decke gehalten werden können. Darauf reagiert Merkel allergisch: "Die einzige Möglichkeit, die Angelegenheit zu klären, ist völlige Offenheit." Um die bemüht sich Merkel. "Mein Verhältnis zur Atomwirtschaft war danach sehr gespannt."

Merkel sieht diese Probleme als Chance, neu über die Zukunft der Energieversorgung in Deutschland zu verhandeln. Wenn die Akzeptanz für Atomkraftwerke in Deutschland "einen empfindlichen Schlag bekommen hat und sowieso nicht sehr hoch ist, muss die gesellschaftliche Diskussion weitergeführt werden". Atomenergie "ist verantwortbar, wenn solche Vorfälle wie jetzt sich nicht wiederholen, denn deutsche Kernkraftwerke haben höchste Sicherheitsstandards". Am 25. Mai legt sie einen Zehn-Punkte-Plan für mehr Transparenz bei Atomtransporten vor.

Beim Ozongesetz und bei der Novelle zur Verpackungsverordnung steht sie zwischen allen Fronten von Politik und Wirtschaft, EU, Kartellamt und Umweltverbänden. Wegen des Ozons bricht sie im Kabinett sogar in Tränen aus, als das in der CDU ungeliebte Thema im Frühsommer wieder mal in eine neue Kommission abgeschoben werden soll. "Na und? Ich hätte vielleicht besser geschrien, wie viele Männer das in solchen Situationen tun. Für mich war klar: Die Regierung musste jetzt handeln. Viele Eltern hatten wegen ihrer Kinder Angst vor Ozon und Sommersmog, und mit diesem kleinen Eklat habe ich am Ende meine Mehrheit im Kabinett bekommen." Es war ein "emotionaler Ausbruch, den viele an mir sonst eher vermissen".

Kritiker werfen ihr dennoch vor, das Erreichte sei zu wenig – doch auch Jürgen Trittin, ihr rot-grüner Nachfolger im Amt des Bundesumweltministers, hat in zwei Jahren Amtszeit keine schärferen Regeln gegen Sommersmog durchsetzen können, sondern nur das Auslaufen des Gesetzes absegnen können.

Auch Merkel sieht in dieser Zeit oft Grenzen des Prinzips der freiwilligen Selbstkontrolle und der Selbstverpflichtungen der Wirtschaft: "Manchmal kann man nur mit halber Kraft schwimmen", klagt sie dann. An den Koalitionsvereinbarungen von CDU, CSU und FDP von 1994 und dem dort vorgegebenen Systemwechsel – weg von Rechtsregelungen, hin zu freiwilligen Selbstverpflichtungen – ist Merkel nicht beteiligt gewesen, aber Kooperativität statt Pochen auf Gesetzen und Verordnungen entspricht ihrem Politikverständnis, das Gespräch zu suchen, zu moderieren. "Mein Ansatz ist zu versuchen, Sprachlosigkeiten zwischen den Handelnden aufzulösen. Umweltpolitik besteht aus einer ewigen Konsens- und Kompromisssuche, aber das ist in anderen Bereichen, etwa der Sozialpolitik, nicht anders."

"Wir haben in meiner Zeit als Umweltministerin, mit der Industrie beispielsweise, Vereinbarungen über die Minderung des Kohlendioxidausstoßes, des Kraftstoffverbrauchs von Neuautos, der Altautoverwertung und der Batterieverwendung gefunden. Und wenn ich heute die Grünen sehe, so ist das auch bei denen eine völlig akzeptierte Politikform – bis hin zum Atomausstieg. Damals war das ganz anders – es gab heftigsten Widerspruch, Spott und Hohn der Opposition und der Umweltverbände, die Rechtsschutz und Rechtssicherheit in Gefahr sahen! Ich denke, vor der Geschichte hat sich unser Konzept als richtig und wichtig erwiesen."

Hubert Weinzierl, Vorsitzender des Bundes Umwelt und Naturschutz in Deutschland (BUND), mag seine Kritik an Merkel als Umweltministerin nur in Lob packen: 'Es gab ehrliche Gespäche, menschlich war es prima, aber in der Sache hatten wir große Gegensätze ... Sie ist eine leidenschaftliche Vertreterin der Atompolitik, und sie hat sich praktisch hinter jeden Straßenbau gestellt. Wir sind auch im Naturschutz nicht weitergekommen. Aber das war auch unter Kohl gar nicht möglich ...'

Mit Hubert Weinzierl, dem Vorsitzenden des BUND, im Bayerischen Wald

Merkel sieht es aus der Sicht der Politikerin als Moderatorin so: "Mein Problem war, dass man gerade in der Umweltpolitik von 'Partnern' umgeben ist, die nur Maximalforderungen stellen und Sonntagsreden halten. Ich bin jedoch Pragmatikerin und möchte die Sachen vom Ende her denken. Entscheidend ist nicht, was heute in der Presse steht und was Verbandsvertreter von mir denken, sondern wie die Menschen in zwei und in zehn Jahren darüber denken werden."

Im Bundeskabinett hat Merkel mit ihren Beiträgen überzeugt, nicht durch den ersten Auftritt. 'Sie war eher zurückhaltend, gelegentlich schüchtern. Aber sie hatte Autorität: Man spürte, da ist eine Frau mit einem scharfen Intellekt, die auch in der Lage war, sich sehr schnell in den damals sehr schwierigen politischen Diskurs einzubringen', erinnert sich Hans-Peter Repnik, damals Parlamentarischer Staatssekretär, an die Ministerin zurück. 'Und ihre Vorträge haben immer Hand und Fuß gehabt. Zugleich praktizierte sie einen sehr kollegialen Stil, sie war locker und unkompliziert und hat nie einen Dünkel als Ministerin entwickelt.'

Gegen Ende ihrer Amtszeit überwiegt auch in der kritischen Presse das Lob für ihre Leistung in jener Legislaturperiode: 'Merkel gilt als geschickte Moderatorin und Vermittlerin. Dass die UNO-Klimakonferenz vor zwei Jahren überhaupt ein – wenn auch dürftiges – Papier verabschiedet hat, schreiben Konferenzteilnehmer nicht unwesentlich ihrem Verhandlungsgeschick zu. Und während ihr Amtsvorgänger Klaus Töpfer manchmal über Jahre keinen Schritt weiter kam mit seinen Gesetzesplänen, hat sie allein in den vergangenen 14 Tagen mit dem Naturschutz- und dem Bodenschutzgesetz zwei umfangreiche Novellen durch den Bundestag gebracht', schreibt Susanne Fischer am 20. Juni 1997 in der 'Woche'.

"Seit dem rot-grünen Regierungswechsel sehe ich kaum neue Ideen oder zielführende Ansätze, die hinzugekommen wären", sagt Merkel heute kühl. Ihre Idee, "Schritte zu einer nachhaltigen Entwicklung" mit einem "Umwelt-Barometer Deutschland, vergleichbar dem Dax" sei konzeptionell noch nicht überboten worden – und Jürgen Trittin, ihr grüner Nachfolger als Bundesumweltminister, hat vom Umwelt-Sachverständigenrat im März 2000 'eine unausgewogene Umweltpolitik und erhebliche Versäumnisse' bescheinigt bekommen.

Interview mit Bundeskanzler a.D. Helmut Kohl über Angela Merkel

Was war 1990 Ihr erster Eindruck von Angela Merkel?

Ich habe Frau Merkel erstmals nach der Regierungsbildung der Regierung de Maizière im März/April 1990 erlebt, sie ist mir durch ihre Offenheit und natürliche Frische aufgefallen: Sie war nicht so profihaft abgeschliffen. Das war nicht die abgeleckte Politikerart, wenn ich das mal so ausdrücken darf. Zugleich war ganz klar, dass Angela Merkel eine hochintelligente Frau ist.

Sie war eine Quereinsteigerin und zudem Naturwissenschaftlerin ...

Ja, sie war und ist durch ihr naturwissenschaftliches Studium geprägt, sie ist ja eines jener Beispiele von Naturwissenschaftlern, die durch die deutsche Einheit in die Politik gekommen sind. Im Bundestag gab es vor der Einheit noch ganze zwei Naturwissenschaftler. Schon alleine diese Tatsache zeigt, dass Naturwissenschaftler in der westdeutschen Politik eher Exoten waren.

Aber das änderte sich mit der deutschen Einheit ...

... weil die Naturwissenschaften in der DDR eine Nische ermöglichten, in der intelligente junge Menschen studieren konnten – in den Geisteswissenschaften war ja fast alles ideologisch infiziert – plötzlich kamen Ärzte, Tierärzte, Physiker etc. in die Politik. Günther Krause z. B. war ein Mathematiker von hohen Graden. Das fiel ausgesprochen angenehm auf. Und Angela Merkel war aus dieser Crew! Schon vom äußeren Habitus her merkte man, dass sie gewohnt war, in naturwissenschaftlichen Kategorien präzise zu formulieren.

Aber das allein qualifiziert noch nicht zur Bundesministerin, zu der Sie Angela Merkel dann gleich nach der gesamtdeutschen Bundestagswahl gemacht haben.

Es ist sicherlich ein großer Vorteil, wenn man, aus seinem Beruf kommend, andere Perspektiven besitzt. Aber mir ist natürlich aufgefallen, dass sie tüchtig war, sehr schnell Kontakte hatte und Lothar de Maizière eine große Hilfe war. Sie hat flott gearbeitet und hat einen ausgezeichneten Job gemacht.

Als die Frage aufkam, wer von den ostdeutschen Kolleginnen und Kollegen für ein hohes gesamtdeutsches Amt geeignet war, stellte ich fest, dass es gar nicht so viele gab, die ohne die im Westen übliche Politikerfahrung sofort antreten konnten.

Krause war es, der mir Frau Merkel empfohlen hat. 'Die ist gut', sagte er. Und tatsächlich war Frau Merkel so gut, dass sie 1991 in der CDU gar keine echte Konkurrenz aus dem Osten hatte.

Und warum wurde sie gerade Frauenministerin?

Das hat sich dann ergeben. Für mich war klar: Die kann das, die hat Begabung. Und mir war ganz wichtig, eine Frau zu haben, die die Modernität der mitteldeutschen Frauen einbringt.

Und sie hat einen guten Job gemacht. Wenn ich an die Castor-Affäre denke, hat sie mehr Mut bewiesen als viele Männer.

Angela Merkel musste nicht an die Hand genommen werden, sie lief außer Konkurrenz. Die Kabinettskollegen haben oft hinter meinem Rücken gemeckert, 'die' dürfe sich alles erlauben, ich würde von ihr Dinge hinnehmen, die ich keinem anderen durchgehen ließe. Da ist auch etwas Wahres dran, weil ich die Kritiker zur Ordnung gerufen habe mit dem Hinweis, 'Ihr müsst doch bedenken, wo ihr herkommt! Und die Kollegen sollen jetzt schon alles wissen.'

Wie lief Merkels Kandidatur in Brandenburg ab?

Es war ein Fehler, dass Lothar de Maizière den Landesvorsitz in Brandenburg übernahm. Ich habe Frau Merkel massiv unterstützt, als sie in Brandenburg als Landesvorsitzende kandidierte. Mit ihr wäre alles viel besser gelaufen, aber dann ist sie aus den Kulissen heraus ganz miserabel behandelt worden. Es wurde alles getan, damit sie nicht gewählt wurde. Blüm und Geißler waren dabei und wie immer Frau Süssmuth, die übrigens niemals eine Protagonistin von Frau Merkel war.

Warum waren Sie so nachdrücklich für die Kandidatur von Frau Merkel in Brandenburg?

Sie wäre in der dortigen Lage der richtige Gegenkandidat gegen den SPD-Kandidaten Manfred Stolpe gewesen.

Was ist typisch für Angela Merkel?

Ihre Direktheit und ihre Unkompliziertheit. Sie hat sich nie lange geziert, hat nichts Zickiges an sich, was ja bei manchen Damen oft schwer erträglich ist. Sie war auch sehr kameradschaftlich, das hat ihr sehr geholfen.

Wie hat sie sich in den Ämtern verändert? Anfangs war sie ja vom Äußeren her eher unbedarft ...

Nein, das Wort halte ich für völlig falsch. Unbedarft war sie nie. Unbeholfen, besser gesagt manchmal anfangs unbeholfen, ja.

Was war störend?

Sie hat eine große Begabung, richtig bockig zu werden, eine Trotz-haltung an den Tag zu legen ...

Einmal hat sie geweint im Kabinett ...

Sie war eben nicht so abgebrüht, eben nicht durch hundert Mühlen gedreht, sie war noch unmittelbar.

Aus mancherlei Richtungen hört man, sie sei eine verkappte Linke?

Ich weiß nicht, worauf man das stützen wollte! Da werden Vorurteile nach dem alten Links-Rechts-Muster gepflegt. Ich hatte nie den Ein-druck, dass sie ein Problem mit den Grundwerten der CDU hatte, nie!

Und im Gegensatz zu vielen evangelischen Politikern der Wende-zeit sah sie in mir auch nicht die Inkarnation des politischen Katholi-zismus.

Über Ihr Privatleben hat man nie viel erfahren ...

Wenn Leute fragten: 'Ist sie eigentlich verheiratet?' habe ich ge-antwortet, das gehe sie überhaupt nichts an. Dass sie ihren priva-ten Bereich zugedeckt hat, fand ich klug und sehr gut. Das war ihre Privatsache. Da verbietet es sich, ständig von draußen rein-zureden!

Wie beurteilen Sie Merkels Verhalten bei der Abstimmung über den § 218?

Das war für sie nicht einfach, da sind Erfahrungswelten zusam-mengestoßen, Erfahrungen der alten Bundesrepublik und der DDR, das darf man nicht vergessen! Ganz unterschiedliche

Erfahrungshorizonte. Sie hat aber nicht die 'DDR-Position' vertreten ...

Nein, sie hatte ihre eigene Meinung. Aber sie war kein Ultra, keine von denen, die zufrieden sind, wenn sie allein ein verdammt gutes Gewissen haben. Das war bei ihr überhaupt nicht, was ich als sehr wohltuend empfand.

(Das Interview wurde am 12. Mai 2000 in Berlin geführt.)

Generalsekretärin des Neuanfangs

Am 27. September 1998 endet die Ära Kohl. Abends um kurz vor 19 Uhr tritt der Bundeskanzler im großen Saal des Konrad-Adenauer-Hauses an die Mikrofone und räumt die schwere Wahlniederlage der CDU/CSU ein: 'Der Wähler hat völlig eindeutig entschieden. Es ist klar, dass ich die Verantwortung für die Wahlniederlage übernehme – ohne Wenn und Aber.' Auch als Partei-Vorsitzender tritt Helmut Kohl nach einem Vierteljahrhundert nicht wieder an. Die CDU hat eines ihrer schlechtesten Wahlergebnisse zu verkraften, sie hat die politische Mitte an Schröder und Fischer verloren. Vier Millionen Wähler, so eine Untersuchung des Mainzer Polititologen Jürgen Falter, die 1994 noch Kohl und die Union wählten, haben jetzt rot-grün gewählt. Wird die Union jetzt dem Beispiel vieler ihrer Schwesterparteien in Europa folgen und sich zerstreiten, sich in kleine und kleinste Fragmente zerlegen?

Der Bonner Parteitag am 7. November wählt Wolfgang Schäuble zu seinem Nachfolger. Ganz nebenbei hatte Schäuble einige Wochen vorher Angela Merkel im Vorbeirollen auf freundschaftliche Weise angeraunzt, ob für sie das Amt des Generalsekretärs überhaupt in Frage komme? "Das müssen wir schon richtig besprechen", meint Merkel. 'Gut, heute Abend um acht.'

"Ich habe nicht damit gerechnet, dass Wolfgang Schäuble mich fragt. Ich hatte mich darauf eingerichtet, als stellvertretende Fraktionsvorsitzende mit den Schwerpunkten Forschung und neue Bundesländer zu kandidieren." Doch Schäuble will, unterstützt von seinem Vertrauten Hans-Peter Repnik, unbedingt eine gute Frau an seiner Seite haben. 'Eine Frau als Frau hat keinen Sinn. Aber ich fand es reizvoll, eine Frau zu nehmen, die es kann!' Und von Merkel, die 'ihre

Feuertaufe als Umweltministerin bestanden hat', hat Schäuble zu dieser Zeit schon eine hervorragende Meinung: 'Sie war ja kein unentdecktes Kleinod! Sie hat im Kabinett nie überlegt, woher der Zeitgeist herweht. Sie hat eine klare Linie, aber sie geht nicht mit dem Kopf durch die Wand. Auch im CDU-Präsidium hat sie eine gute Rolle gespielt – anders als manche Wichtigtuer. Wer mit ihr zu tun hatte, wusste: Das ist eine hochintelligente Frau, der Politik auch Spaß macht. Sie hat politischen Verstand, die notwendige Härte, den Ehrgeiz und die Umsicht. Und sie steckt nicht in den abgelatschten Bonner Verhaltensweisen und Kommunikationsformen.'

Abends um acht sitzen Schäuble und Merkel dann lange zusammen. Merkel erbittet sich zwei bis drei Tage Bedenkzeit. "Wir waren in einer schwierigen Lage, also war mir eigentlich klar, dass ich das machen muss. Ich traute mir das Amt auch zu." Würde sie mit Schäuble gut auskommen? "Wir hatten bisher nicht viel Kontakt gehabt. Als Bundesinnenminister hat er mir ganz am Anfang meiner Ministerzeit beim Gleichberechtigungsgesetz geholfen, den Widerstand in seinem Ministerium zu überwinden. Auch bei schwierigen

Würde sie mit Schäuble gut auskommen?

Umweltproblemen konnte ich zu ihm gehen. Und mir hat seine rationale Art immer gut gefallen."

Aber eigentlich ist es von der ersten Minute an klar, dass Merkel Ja sagt. Am 22. Oktober schlägt Schäuble sie offiziell vor. Auf dem Bonner Parteitag zwei Wochen später bewirbt sie sich mit einer Rede, in der sie ihr Lieblingsthema 'Risiko statt Sicherheit!' ausbreitet: Gegen den alles reglementierenden Staat, für mehr Freiheiten des Einzelnen. Das Motto 'Risiko statt Sicherheit' ist eine bewußte Umkehrung des Plakates aus dem gerade verlorenen Wahlkampf, in dem Kohl plakatieren ließ: 'Sicherheit statt Risiko'. Mit 92 Prozent erfährt die 'Zukunftshoffnung der Partei' (so die 'Welt' vom 21. Oktober 1998) ein Traumergebnis. Jetzt steht sie in der Nachfolge von Biedenkopf, Geißler, Rühe, Hintze.

Zwei Tage nach dem Parteitag, am Montag, dem 9. November, erfolgt ihr 'Einmarsch' in das Bonner Konrad-Adenauer-Haus. "Ich stieß schon auf Widerstände." Vor allem der mächtige Kohl-Vertraute Hans Terlinden, Hauptabteilungsleiter Verwaltung und Personal, beobachtet sie mit Argusaugen. "Es war nicht einfach, aus einem Ministerium kommend, dort die Zügel in die Hand zu nehmen." Schäuble gibt ihr als Generalsekretärin große Freiräume, weil er nicht nur Parteivorsitzender, sondern auch Vorsitzender der CDU/CSU-Bundestagsfraktion ist.

Merkel spürt die Widerstände im Adenauer-Haus, fackelt aber nicht lange. Schnell platziert sie im Winter 1998 ihre Vertrauensleute in Schlüsselpositionen: Als Bundesgeschäftsführer (und damit Chef des Konrad-Adenauer-Hauses als CDU-Bundesgeschäftsstelle) entlässt sie den Hintze-Vertrauten Christian Dürig, einen Beamten aus dem Postministerium, und beruft stattdessen ihren alten Staatssekretär (und Pressesprecher Schäubles) Willi Hausmann. Chefin ihres Büros wird ihre langjährige Büroleiterin aus dem Adenauer-Haus und dem Umweltministerium Beate Baumann.

Ebenso greift sie in anderen Bereichen durch: Drei von vier Hauptabteilungsleitern im Konrad-Adenauer-Haus werden bis Ende 1999 neu besetzt. Frischer Wind soll durch die Zentrale der Opposition fegen. Nach 25 Jahren Einfluss des Parteivorsitzenden Kohl und 16 Regierungsjahren war das Konrad-Adenauer-Haus und viele seiner leitenden Mitarbeiter nicht mehr geübt, kreativ zu denken und zu arbeiten – die Entscheidungen fielen ja letztlich bei Kohl, und der saß im Kanzleramt.

So ist die wichtige Hauptabteilung Medien- und Öffentlichkeitsarbeit nach dem Tod des Hauptabteilungsleiters Brückmann vom Parteivorsitzenden Kohl sechseinhalb Jahre lang nicht besetzt worden. Merkel beruft dorthin Michael Thielen, einen 'Denker' aus dem Stab des bisherigen Zukunftsministers Jürgen Rüttgers. Zur Pressesprecherin befördert sie unvoreingenommen die wenige Monate zuvor von Peter Hintze eingestellte, junge stellvertretende Sprecherin Eva Christiansen auf den vakanten Platz eins. Merkel hätte gerne ihre langjährige Sprecherin Gertrud Sahler, die ihr bereits vom Jugendministerium in das Umwelt-Ressort gefolgt war, mit dieser Aufgabe betraut. Doch Sahler konnte das Angebot wegen des Umzugs nach Berlin nicht annehmen.

Merkel beendet auch schnell die langjährige Bindung der CDU an die Werbeagentur des Kohl-Freundes von Mannstein. Jetzt müssen große und kleine Agenturen gegeneinander antreten, die kleine, pfiffige Agentur 'Hagenhoff und Graef' aus Osnabrück prägt das neue Außenbild der CDU. 'Die rheinischen Zeiten ändern sich', schreibt Stephan-Andreas Casdorff am 3. Dezember 1999 in der 'Stuttgarter Zeitung' resümierend über die neue Berlinerin an der Spitze der CDU.

Beim traditionellen Weihnachtsessen der CDU/CSU-Bundestagsfraktion sitzen Angela Merkel und der nach nur vier Jahren bereits zum stellvertretenden Fraktionsvorsitzenden gewählte Friedrich Merz Anfang Dezember 1998 in der Godesberger Stadthalle am 'Prominententisch' nebeneinander. 'Ich kann mich gut daran erinnern, dass wir beide an diesem Abend lange zusammengesessen und Wein getrunken haben. Merkel hat mir das Du angeboten, und wir haben lange darüber gesprochen, wie es in dieser Legislaturperiode weitergehen und was am Ende stehen wird. Nachts, vielleicht um ein Uhr, saßen wir fast alleine noch dort. Da hat sie gesagt: "Mein allerwichtigstes Ziel ist es zu schaffen, dass Wolfgang Schäuble 2002 Kanzler wird. Nicht nur Kanzlerkandidat, sondern Bundeskanzler." Merz stimmt zu: 'Schäuble ist genau der Richtige'. Und erinnert daran, dass ein erfahrener, bei der Wahl ausgeschiedener Kollege in der Fraktionssitzung nach der verlorenen Bundestagwahl Schäuble freundschaftlich aufgefordert hat, an einen Nachfolger zu denken: Schäuble werde im Jahr 2002 sechzig Jahre alt sein. 'Daran müssen wir denken', sagt Merz.

Beide haben eine emotionale Bindung an ihren neuen Vorsitzenden, und Merz stellt fest, dass Merkel bei aller Eigenständigkeit eine 'sehr, sehr große persönliche Loyalität Schäuble gegenüber hat: eine ideale Generalsekretärin'.

"Dann begann eine sehr wilde Zeit: Die hessischen Wahlen drohten!" Während die Generalsekretärin die Parteizentrale neu organisiert, reist Schäuble schon am Dienstag der ersten Woche nach dem Parteitag zu Roland Koch nach Hessen. Dort herrscht Wahlkampf, und vom Abschneiden der CDU dort wird viel für die Zukunft der Partei abhängen. Koch hat eine kleine Chance, befürchtet aber, dass er mit landespolitischen Themen die Wähler kaum ausreichend mobilisieren wird.

Schäuble und der CSU-Vorsitzende Edmund Stoiber spüren beim Lesen der rot-grünen Koalitionsvereinbarung, dass die Forderung nach einer doppelten Staatsbürgerschaft die Bevölkerung erregen wird. Sie wollen die neue, noch sehr wackelige Bundesregierung mit dem Reizthema in Bedrängnis bringen. Stoiber setzt sich deshalb unionsintern für eine Volksbefragung ein, Koch sieht darin die große Chance für seine Landtagswahl in Hessen. Über die Jahreswende kocht das Thema hoch, Stoiber spricht sich in einem 'Focus'-Interview für eine Offensive der Opposition aus.

Schäuble sieht das etwas anders, und ihm gelingt es auch, Stoiber von der Volksbefragung abzubringen und stattdessen von einer Unterschriftensammlung zu überzeugen. Merkel erfährt, wie die meisten Präsidiumsmitglieder, von diesen Plänen aus den Medien. Sie ist "total" gegen solche populistischen Methoden, "mit denen man auch gleich die Todesstrafe wieder einführen kann", fürchtet sie. "Aus der Regierungsarbeit kommend, empfand ich das als eine sehr holzschnittartige Idee, als ein untaugliches Mittel." Merkel steuert dagegen, auch weil sie um den Zusammenhalt der Partei fürchtet: "Ich hatte Angst, dass unser Haus auseinander kracht: Peter Müller,

Peter Altmaier und Norbert Röttgen hatten sich ja schon für eine Kinderstaatsbürgerschaft ausgesprochen."

Auf der Bundesvorstandssitzung Anfang Januar 1999 in Königswinter prallen die Meinungen in der CDU aufeinander. Mancher im inneren Zirkel der Opposition fürchtet, 'dass gleich der Laden auseinander fliegt'. Die Stimmung ist eisig, und jeder spürt: Hier steht auch Schäubles Autorität als neuer Parteichef auf dem Prüfstand. Erst eine Krisensitzung des Präsidiums am Sonntagmorgen um acht Uhr entschärft die Lage. "Das war eine riesige Integrationsleistung von uns allen, von Wolfgang Schäuble und Roland Koch, die die Unterschriftenaktion entschlossen wollten, von Annette Schavan bis hin zu Peter Müller, denen der Zusammenhalt der Union wichtiger war als ihre bis an den Gewissensrand gehenden Bedenken", erinnert sich die damalige Generalsekretärin.

"Schäuble hatte erkannt, dass die Wahl in Hessen verloren geht, wenn wir nicht etwas Ungewöhnliches machen. Es war ein Risiko, aber er hat das Vertrauen gehabt, dass man ihn als neuen Vorsitzenden nicht gleich fallen lässt. Er ist aufs Ganze gegangen und hat scharf beobachtet, ob ich mitmache."

Auch andere beobachten die neue Generalsekretärin scharf: 'Ich war genauso skeptisch. Merkel hat Bedenken gehabt, klare Fragen gestellt – aber dann, als Schäuble sich damit durchgesetzt hat, hat sie es loyal mitgetragen, es durchdekliniert und sich voll dafür eingesetzt', erinnert sich Peter Hintze.

Merkel ist loyal und entschärft die Situation mit einem Beschlussvorschlag für den Textaufruf für die Aktion, den sie während der CDU-Klausurtagung in mühsamer 'Pendeldiplomatie' zwischen den Tischen erarbeitet. Damit ist die Unterschriftenaktion so eingebettet, dass Missverständnisse am rechten Wählerspektrum ausgeschlossen werden und die Aktion von der ganzen Union getragen werden kann.

'Die Einheit der Partei und der Union' war ihr, so ein Beobachter der spannenden Sitzung Anfang Januar 1999, erkennbar wichtiger, als sich in dieser Frage mit ihrer persönlichen Meinung durchzusetzen.

"Schäuble hatte nichts dagegen, solange das Wort 'Unterschriften-sammlung' drin enthalten war."

Merkel hat ihre Fehleinschätzung später offen eingestanden: "Ich empfinde es als Manko, dass ich nicht gefühlt habe, dass mit diesem Thema eine Wahl gewonnen werden kann. Das betrübt mich, weil ich sonst ein ganz gutes Gespür habe." Anfang Januar 1999 fühlt sie sich zwar beschwert, "dass ich etwas nach außen vertreten muss, was mir nicht entspricht. Es war mir aber klar, dass ich zur Loyalität verpflichtet bin." Anderseits sagt sie auch: "Der Erfolg, da bin ich mir absolut sicher, hätte sich nicht eingestellt, wenn die Partei sich über dieser Aktion entzweit hätte. Der Textaufruf war kriegs-entscheidend."

Mit ihrer "ohne jede Alternative bestehenden Loyalität" zum Vorsitzen-den Schäuble und zur Partei vertritt Merkel die Unterschriftenaktion gegenüber der Öffentlichkeit und unterstützt das von Jürgen Rüttgers mit der Schwesterpartei CSU erkämpfte Integrationskonzept, das zu der Aktion dazugehören sollte. Auch Schäuble hat in dieser frühen Phase als Parteivorsitzender Unerfahrenheit gezeigt: Hätte er Rüttgers früher mit dem Integrationskonzept beauftragt und wäre das bereits zur Jahreswende in Ansätzen bekannt gewesen, hätte die Sorge um einen ausbordenden Populismus gar nicht aufkommen müssen. In dieser frühen Zeit als Vorsitzender fehlte Schäuble das kommunikati-ve Talent, alle Mitstreiter zu informieren und einzubinden. Schäuble telefoniert nicht gern, und das führte dazu, dass viele Präsidiumsmit-glieder, ja selbst Stellvertretende Vorsitzende von den Plänen erst aus den Medien und damit natürlich verkürzt erfuhren.

Nachdem auch durch Rüttgers Konzept die Gefahr eines rechten Populismus gebannt war (das Konzept der Rüttgers-Kommission fin-det sich dann im Frühsommer 2000 weitgehend in der viel beachte-ten Rede des Bundespräsidenten zum Thema Einwanderung wie-der), gelingt es der CDU mit der Unterschriftenaktion, die Landtags-wahl in Hessen am 7. Februar 1999 für sich zu entscheiden – zu-sammen mit der FDP, die gerade etwas mehr als fünf Prozent der Stimmen erreicht.

Fünf Millionen Unterschriften haben CDU und CSU nach wenigen Monaten gesammelt, ein in der Geschichte der Bundesrepublik einmaliges Ergebnis. "Unsere Anhänger hatten mit der Unterschriften-aktion etwas zur Identifikation, dazu kam die Krise der anderen, die just vor der Hessenwahl den Spiegel ihrer miserablen Hundert-Ta-ges-Bilanz vorgehalten bekamen", sagt Merkel.

Auf der Vorstandsklausur im Januar hatte Merkel auch ihre Gedan-ken für den Erfurter Parteitag präsentiert, mit dem die Partei ihren Wiederaufstieg aus dem Jammertal der Opposition vorbereiten will: In den Erfurter Leitsätzen werden die Gründe für die Niederlage in der Bundestagswahl 1998 analysiert, eine intensive Progammarbeit zur Aufarbeitung der Denk-Defizite aus 16 Jahren Regierungszeit beschlossen. Die CDU soll zur 'modernsten Partei Deutschlands' werden. Mitten in der Gesellschaft will die CDU stehen, 'Mitten im Leben' wird zum ersten CDU-Motto, das nicht von Werbeagenturen kommt, sondern eine Idee von Merkels Büroleiterin Beate Baumann ist, die die seit Oktober 1998 aushängenden Plakate 'Wir nehmen die Herausforderung an' nicht mehr ertragen kann – eine neue Wer-beagentur musste aber erst aufwendig ausgewählt werden. Wolf-gang Schäuble ist von diesem Vorschlag sofort begeistert. Das neue Motto beschreibt das Ziel der CDU – zu diesem Zeitpunkt ist sie weit davon entfernt, mitten im Zentrum des gesellschaftlichen und politi-schen Lebens zu sein. "Wir haben dann mit Bordmitteln noch vor Weihnachten die ersten Plakate aufgehängt. Im Bundesvorstand herrscht diesem Motto gegenüber Anfangs größte Skepsis. Doch dann ruft Christian Wulff, einer der Kritiker, an und sagt, er nehme alles zurück, die Leute seien begeistert."

"Nicht dem Zeitgeist hinterherlaufen, sondern ihn prägen" wird zum Anspruch Merkels. Die CDU müsse deutlicher erkennbar Werte ver-treten, aber auch respektieren, welche andere Realität es in der Gesellschaft heutzutage gibt. Im Januar trifft sich Merkel auch zu einem Vier-Augen-Gespräch mit Helmut Kohl, um die Ratschläge des alten Fahrensmannes zu hören. "Bis zu dieser Zeit hatten wir schon eine ganze Reihe wichtiger Weichen gestellt."

Zum neuen Anfang gehört auch das neue Erscheinungsbild der CDU, das CSU-Chef Stoiber auf dem Erfurter Parteitag am 27. April 1999 überrascht bestaunt: Nicht mehr schwarze Schrift auf weißem Grund, sondern farbig, mit Asymmetrien spielend, das Werk der neuen Werbeagentur 'Hagenhoff und Graef'. Wichtiger aber sind Merkel die Erfurter Leitsätze: Seiteneinsteiger sollen eine Chance in der CDU erhalten, mehr als drei Vorstandsämter sind künftig in der Partei tabu. Und vor allem: Tabuzonen innerparteilicher Diskussion sollen aufgeräumt werden. In Erfurt lässt Merkel die programmatische Diskussion in der Tiefe und Breite beginnen: Was bedeutet heute noch 'christlich' für die CDU? Wie lassen sich rasanter technischer Fortschritt und das christliche Menschenbild verbinden? Wie kann die soziale Marktwirtschaft als Werteordung weiterentwickelt werden? Was will die CDU in der Familienpolitik, was in der Bildungspolitik, was in der Wirtschaftspolitik? 'Wo Werte Zukunft haben' lautet das Motto des ersten Tages in Erfurt.

"Die Soziale Marktwirtschaft, die für die Identifikation der CDU ganz wichtig ist, neu zu definieren, das Spannungsfeld von Heimat und Globalisierung zu bearbeiten und das Verhältnis von technischer Machbarkeit und unserem ethischen Normengerüst zu klären, das sind unsere wichtigsten Aufgaben. Schon in den ersten Wochen nach der verlorenen Wahl ist dieses Credo formuliert worden. Ich habe versucht, die teilweise noch vorhandenen Illusionen beiseite zu räumen, als könnten wir den großen Ost-West-Konflikt, den Kampf gegen den Sozialismus einfach neu aufrollen. Da hat sich die CDU zwar früher immer gut profilieren können, aber die Zeiten sind nun wirklich vorbei – Gott sei Dank! Diesen historischen Auftrag hat die CDU erfüllt. Jetzt müssen wir neue Herausforderungen erkennen und anpacken!"

Nicht nur die Hessen-Wahl im Februar, auch die Europa-Wahl im Juni, vorher aber noch die Wahl des Bundespräsidenten, bestimmen den Terminkalender vom Führungsteam Schäuble und Merkel. "Ganz früh nach der Wahl, noch vor seiner Wahl am 7. November, hat Schäuble mit Dagmar Schipanski, der Wissenschaftskoryphäe mit neun Elektronik-Patenten, über eine Kandidatur als Bundespräsidentin gesprochen. Auf der Klausurtagung des Bundesvorstandes Anfang Januar hatte er einen Lebenslauf von ihr dabei ..." Abgemacht wird, die Entscheidung und Präsentation auf das Wochenende kurz vor der Hessen-Wahl zu legen, um mit diesem Aufbruchsignal Koch zu unterstützen. Doch es erweist sich als unglaublich schwierig, die CSU von der Idee zu überzeugen. "Als Frau Schipanski hinter verschlossenen Türen von der CSU befragt wurde, einer Art Gewissensprüfung unterworfen wurde, da habe ich mich unwohl gefühlt. Aber die Frau ist einfach gut. Sie hat keinen einzigen Fehler gemacht. Und dann hat die CSU zu ihr gestanden wie ein Mann."

Die Suche nach wirklich guten Werbeagenturen erweist sich als schwierig: Zu Beginn des Rennens vor der Europawahl, also im Februar/März 1999, muss noch einmal gewechselt werden: "Es war schrecklich, aber unvermeidlich." Die Partei beauftragt schließlich auch die Agentur 'Hagenhoff und Graef' mit diesem Auftrag. Europawahlen sind schwierig: Es gibt keine echten Europathemen, es gibt keinen echten Spitzenkandidaten. Wessen Kopf soll man plakatieren? Merkel ist dagegen, den Kopf des Vorsitzenden auf die Plakate zu drucken, weil es die erste bundesweite Wahl nach der vernichtenden Wahlniederlage vom Herbst 1998 ist – es wäre ein Wagnis, und Schäuble soll im Falle einer Niederlage nicht unnötig beschädigt werden. Da schlägt die Agentur ein Motiv mit einem jungen Pärchen vor, dem in den Mund gelegt wird: 'Europa ist wie wir: nicht immer einer Meinung, aber immer auf einem gemeinsamen Weg.' – "Wolfgang Schäuble sah das und sagte zu mir: 'Das müssten wir mit uns beiden machen!' Ich habe das damals gar nicht ernst genommen. Er hat gerne verwegene Gedanken, das mag ich an ihm."

Nach vier Wochen wundert sich Schäuble: 'Warum geht denn keiner auf meine Idee ein?!' Auf dem Erfurter Parteitag im Frühjahr macht Laurence Chaperon das Foto eines etwas uneinig voneinander wegschauenden Paares Schäuble/Merkel: 'Europa ist wie wir: nicht immer einer Meinung, aber immer auf einem gemeinsamen Weg.' Erstmals gelingt der CDU ein ironisches, selbstkritisches Plakat, das die neue Offenheit in der Partei beschreibt: Die höchst unterschiedlichen Ansichten zur Unterschriftenaktion werden aufgearbeitet, die unterschiedlichen Ziele und Zielgruppen der Partei in ihrer ganzen Spannbreite angesprochen: Frau – Mann, Jung – Alt, Ost – West. So anspruchsvoll dieses Plakat gedeutet werden kann, so populistisch werden dagegen die Werbespots im Rundfunk und im Fernsehen. Austrittserklärungen kommen, beklagen: 'Auf welches Niveau ist die CDU gesunken.' Merkel aber sagt: "Ich fand es gut. Wir sind mit dem Parteitag, den Plakaten und dem Würstchenbuden-Spot viele neue Wege gegangen, jeder Tag hat etwas Neues gebracht." Und am 13. Juni 1999 fährt die CDU mit 48,7 Prozent der Stimmen (ein Plus von 9,9 Punkten) ein sensationell gutes Ergebnis bei der Europawahl ein.

In Erfurt beschließt die Partei die Einsetzung von vier Kommissionen, die in den nächsten Monaten neue programmatische Leitlinien erarbeiten sollen: Familienpolitik, Bildungspolitik, Sozialstaat und weniger Bürokratie heißen die Themen. "Meine Leitfrage ist immer wieder: Was ist unser Menschenbild, wo können wir Werte vermitteln? Es hat sich ausgezahlt, dass wir unsere Programmarbeit so früh begonnen haben: Obwohl uns die Spendenaffäre ein halbes Jahr Zeit gestohlen hat, können wir immer noch davon zehren und jetzt durchstarten. Heute kommt die Rückgewinnung unserer Wirtschaftskompetenz hinzu", meint Merkel im Sommer 2000 rückblickend.

Die rot-grüne Regierung bietet Mitte 1999 viele offene Flanken, die die CDU geschickt nutzt: Mit ihrem 630-Mark-Job-Desaster, einem Sommertheater der SPD zur Steuerpolitik und der 'Rentenlüge' kann die CDU punkten: Die Landtagswahlen in Bremen (6. Juni), Brandenburg und Saarland (5. September), Thüringen (12. September), Sachsen (19. September) und in Berlin (10. Oktober) bringen geradezu sensationelle Erfolge für die CDU: Nach Hessen kommt sie auch im Saarland und in Brandenburg an die Regierung, bei der Kommunalwahl in Nordrhein-Westfalen am 12. September erobert sie mit 50,3 Prozent die absolute Mehrheit, in Thüringen und Sachsen erreicht und verteidigt die CDU die absolute Mehrheit.

Langsam gehen Angela Merkel in diesen Wochen die Worte aus: Sonntag für Sonntag darf sie sich als Generalsekretärin der CDU über die spektakulären Wahlsiege der CDU freuen, in Meinungsumfragen erreicht die Union so gute Werte, wie es sie zuletzt 1976 gab. Merkel warnt ihre Parteifreunde vor Überschwang. Schon kritisieren manche, die 'Generalin' könne sich wohl nicht freuen. Merkel aber sieht jenseits aller Genugtuung über den CDU-Durchmarsch in den Ländern: "Wir stehen jetzt in der Verantwortung, viel schneller, als das irgendjemand hätte ahnen können." Programmatisch aber, das weiß sie genau, hat die Partei noch nicht viel neue Substanz gewonnen. Sie lebt vor allem von den Fehlern der Regierung – das kann sich schnell ändern. Sie ist deshalb entschlossen: "Für uns beginnt nach der Wahl in Berlin im Oktober eine neue Etappe." Da soll es inhaltlich zur Sache gehen. Die vier in Erfurt eingesetzten Kommissionen, die die nach 16 Regierungsjahren verstaubte CDU-Programmatik voranbringen sollen, haben bis dahin weitgehend unbeachtet von der Öffentlichkeit getagt. Im Winter 1999 und im Frühjahr 2000 will Merkel die ersten Themen präsentieren, rechtzeitig zur Bundestagswahl 2002 will die Generalsekretärin eine programmatisch erneuerte Partei vorstellen. "Wir müssen uns weiterentwickeln, wir dürfen nicht alle Anfragen der Menschen mit uralten Patentrezepten abwimmeln", fordert sie. Die CDU-Basis ist über diesen Stil begeistert, einige Funktionäre dagegen gar nicht amüsiert.

Die Bandbreite der Volkspartei ist nach den gewonnenen Wahlen enorm, das verschafft Optimismus: Kurt Biedenkopf ist in Sachsen nach seiner Wiederwahl völlig unangreifbar, Bernhard Vogel, mit 51 Prozent eine weitere Identifikationsfigur im Osten, dazu der märkische Landsmann General a. D. Jörg Schönbohm als neuer stellvertretender Ministerpräsident und 'Law-and-order'-Minister in Brandenburg, der konservative, zur CSU Kontakt haltende Roland Koch in Hessen und der Liberale Peter Müller im Saarland – interessante Köpfe hat die Volkspartei in den Ländern zu bieten. Aber einfach wird es nicht, den Gleichschritt zwischen der Parteiführung, diesen mächtigen Länderfürsten im Bundesrat und der Bundestagsfraktion zu halten. Parteichef Schäuble hat deshalb die Koordinierung nicht offiziell an sich gezogen, sondern die Verantwortung dafür dem ganzen Präsidium der Partei zugewiesen.

In der Programmdiskussion macht Merkel selbst den Anfang: Ihre 'Familien'-Kommission soll im Dezember auf einem kleinen Parteitag in Berlin neue Akzente setzen. Nach der Wahl in Berlin stellt sie ihre Vorschläge vor: 'Lust auf Familie – Lust auf Verantwortung' hat Merkel das Familien-Programm überschrieben, das maßgeblich von ihrem Politik-Chef Heiner Lueg konzipiert wird. Und gleich eine Definition gewagt, die der CSU in der ungleich 'heileren' bayerischen Welt viel zu modern und links klingt: 'Familie ist, wo Eltern für Kinder und Kinder für Eltern Verantwortung übernehmen.' Das ist nicht nur ein rhetorischer Unterschied zur SPD-Linie 'Familie ist, wo Kinder sind'.

Zwei strategische Ziele verfolgt sie: Die Volkspartei CDU darf bestimmte gesellschaftliche Realitäten nicht länger ignorieren, sondern muss sie zur Kenntnis nehmen: allein erziehende Eltern, aber auch gleichgeschlechtliche Lebensgemeinschaften. 'Respektieren' heißt dabei für sie nicht, dass man diese zum Leitbild macht oder dem Leitbild der traditionellen Familie rechtlich gleichstellt (wie es die rot-grüne Bundesregierung durchsetzen will). Und zweitens möchte die

Generalsekretärin neue Vorschläge zur Lastenverteilung zwischen Familien und dem Rest der Gesellschaft präsentieren.

Bei ihrem ersten Ziel gerät sie in schwieriges Fahrwasser: Nicht nur in Bayern, auch in Hessen und Baden-Württemberg finden viele CDU-Mitglieder, dass die CDU-Grundsätze in dem Papier zu defensiv und kurz, die gesellschaftlichen Realitäten von heute dagegen zu verständnisvoll beschrieben worden sind. Merkel im Rückblick: "Bei der Respektierung der Lebensgemeinschaften sind wir oft bewusst und halb falsch verstanden worden. Allein schon die einfache Erwähnung dieser gesellschaftlichen Realität hat zu größeren Eruptionen geführt – und zu bewussten Missverständnissen." Aber sie steht zu diesem Kurs: "Trotzdem war es richtig, dass wir – getreu dem Motto 'Mitten im Leben' – das wirkliche Leben wenigstens benannt haben. Denn nur so können wir auch Antworten darauf geben, was wir wollen – und uns abgrenzen. Die CDU hat sich mit diesem Papier sehr klar zur Ehe bekannt und zur Nichtgleichstellung von Lebensgemeinschaften. Damit haben wir den Unterschied zwischen uns und der Regierung sehr, sehr deutlich gemacht."

Ohne den bisherigen Rechtfertigungszwang der Regierenden ('mehr Geld haben wir einfach nicht zur Verfügung') und ohne Rücksichten auf Wahlen will Merkel zu den Wurzeln der Probleme von Familien in Deutschland vorstoßen. "Unsere Gesellschaft hat sich verändert, und die Politik muss auf die veränderte Wirklichkeit mit angepassten Rahmenbedingungen antworten. In keinem anderen politischen Bereich gehen individuelle Entscheidungen und staatliche Möglichkeiten in so widersprüchlicher Art und Weise Hand in Hand. Nach wie vor gilt, dass die Erziehung von Kindern vorrangig eine Aufgabe der Eltern ist und bleibt. Sie kann nicht vollständig in Mark und Pfennig aufgewogen werden. Aber der Staat kann und muss Anreize setzen und die Wahlmöglichkeiten der Eltern erweitern."

Kernpunkt der Leistungen, die Merkel der CDU als "leise Revolution" vorschlagen will, ist ein völlig neuartiger Renten-Bonus für Eltern mit Kindern. Damit soll die Benachteiligung der Eltern gegenüber Kinderlosen bei der Rente beendet werden. Nach Merkels Vorstellunggen sollte die im Alter ausgezahlte Rente nicht (wie bisher) nur von den Beitragszahlungen, sondern auch von der Kinderzahl abhängig sein. Dieses Konzept hat sie im Vorfeld mit Rentenfachleuten außerhalb der Partei durchargumentiert und mit Paul Kirchhof, dem bis 1999 für die kritischen Familienurteile des Bundesverfassungsgergerichtes zuständigen Richter, auf Verfassungstreue abgeklopft.

Doch bevor Merkel mit ihrer Partei die 'Lust auf Familie' diskutieren kann, bricht im November 1999 die Spendenaffäre über die CDU herein, ein 'jäher Einschnitt'. Jetzt ist vorerst nur noch 'Lust auf Verantwortung' gefragt, um die CDU vor dem Absturz in einen gähnenden Abgrund zu retten.

Der Blick in den Abgrund:
Angela Merkel als Krisenmanagerin
im Spendenskandal 1999

Die Nachricht kommt abends am Donnerstag, dem 4. November 1999, aus heiterem Himmel über die Nachrichtenagenturen: Gegen Walther Leisler Kiep ist Haftbefehl wegen Verdachts der Steuerhinterziehung erlassen worden. Das meldet die 'Bild'-Zeitung vorab unter Berufung auf den Polizeifahndungscomputer.

Niemand in Berlin und Bonn kann an diesem Abend ahnen, was diese kurze Meldung innerhalb von wenigen Wochen nach sich ziehen wird. Selbst der Staatsanwalt in Augsburg, der diese Initialzündung auslöst, hat keine Ahnung davon, wie sie die politische Landschaft in Deutschland verändern wird. Wer hätte sich auch denken können, dass deshalb eine Lawine ins Tal donnern wird und einen Mann von seinem Denkmal reißt, der gerade in den unmittelbar bevorstehenden Tagen zum 10. Jahrestag der Maueröffnung (9. November) den Höhepunkt seines Ansehens als Staatsmann und Politiker erreichen wird: Helmut Kohl? Dass nicht nur Kohl von dem Ehrenvorsitz 'seiner' CDU, sondern auch der amtierende Partei- und Fraktionsvorsitzende der größten Oppositionspartei zurücktreten muss? Dass gegen die CDU 'Strafgelder' in Höhe von etwa 70 Millionen Mark verhängt werden?

Niemand außer der Staatsanwaltschaft und der Steuerfahndung in Augsburg sowie deren Vorgesetzen in München weiß zu diesem Zeitpunkt auch nur halbwegs, worum es eigentlich geht: Um die Zahlung von einer Million Mark an Kiep, die dieser von einem umstrittenen bayerischen Kaufmann im Zusammenhang mit Schmiergeldzahlungen für einen Waffenexport der Firma Thyssen erhalten haben soll.

Journalisten rätseln: Schmiergelder an Walther Leisler Kiep, an den Gentleman aus bestem Hause? Was kann das mit Helmut Kohl und der CDU zu tun haben? Kiep war zwar zwei Jahrzehnte lang Bundes- schatzmeister der CDU (1971 bis 1992), ist aber jetzt schon Ewigkei- ten aus dem Geschäft heraus: Seine Nachfolgerin Brigitte Baumeister ist ihrerseits bereits 1998 von Matthias Wissmann abgelöst worden ...

Zu dieser Zeit ist für die CDU-Prominenz, aber auch für die rot-grüne Bundesregierung, die Vorbereitung auf die Feierlichkeiten zum 10. Jahrestag der Maueröffnung wichtig: Am Dienstag ist es soweit, Fest- akt des Bundestages im Reichstag, Feierlichkeiten vor dem Bran- denburger Tor. Viele Reden, viel Prominenz aus aller Welt: George Bush, Michail Gorbatschow. Sie alle werden sich selbst, vor allem aber Helmut Kohl, den Vater der Einheit, feiern und von den Men- schen gefeiert werden.

Darauf hat sich auch Angela Merkel gefreut, denn als Ostdeutsche weiß sie genauer als viele andere, welchen großen Anteil die mutige Deutschland-Politik des CDU-Politikers Kohl seinerzeit daran hatte, die Freiheit für die Deutschen in der DDR durchzusetzen und inter- national abzusichern.

Doch Merkel denkt weiter: Bevor Deutschland in der Nostalgie der Maueröffnungs-Erinnerungen schwelgt, will sie die CDU in die Zu- kunft schauen lassen: Mit einer groß herausgestellten 'Milleniums- Rede' des Parteivorsitzenden Wolfgang Schäuble will die CDU in der Öffentlichkeit die Zukunftsthemen besetzen. Die Rede ist für Sonntag, den 7. November, in der Villa Kampffmeyer in Potsdam, direkt an der Glienicker Brücke, angesetzt – genau so, dass die Zei- tungen am Tag vor dem Mauer-Jubiläum darüber berichten können, wie sich die CDU die Vollendung der deutschen Einheit vorstellt: Die Maueröffnung am 9. November als Beginn des neuen Zeitalters der Freiheit. Deshalb haben Merkel und Schäuble am Donnerstag um 11 Uhr Journalisten zu einem Hintergrundgespräch in Schäubles Büro im Reichstag eingeladen, um die Idee der Rede bereits zu skizzieren und den Journalisten einen Anreiz zur Berichterstattung zu geben.

Mitten in die Vorbereitungen zur Rede platzt abends die Meldung über den Haftbefehl gegen Kiep hinein. Doch die wirklich brisante Verbindung zwischen Kiep und der CDU liefern die Nachrichtenagenturen erst am nächsten Tag: Kiep hat sich dem Amtsrichter in Königstein, nahe seinem Wohnort, zur Vernehmung gestellt – zusammen mit dem Finanzberater der CDU, dem Frankfurter Wirtschaftsprüfer Weyrauch als 'Zeugen'.

Weyrauch? Dieser Name ist der deutschen Öffentlichkeit am Freitag, 5. November 1999, völlig unbekannt. Selbst unter den Mitgliedern des CDU-Präsidiums kennt ihn kaum jemand, nur im Konrad-Adenauer-Haus kann eine Hand voll führender Mitarbeiter mit diesem Namen etwas verbinden. Journalisten haben größte Mühe, auch nur seinen Vornamen Horst herauszufinden und ein Foto von ihm aufzutreiben. Und das Foto stammt ausgerechnet vom Parteispendenprozess, der Ende der achtziger Jahre die westdeutsche Politik erschütterte ...

Im Gegensatz zu den Journalisten kann Angela Merkel mit dem Namen 'Weyrauch' etwas anfangen – eher Ärgerliches, auch wenn sie zu dieser Zeit nicht in ihren schlimmsten Alpträumen geahnt hat, dass der Name der Kanzlei 'Weyrauch & Kapp' bald als Synonym für die Abgründe des illegalen Schwarzkontensystems der CDU stehen wird. Sie weiß, dass 'Weyrauch & Kapp' Dienstleister für die CDU ist: Spendenabwicklung und die Gehaltsbuchhaltung für die leitenden Mitarbeiter laufen über seine Frankfurter Kanzlei. An diesem schwarzen Freitag ärgert sich Merkel, über die Nachrichtenagenturen und unter diesen Umständen davon zu erfahren, dass Weyrauch auch Steuerberater von Walther Leisler Kiep ist und vor Gericht aussagt, obwohl seine Mandantin CDU davon überhaupt nichts weiß. Und der Ärger steigert sich noch erheblich, als Senior-Chef Weyrauch nach seiner Vernehmung für die CDU-Führung stundenlang nicht erreichbar ist. Erst am Freitagabend gegen 22.30 Uhr gelingt es dem CDU-Bundesgeschäftsführer Willi Hausmann, ihn telefonisch zu erreichen.

Angela Merkel selbst hat im ersten Jahr als CDU-Generalsekretärin nicht viele Kontakte zum Büro 'Weyrauch & Kapp' gehabt, doch die wenigen, die sie seit dem Amtsantritt als CDU-Generalsekretärin hatte, waren überwiegend negativ und hatten in ihr den Wunsch geweckt, die Geschäftsbeziehungen zu dieser Frankfurter Kanzlei zu beenden. 'Weyrauch & Kapp' war, das hatte sie bei ihrer Amtsübernahme erfahren, seit den Zeiten des Schatzmeisters Kiep (und in der ganzen Zeit des Parteivorsitzenden Kohl) als Buchhalter der zwei wichtigsten CDU-Spendenkonten und für bestimmte Gehaltszahlungen beauftragt – ein auch in der Wirtschaft übliches Verfahren.

Doch als sie dann ihre erste eigene Gehaltsabrechnung als Generalsekretärin von Weyrauch erhält, ist sie verärgert über die Arbeit der 'Profis': Ihr sind keine Rentenbeiträge abgezogen worden, dabei ist sie doch jetzt Angestellte der CDU! 'Weyrauch & Kapps' Argument, als frühere Ministerin brauche man für sie 'wahrscheinlich' keine Abgaben zu zahlen, reicht ihr nicht aus. Gegenüber den 'Profis' setzt sie durch, dass ihr Arbeitgeber CDU für sie die Rentenbeiträge abführt.

Obwohl sie in ihren früheren Ämtern keine Anhaltspunkte für illegale Finanzpraktiken in der CDU gehabt hat, will Merkel nach der Neuwahl des Parteivorstandes Ende 1998 und ihrem Amtsantritt als Generalsekretärin bis zum Umzug der Bundesgeschäftsstelle nach Berlin Mitte 2000 die Zusammenarbeit mit dieser dubiosen grauen Eminenz aus der Ära Kohl beenden. Ebenso bleibt der Hauptabteilungsleiter für Personal, Finanzen und Verwaltung, Hans Terlinden, in seinem letzten Jahr vor der Pensionierung ungekündigt. Terlinden ist ein eingefleischter 'Kohlianer', ein treuer Adlatus noch aus Kohls Zeiten als rheinland-pfälzischer Ministerpräsident. Nach einem Herzinfarkt ist er sehr angeschlagen – soll man wegen dieses kranken alten Mannes kurz vor der Pensionierung einen Konflikt mit Helmut Kohl riskieren? Die neue Parteiführung will das nicht – und konkrete Kündigungsgründe liegen nicht vor. Also unterbleibt ein Neuanfang an dieser wichtigen Position im Konrad-Adenauer-Haus – eine nachvollziehbare Entscheidung, doch aus Sicht außenstehender Beobachter wird diese sich schon ein Jahr nach der Abwahl von Bundeskanzler Helmut Kohl bitter rächen.

Die Einnahmen der Partei und alles, was (wie Weyrauch) damit zu tun hat, liegen zu jener Zeit nicht in der Kompetenz der Generalsekretärin, sondern beim Bundesschatzmeister. So wollte es das damalige CDU-Statut. Und der neue Amtsinhaber Matthias Wissmann spricht zwar von der Notwendigkeit eines 'modernen Controllings', wie es in der Wirtschaft üblich ist, die Neuerungen werden aber auf den Zeitpunkt des Umzugs nach Berlin, also auf den Juli 2000, vertagt.

Genauso bleibt es vorerst auch bei der Zusammenarbeit mit der Kanzlei 'Weyrauch & Kapp', der umstrittene Büroleiter der Schatzmeisterei, Jürgen Schornack, bleibt ebenfalls im Amt. Er erhält allerdings einen Halbtags-'Aufpasser', den früheren Leiter von Wissmanns Pressestelle, Veit Steinle.

Weyrauch? Als die Nachrichtenagenturen am Freitagvormittag diesen Namen zusammen mit dem Hinweis auf eine Millionenspende an die CDU melden, läuten in dem kleinen Berliner Vorposten der CDU-Zentrale in der Mauerstraße 85 die Alarmglocken. Sofort rufen auch die ersten Journalisten an, die wissen wollen, ob sich Merkel einen Reim darauf machen kann, was Kiep vor dem Amtsrichter ausgesagt hat: Jene eine Million Mark, die er dem Finanzamt verheimlicht haben soll, sei am 26. August 1991 von dem bayerischen Bitumenfabrikanten und Waffenlobbyisten Karlheinz Schreiber auf einem Parkplatz eines Schweizer Einkaufszentrums in St. Margarethen überreicht worden – und zwar als Parteispende für die CDU direkt an Weyrauch. Das Pikante daran: Karlheinz Schreiber wird seit Jahren von der Staatsanwaltschaft Augsburg per Haftbefehl gesucht: Er soll an einer Lieferung von ABC-Spürpanzern nach Saudi-Arabien viele Millionen Mark Schmiergelder verdient haben, angeblich am Finanzamt vorbei. Und er soll diese Millionen freizügig an prominente Christdemokraten und Christsoziale weitergereicht haben: Fünf Millionen Mark allein an Max Strauß, den Sohn von Franz Josef Strauß, an Walther Leisler Kiep, an Holger Pfahls, den früheren Staatssekretär des Verteidigungsministeriums.

Gegen eine Kaution von 500.000 Mark kommt Kiep nach seiner Aussage an diesem Vormittag auf freien Fuß – aber dafür bricht in der CDU-Zentrale Hektik aus. Eine Millionenspende, von der bisher niemand etwas wusste? Bundesgeschäftsführer Willi Hausmann lässt die Unterlagen von 1991 in der Schatzmeisterei des Konrad-Adenauer-Hauses in Bonn heraussuchen und durchsehen – keine Hinweise auf eine Millionenspende. Schlagartig ist klar, dass jetzt auch die CDU mit in die 'Affäre Kiep' hineingezogen wird. Angela Merkel spricht mit dem Parteivorsitzenden Wolfgang Schäuble, Schäuble spricht mit dem Ehrenvorsitzenden Helmut Kohl, in dessen Amtszeit die Spende erfolgt sein soll – niemand hat eine Erinnerung an eine Million Mark von einem Herrn Schreiber aus Bayern. Merkel ruft auch Kieps Nachfolgerin Brigitte Baumeister an. Die ist bereits von Journalisten angerufen worden und mehr als nervös, doch sie versichert der Generalsekretärin, nichts von einer solchen Millionenspende zu wissen. Hausmann befragt den Hauptabteilungsleiter Terlinden und den Büroleiter der Schatzmeisterei Schornack. Auch sie geben an, nichts von einer Millionenspende zu wissen.

Zum ersten Mal spürt Angela Merkel jetzt das unangenehme Gefühl, einer Entwicklung ausgeliefert zu sein, von deren Hintergründen sie aus eigenem Erleben nichts weiß – und als Ostdeutsche und Quereinsteigerin des Jahres 1990 auch nichts wissen kann. Es geht um Dinge, die geschehen sein sollen, als sie noch in Ost-Berlin in der Baracke der Akademie der Wissenschaften saß oder gerade in Bonn ihre ersten politischen Gehversuche – 1991 noch ohne jegliches Parteiamt – machte ... Denn keiner der vor ihr Verantwortlichen kann oder will ihr etwas berichten, und von der Staatsanwaltschaft erfährt die CDU nichts: Gegen die Partei wird ja nicht ermittelt, heißt es in den nächsten Wochen immer wieder. Die CDU-Generalsekretärin, die gerade ein Jahr im Amt ist, erfährt die meisten Neuigkeiten von Nachrichtenagenturen oder aus Zeitungen. Wochenlang wird sie den Informationen hinterherjagen müssen.

Bei einigen in Berlin – Merkel gehört nicht dazu – werden angesichts der Agenturmeldungen Erinnerungen wach. Erinnerungen an jene Zeit, als der Schatzmeister Walther Leisler Kiep am 26. Oktober 1992 aus dem Amt gedrängt wurde. Kohl nominiert damals, nach dem Ende des ersten Parteispenden-Skandals, Brigitte Baumeister, eine Vertraute von Wolfgang Schäuble, als Nachfolgerin Kieps. Kiep und sein 'Generalbevollmächtigter' Uwe Lüthje sind damals mit der neuen Bundesschatzmeisterin überhaupt nicht einverstanden – beide haben gehofft, dass Lüthje die Verantwortung übernehmen kann. Kiep und Lüthje hatten, so empfanden sie es jedenfalls, jahrelang den Kopf für die Partei hingehalten, hatten böse Prozesse und Urteile über sich ergehen lassen, weil sie Parteispenden, auf die die CDU dringend angewiesen war, illegal vereinnahmt hatten. Und sie hatten in diesen Prozessen eisern geschwiegen, weil es sonst eng geworden wäre für Helmut Kohl, wie Lüthje heute sagt ... Sie haben allerdings auch gut daran verdient.

Nun wird ihnen statt einer Belohnung für dieses Leiden von Kohl diese 'naive Abgeordnete" Brigitte Baumeister als Nachfolgerin beziehungsweise Vorgesetzte vor die Nase gesetzt ... Bei einem Gespräch im kleinsten Kreis im Breitenbacher Hof in Bonn hat sie Lüthje damals sofort klargemacht, dass sie ihn nach ihrer Wahl nicht als Generalbevollmächtigten übernehmen werden.

Mit einer Literflasche Whisky verschwindet der schockierte Uwe Lüthje nach diesem Gespräch im Fahrstuhl des Hotels. Zwei Stunden lang ist er auf und ab gefahren, bis die Flasche leer war. War das nur Verzweiflung darüber, dass seine Karriere nun beendet ist? Warum hatte Lüthje bald darauf von Walther Leisler Kiep als letzte Amtshandlung eine 'unfassbar hohe' Abfindung erhalten, wie Insider wissen wollen? Wo ist diese Ausgabe eigentlich verbucht worden? War sie vielleicht fällig gewesen, weil Lüthje zu viel wusste? Und warum hat sich Kieps Nachfolgerin Brigitte Baumeister nach ihrer Wahl und ihrem Amtsantritt alle Informationen mühsam erkämpfen müssen, warum haben ihr die Gentlemen Kiep, Lüthje, Terlinden & Co. alle nur erdenkbaren Dinge verschwiegen und ihr Steine in den Weg gelegt? Sollten da unappetitliche Tatsachen unter der Decke versteckt bleiben?

Interessantes hört man an diesem aufgeregten Freitagabend von einem, der es wissen muss: 'Es gab einen Kanal, der Dinge bezahlte, die sein mussten. Kohl sprach dann immer von seinem 'Schuhkarton', aus dem das bezahlt werde.' Kiep? Weyrauch? 'Weyrauch ist ein Kohl-Mann, er hat Kohl gedeckt bis zum Geht-nicht-mehr.' Und: 'Die haben alle in die eigene Tasche gewirtschaftet.'

Niemals hätte dieser Insider sein angebliches Wissen öffentlich zugegeben. Aber zwei, drei Journalisten haben es erfahren. Doch es sind nur Behauptungen, nur Gerüchte – wo doch ganz Berlin jetzt eine einzige Gerüchteküche ist. Darf man dem trauen? Denn Beweise – Briefe, Verträge, Kontoauszüge, Geständnisse – gibt es nicht ...

Wie soll man handeln, ohne Beweise zu haben? Diese Frage stellen sich die Journalisten ebenso wie Angela Merkel. Immerhin: Kiep hat vor dem Amtsrichter die Entgegennahme eines Millionenbetrages unter dubiosen, möglicherweise sogar kriminellen Umständen durch Weyrauch in seiner Anwesenheit zugegeben. Und: Gegen Kiep, den

Gentleman der deutschen Politik, besteht ein Haftbefehl. Aber ein Haftbefehl ist alles andere als ein rechtskräftiges Urteil. Was heißt das für die CDU-Finanzen?

Kiep, Weyrauch und später auch Lüthje, Terlinden – die Namen stehen in den folgenden Wochen massiv im Zwielicht. Beweise aber fehlen. Und die vier sagen zunächst keinen Ton, weder gegenüber Journalisten noch gegenüber der CDU. Können krumme Dinge ohne Wissen und Billigung des CDU-Parteivorsitzenden Helmut Kohl abgelaufen sein?

Angela Merkel, die Frau aus dem Osten, die erst seit einem Jahr im Konrad-Adenauer-Haus Verantwortung trägt: Wie soll sie sich jetzt verhalten? Soll sie abwarten, gar nicht in Erscheinung treten? An diesem Freitagnachmittag überschlagen sich die Nachrichten und Gerüchte, die Journalisten verlangen Auskünfte, die Fernsehsender brauchen für die Abendnachrichten dringend Bilder von dem Verdacht gegen die CDU. Nach Absprache mit Wolfgang Schäuble kommt man zu der Überzeugung: Die CDU wird Flagge zeigen. Das entspricht auch Merkels Verständnis von Verantwortung. Abzutauchen kommt ihr nicht in den Sinn. Die Öffentlichkeit hat ein Recht auf klare Worte von der CDU. Und die CDU, das ist in diesem Fall die Generalsekretärin. Sie wird sich an die Tatsachen halten, die sie kennt, auch wenn das sehr wenig ist. Wird man ihr glauben, dass sie nichts Genaues weiß? Merkel gibt Order, für 18 Uhr zu einer Pressekonferenz in der Berliner Mauerstraße, dem provisorischen CDU-Hauptquartier in der Hauptstadt, einzuladen.

Punkt 18 Uhr tritt sie in das Scheinwerferlicht der Fernsehkameras und sagt:

> "Agenturmeldungen zufolge hat Walther Leisler Kiep, Bundesschatzmeister der CDU von 1971 bis 1992, bei einem heutigen Haftprüfungstermin ausgesagt, dass eine in Rede stehende Zahlung von einer Million Mark der Thyssen AG als Spende an die CDU gegangen sei. Ich möchte Ihnen deshalb mitteilen, dass uns über eine solche Spende keine Kenntnisse vorliegen. Der Herrn Kiep laut Presseinformationen begleitende Wirtschaftsprüfer Weyrauch war für uns bis jetzt nicht erreichbar. Wir haben jedes Interesse an einer vollständigen

Aufklärung des Vorganges. Ich kann Ihnen darüber hinaus mitteilen, dass der Parteivorsitzende Wolfgang Schäuble in dieser Sache auch mit dem Ehrenvorsitzenden und früheren Parteivorsitzenden Helmut Kohl gesprochen hat. Auch er hat keine Kenntnisse von diesem Vorgang und ist ebenfalls an einer lückenlosen Aufklärung dieses Sachverhaltes interessiert."

Als sie anschließend die zwei Etagen zu ihrem stuckverzierten Altbaubüro hochgeht, ist die Generalsekretärin unzufrieden. Spielball eines unbekannten Spielführers zu sein, missfällt ihr. Was wird hier gespielt, und von wem? Warum will die Staatsanwaltschaft Augsburg Kiep gleich verhaften, obwohl der Mann gerade erst im Auftrag von Bundeskanzler Gerhard Schröder in der Türkei vermittelt hat und Abend für Abend in deutschen Landen sein neues Buch vorstellt, also von Fluchtgefahr keine Rede sein kann? Was hat Weyrauch als Dienstleister für die CDU in diesem Umfeld zu tun? Fragen über Fragen, auf die es für Angela Merkel auch in den hektischen nächsten Wochen nur unbefriedigende Antworten geben wird.

Merkel ist an diesem Abend entschlossen, dass sie nicht nur den Ereignissen hinterherhecheln, sondern versuchen will, die Dinge selbst in die Hand zu nehmen: "Wir werden nur dann glaubwürdig sein, wenn wir Aufklärung aus eigener Kraft leisten." Das steht für sie von den ersten Minuten des Skandals an fest. Die Glaubwürdigkeit hat allerdings zwei ganz verschiedene Facetten: innerhalb und außerhalb der Partei. Die Öffentlichkeit fordert schnelle Aufklärung, zugleich darf die Parteiführung in der eigenen Partei nicht wie eine Staatsanwaltschaft vorgehen. Außerdem erweisen sich die Möglichkeiten, die die Partei zur eigenverantwortlichen Aufklärung neben der Staatsanwaltschaft hat, bald schon als wenig effektiv.

In der Öffentlichkeit kommt – vor allem wegen der dubiosen Übergabe des Bargeldes in der Schweiz – schnell der Verdacht auf, dass die Millionenspende vom Waffenlobbyisten Schreiber im Zusammenhang mit der Lieferung der deutschen Panzer an Saudi-Arabien stehe und Schmiergeld für die CDU war. War Bundeskanzler Helmut Kohl, war Regierungshandeln in Deutschland käuflich?

Der Alt-Bundeskanzler weist diesen Eindruck energisch zurück. 'Falsch und verleumderisch' seien diese Unterstellungen, keinesfalls sei die

Entscheidung des Bundessicherheitsrates vom 27. Februar 1991 erkauft worden, als dieses kleine Geheimgremium der Bundesregierung auf Drängen der amerikanischen Regierung wegen des Golfkrieges die defensiven ABC-Spürpanzer zur Lieferung in das Krisengebiet freigegeben habe. Merkel teilt diese Auffassung; Kohls Einlassung erscheint plausibel. Doch Fragen und Merkwürdigkeiten bleiben: Warum hat sich gerade der damalige Staatssekretär im Verteidigungsministerium, Holger Pfahls, ein CSU-Mitglied und enger Vertrauter von Franz Josef Strauß, gegen die Widerstände in seinem Ministerium so stark für diese umstrittene Lieferung gemacht? Der gleiche Mann, der im dringenden Verdacht steht, über den 'Umweg' des Thyssen-Lobbyisten Karlheinz Schreiber 3,8 Millionen Mark Schmiergeld vom Panzerhersteller Thyssen erhalten zu haben, etwa zeitgleich mit der Millionenzahlung Schreibers an Kiep? Der in Asien abgetaucht ist und trotz eines internationalen Haftbefehls nicht gefunden werden kann?

Am Montag, 8. November, dem Tag vor dem Jubiläum der Maueröffnung, tagt das CDU-Präsidium in Berlin. Eigentlich eine Routinesitzung. Der Parteivorsitzende Schäuble und Generalsekretärin Merkel berichten, was sie seit Freitag unternommen haben. Viele 'Ungereimtheiten' bleiben, aber Weyrauch hat der Staatsanwaltschaft Aufklärung und Überlassung von wichtigen Dokumenten bis Ende der Woche versprochen. Auch die CDU hat von Weyrauch Auskunft über sie betreffende Konten verlangt und vertraut darauf, bis Ende der Woche die Angelegenheit aufklären zu können.

Doch kaum sind die Feierlichkeiten zur Maueröffnung mit den Ehrungen und Würdigungen für Helmut Kohl vorbei, folgen am Donnerstag (11. November) die nächsten Paukenschläge: fünf Hausdurchsuchungen der Staatsanwaltschaft Augsburg bei Horst Weyrauch, in seinen Geschäftsräumen, bei Kieps seinerzeitigem Generalbevollmächtigten Uwe Lüthje und bei zwei Banken! Gleichzeitig lässt die Staatsanwaltschaft den schwer krebskranken Lüthje von Steuerfahndern vernehmen. Die Botschaft ist klar: Die Staatsanwaltschaft hat einen massiven Verdacht. Und im Mittelpunkt stehen Weyrauch und Lüthje, die beiden Männer mit dem intimsten Einblick in die CDU-Finanzen, beide Vertraute von Kiep und Kohl.

Während sich Walther Leisler Kiep nach Zahlung einer Kaution von einer halben Million Mark zu einer Reise durch die USA (als Vorsitzender der Atlantik-Brücke) verdrückt, können die Fahnder mit den beschlagnahmten Dokumenten und den Aussagen seiner Vertrauten Weyrauch und Lüthje das Geheimnis der Schreiber-Million langsam rekonstruieren: Die Geldübergabe erfolgt in einem 'Behältnis' (so Weyrauch später in seiner Vernehmung) am 26. August 1991 auf dem Parkplatz eines Einkaufszentrums in St. Margarethen am Dreiländereck Deutschland-Schweiz-Liechtenstein von Schreiber an Weyrauch, den Kiep zuvor als seinen Mitarbeiter vorgestellt hat. Kiep lädt Schreiber anschließend zu einem Mittagessen ein (der Kellner hat 105 Mark für Speisen und Getränke quittiert), während Weyrauch mit dem Bargeld in dem prall gefüllten Umschlag nach Frankfurt fliegt und das Geld dort am Tag darauf in drei Raten bei seiner Hausbank einzahlt. Und zwar nicht auf das offizielle CDU-Spendenkonto, das Weyrauch dort treuhänderisch für die Partei führt, sondern auf ein 'Anderkonto', das Rechtsanwälte, Notare, Vermögensverwalter und Wirtschaftsprüfer eigenmächtig für Mandanten in deren Namen anlegen dürfen.

Das alles geschieht Ende August 1991, kurz nachdem der viele Jahre währende Parteispendenprozess gegen Kiep und Lüthje wegen Verjährung und anderer Verfahrensfehler (also nicht mit einem Freispruch) eingestellt worden ist. Bis zum Oktober 1992 schlummert die Millionenspende auf einem Festgeld-Anderkonto mit zehn Prozent Verzinsung, ohne dass der Spender Karlheinz Schreiber oder die hinter ihm stehenden Firma (Thyssen) im Rechenschaftsbericht der CDU aufgetaucht wären, wie es das Parteiengesetz vorschreibt. Merkel ist über die Tatsache besonders empört, dass Kiep jetzt von einer Spende spricht, obwohl er sie als Schatzmeister seinerzeit nicht entsprechend verbucht hat.

Erst am 5. Oktober 1992, wenige Tage, bevor Kieps Amtszeit als CDU-Bundesschatzmeister endet, wird das Geld dann von dem Anderkonto mit der Bezeichnung 'CBN 891' (CDU Bonn August 1991) weiterüberwiesen, wie die Wirtschaftsprüfer im Auftrag der CDU 1999 rekonstruieren: 307.800 Mark gingen indirekt an den Verteidiger Kieps im Parteispendenprozess, Rechtsanwalt Professor Kohlmann, 422.249,64 Mark an die Firma 'Weyrauch & Kapp' GmbH

(Rechnungen 10.000/179 und 10.000/180) und am 23. Oktober 1992, dem letzten Werktag vor Kieps Abwahl, schließlich 370.000 Mark brutto als 'Sonder- und Abschlussvergütung' an Kieps Generalbevollmächtigten Uwe Lüthje. Lüthje, dem Kiep die Zahlung auf dem Briefkopf des CDU-Bundesschatzmeisters zuvor angekündigt hat, erhält den Betrag nur netto: 212.754,92 Mark gehen an das Finanzamt Bonn, 157.245,08 Mark blieben für den bisherigen leitenden Angestellten der CDU übrig. Als die Million zwischen Kiep, seinem Anwalt und seinem Generalbevollmächtigten verteilt ist, wird das Anderkonto am letzten Tag der Amtszeit Kieps aufgelöst: Das Bankgeheimnis macht künftig Nachforschungen fast unmöglich.

Vergeblich suchen eine misstrauisch gewordene Angela Merkel und ihr Bundesgeschäftsführer deshalb sieben Jahre später diese Informationen in Lüthjes Personalakte: Weyrauch und Lüthje haben alle Spuren verwischt, auch von der gezahlten Lohn- und Kirchensteuer (immerhin fast eine Viertelmillion Mark!) findet sich in den Gehalts- und Steuerakten der CDU keine Spur.

Merkel weiß, dass die Wahrheit über die Verstöße gegen das Parteiengesetz der Ära Kohl ans Licht kommen müssen. "Nur so werden wir dem Anspruch unserer 640.000 Mitglieder auf eine nachvollziehbare und transparente Arbeit gerecht. Alles andere zerstört das Vertrauen in die Politik", sagt sie in jenen Tagen dem Nachrichtenmagazin 'Focus'. Eindeutige Unterstützung kommt auch von den jungen stellvertretenden CDU-Bundesvorsitzenden Annette Schavan und Christian Wulff: 'Das muss alles rückhaltlos aufgeklärt werden.'

Aber die Schar der zur rückhaltlosen Aufklärung entschlossenen CDU-Präsidiumsmitglieder ist im November und Dezember 1999 nicht sehr groß: Volker Rühe und Jürgen Rüttgers, die beide natürlich ihre Landtagswahlen im Blick haben, sind – so können Journalisten in dieser Zeit unschwer erkennen – beispielsweise gar nicht überzeugt davon, dass Merkels Kurs der richtige ist. Darauf muss Merkel als Generalsekretärin Rücksicht nehmen, sie darf die CDU nicht überfordern. Auch Wolfgang Schäuble zögert oft, bringt juristische Bedenken vor. Enge Abstimmung zwischen ihm und Merkel gehört zum Tagesgeschäft, oft muss der eine den anderen überzeugen. Aber im Ergebnis gehen sie jeden Schritt gemeinsam.

Erst Tage später, als die CDU endlich die Herausgabe ihrer Finanzunterlagen von 'Weyrauch & Kapp' erzwungen hat, wird klar, wie
damals die Millionenspende aufgeteilt wurde: "Herr Weyrauch hat
die Lohnsteuer für die Zahlung an Herrn Lüthje unter einer Betriebs-
nummer eingezahlt, von der niemand der heute in der CDU Verantwortlichen irgendetwas wusste. Sie wurde damals offenbar für Spen-
den-Einwerber benutzt. Das legt die Vermutung nahe, dass alles
getan wurde, um zu verhindern, dass diese Zahlungen in den offiziellen Unterlagen auftaucht", teilt die Generalsekretärin 'Focus' mit.

Das alles finden Merkel und ihre Detektive nur mühsam heraus, denn
die CDU erhält weder Einsicht in die Unterlagen der Staatsanwaltschaft Augsburg (das verhindert Kiep mit der Begründung, die Ermittlungen in seiner Steuerstrafsache gingen die CDU nichts an),
noch hat sie so gute (informelle) Beziehungen zu anderen Stellen,
wie dies beispielsweise die 'Süddeutsche Zeitung' hat. Dort scheint
bereits jeweils wenige Stunden nach Vernehmungen und Durchsu-
chungen ein Bote mit heißen Informationen einzutreffen. Die Quelle
versiegt erst, als 'Die Welt' und 'Focus' zur Jahreswende 1999/2000
berichten, dass die Informationen über Kiep, Weyrauch und die CDU
von Beamten in München gezielt verbreitet würden. Da das 'Verfahren Kiep' eine Steuerstrafsache ist, ermitteln Staatsanwaltschaft und
Steuerfahndung Augsburg gemeinsam, und so wird beispielsweise
die Oberfinanzdirektion als der Steuerfahndung vorgesetzte Behörde natürlich stets informiert. Kaum sind die Artikel erschienen und
hat sich die Aufregung über die Verdächtigungen gelegt, ist die un-
dichte Stelle in München versiegt.

Zufall? Oder Bestätigung der 'Focus'-Meldung über einen Maul-
wurf in der Münchner Oberfinanzdirektion? Waren die Durchste-
chereien vielleicht eine Intrige? Hat ein Unbekannter die Details
zu Kohls schwarzen Kassen absichtlich Anfang November lan-
ciert, um den potentiellen CDU-Kanzlerkandidaten Volker Rühe
und Jürgen Rüttgers zu schaden? Denn mit der Niederlage der
beiden CDU-Politiker in Folge der Spendenaffäre im Frühjahr 2000
bei den Landtagswahlen in Schleswig-Holstein und Nordrhein-
Westfalen scheiden sie im Rennen um eine Kanzlerkandidatur
aus ... Nichts ist in diesen Tagen zu obskur, als dass es in Berlin
nicht bedacht würde.

Selbst als die CDU nach Wochen mühsamster Recherchen ihre Informationen von den Wirtschaftsprüfern präsentiert bekommt, bleiben viele Fragen offen: Warum hat Kiep die Schreiber-Million nie auf offizielle CDU-Konten eingezahlt? Warum hat er das Geld nicht vorschriftsgemäß als Parteispende deklariert? War die Erklärung 'Parteispende' bei der Vernehmung am 5. November 1999 vielleicht nur eine Notlüge auf Kosten der CDU, um den eigenen Kopf zu retten?

Als Angela Merkel und ihr Team in der Aufklärung der Details der Schreiber-Millionenspende an Kiep so weit vorgedrungen sind, interessiert die Wahrheit schon nur noch am Rande: Denn jetzt rücken die geheimen 'schwarzen Konten' in den Mittelpunkt der Ermittlungen: Am 23. November 1999 muss Horst Weyrauch vor der Staatsanwaltschaft Augsburg aussagen. Steuerfahnder und Staatsanwälte wollen wissen, was es mit den Anderkonten auf sich hat, die sie bei den Hausdurchsuchungen entdeckt haben. Warum wurde die Million von Schreiber nicht auf das CDU-Spendenkonto eingezahlt, sondern auf ein 'TAK', ein Treuhand-Anderkonto? Und wofür waren die vielen anderen Anderkonten, die bei der Büro- und Hausdurchsuchung entdeckt und deren Kontounterlagen beschlagnahmt wurden? Vor der Staatsanwaltschaft packt die graue Eminenz der heimlichen CDU-Millionen aus, enthüllt den staunenden Ermittlungsbeamten unglaubliche Geheimnisse über ein Labyrinth von Schwarzkonten, angelegt zur Vertuschung bestimmter Spendeneinnahmen. Er erklärt die Strukturen der 'professionellen CDU-Geldwäsche' (so später der Vorsitzende des Bundestags-Untersuchungsausschusses, Volker Neumann, SPD) in der Ära Kiep und Kohl: Bareinzahlung auf ein Pool-Konto, von dort bei Bedarf bar abgehoben und, je nach Überweisungsziel, auf ein anderes Anderkonto eingezahlt, von dort an den Empfänger überwiesen. Dann wurde das Anderkonto meist sofort aufgelöst – der Empfänger hätte nie nachvollziehen können, auf welchem (Pool-) Konto das Geld eingezahlt wurde oder gar, woher es stammt.

Aber woher stammte das Bargeld? Weyrauch behauptet gegenüber der Staatsanwaltschaft, das nicht zu wissen. Warum ist er so oft in die Schweiz gefahren? Weyrauch behauptet, sich daran nicht erinnern zu können ...

Wohin das Geld ging, ergibt sich meist aus den Unterlagen: 'a conto' – 'Sonstige Einnahmen/Auftrag des Bundesschatzmeisters'. Das heißt: Von den schwarzen Kassen Weyrauchs gingen die anonymen Spenden an die Bundesgeschäftsstelle der CDU, aber dort nicht auf das offizielle Spendenkonto, sondern sie wurden als 'Sonstige Einnahmen' verbucht. Diese Einnahmeart hatten sich die Schatzmeister aller Parteien 1984 zielgerichtet ins Gesetz schreiben lassen, um maximal fünf Prozent ihrer Einnahmen ohne Angaben zur Herkunft einbringen zu können. Allerdings: Spenden müssen als Spenden deklariert werden, ab 20.000 Mark jährlich auch mit Namen und Anschrift des Spenders. Spenden auf dem Umweg über schwarze Kassen als 'Sonstige Einnahmen' zu buchen, war ein klarer Verstoß gegen das Parteiengesetz – jedoch nicht strafbar, sondern nur mit finanziellen Bußen vom Bundestagspräsidenten bedroht.

Deshalb interessieren sich die Augsburger Staatsanwälte auch nicht für die Details der Anderkonten bei der Parteienfinanzierung. Und deshalb erhält die CDU-Führung trotz ihrer ständigen Anforderungen auch von der Staatsanwaltschaft Augsburg keine Einsicht in die beschlagnahmten Unterlagen und die Aussagen der Beschuldigten beziehungsweise Zeugen Kiep, Lüthje und Weyrauch.

Nur die 'Süddeutsche Zeitung' erfährt davon. Am 26. November kann man dort bemerkenswerte Erkenntnisse über die Struktur der CDU-Schwarzgeld-Konten aus den beschlagnahmten Unterlagen von Weyrauch lesen. Bereits am Abend vorher bringen die Nachrichtenagenturen die Meldung. Wolfgang Schäuble und Angela Merkel, die gewählten Verantwortlichen der CDU, wissen schon wieder weniger als die Journalisten. Merkels Pressesprecherin Eva Christiansen und Merkels Büroleiterin Beate Baumann rotieren, besorgen sich spätabends die Artikel über das Internet und per Boten ein Frühandruckexemplar der 'Süddeutschen' vom Münchner Hauptbahnhof. Und lesen dann zusammen mit Merkel von Dingen, die Weyrauch nie der gewählten CDU-Führung, seinem Auftraggeber, gebeichtet hat.

Folgerichtig fordert die CDU-Spitze in Abstimmung mit dem ehemaligen Parteivorsitzenden Helmut Kohl am 26. November ihren untreuen Dienstleister 'Weyrauch & Kapp' auf, endlich wirklich *alle* Finanzunterlagen herauszurücken.

Verhindert vielleicht Helmut Kohl im Hintergrund, dass Merkel und die Aufklärer die ganze Wahrheit erfahren? "Wir versuchen alles, um die CDU gemeinsam mit Helmut Kohl aus dieser Krise heraus-zusteuern. Aber gemeinsam untergehen werden wir ihm zuliebe nicht", sagt Merkel in dieser kritischen Phase dem 'Focus', so dass es auch der Ehrenvorsitzende Kohl lesen kann. In diesen Tagen er-innern Journalisten wieder an Kohls 'Schuhkarton' für finanzielle Not-fälle, von dem der Parteivorsitzende im kleinen Kreis gelegentlich sprach, wenn es finanziell knapp wurde. Gut möglich, dass er die Details von Weyrauch gar nicht wissen wollte. Aber die politische Verantwortung muss er dennoch übernehmen, mindestens das.

'Das sind Vorgänge aus Zeiten, für die die CDU von heute nicht haft-bar zu machen ist', sagt der ein Jahr zuvor zusammen mit Merkel in das CDU-Präsidium gewählte Partei-Vize Christian Wulff: 'Die CDU wird sich in jeder Weise an einer Aufklärung der Vorgänge beteili-gen.' Wulff aber ist eine Ausnahme an der CDU-Spitze: Schon als 24-Jähriger hielt er auf dem CDU-Bundesparteitag 1984 eine legen-däre Rede gegen den Parteivorsitzenden Kohl, dessen treuen Mitar-beiter Wolfgang Schäuble und den Plan einer Amnestie für die da-maligen illegalen Parteispenden. Daraus wurde damals nichts, dank Christian Wulff und dem Koalitionspartner FDP, der nach dem inner-parteilichen Widerstand in der CDU kalte Füße bekam. Helmut Kohl, Wolfgang Schäuble, Otto Graf Lambsdorff, Walther Leisler Kiep und Uwe Lüthje fanden das gar nicht witzig: Sie alle hätten sich gerne selbst amnestiert und ihre industriellen Spender auch.

Der 26. November entwickelt sich zu einem schrecklichen Tag für Angela Merkel: Der 1989 von Kohl geschasste Generalsekretär Heiner Geißler geht mit Andeutungen an die Öffentlichkeit – ohne vorher seine Nachfolgerin im Amt oder sonst irgendwen in der CDU-Führung zu informieren. Einem Radioreporter sagt er ins Mikrofon: 'Neben dem Etat der Bundesgeschäftsstelle gab es auch andere Kon-ten, das ist wahr. Das habe ich immer für falsch gehalten, und das muss jetzt eben abgeklärt und diskutiert werden.' Wieder steht die Generalsekretärin in der Öffentlichkeit dumm da. Typisch Merkel: Nach außen lässt sie sich nichts anmerken, aber sie fragt ihn am Telefon: Warum hat er seinem Nachfolger Volker Rühe diese Informationen vorenthalten? Was hat der 'mutige' Heiner Geißler bei der internen Aufklärung für sachdienliche Hinweise gegeben? Auch im Präsidium kann sie sich an keine Andeutungen von ihm erinnern. Allerdings hat Geißler streng genommen nur Ahnungen gehabt, von konkreten

schwarzen Konten weiß er nichts und schon gar nichts über die Zeit-
räume nach 1989, wie sich bei genauem Nachfragen ergibt. 'Geißler
begleicht alte Rechnungen, wärmt sich die Finger am verglühenden
Kohl', kommentiert ein CDU-Präsidiumsmitglied entsetzt.

Gegenüber Weyrauch hat das Ultimatum der CDU endlich funktio-
niert. Am Sonntag, 28. November, treffen bei der CDU die Kopien
der Unterlagen über die geheimen Anderkonten ein, die die Staatsanwaltschaft bei Weyrauch beschlagnahmt hatte. Die Details müssen die Wirtschaftsprüfer klären und erklären – aber man braucht
kein Fachmann zu sein, um zu sehen, was hier mit dem System der
geheimen Anderkonten gespielt wurde: Im Auftrag der CDU wurden
die Bestimmungen des Parteiengesetzes vorsätzlich und kontinuierlich umgangen – über die Jahre gesehen geht es um Millionenbeträ-
ge. Wie vor den Kopf geschlagen sind Schäuble, Merkel und Hausmann, als ihnen die Tragweite der Fakten klar wird. Dennoch sind sie
sich einig, dass es keine Alternative zur Aufklärung dieser Gesetzesverstöße gibt. Und dass die CDU einen Schritt weitergehen muss:
Jetzt muss auch die Frage der politischen Verantwortung klargestellt
werden. Und diese Verantwortung für die Anderkonten und die
Gesetzesverstöße, die damit verbunden sein dürften, trägt ein Mann,
den Merkel sehr achtet: Helmut Kohl. So bitter es ist, so hart es für die
CDU als Partei werden wird: Helmut Kohl muss ein deutliches Zeichen der Reue geben.

Und so entsteht am Montag ein Text, über dessen Entstehungsge-
schichte Merkel beharrlich schweigt. Nachmittags, während der Fraktionsvorstand tagt, wird beobachtet, wie ein Bote den Entwurf dieses
Textes zu Helmut Kohl in dessen Bundestagsbüro bringt: Unter den
Linden, vierte Etage.

Am Dienstag, dem 30. November 1999, überrascht Kohl das Präsidium der CDU mit folgendem Statement:

> 'Nach der Beitrags- und Finanzordnung und dem Statut der
> CDU Deutschlands verfügt der Bundesschatzmeister über alle
> Einnahmen der Bundespartei. Die Wirtschaftsprüfer 'Weyrauch
> & Kapp' GmbH in Frankfurt/Main waren in diesem Rahmen
> unter anderem mit dem Verwalten von Spendenkonten und
> den Gehaltszahlungen der Generalsekretäre sowie leitender
> Mitarbeiter der CDU-Bundesgeschäftsstelle betraut.

Ich habe als Parteivorsitzender in meiner Amtszeit die vertrauliche Behandlung bestimmter Sachverhalte wie Sonderzuwendungen an Parteigliederungen und Vereinigungen, zum Beispiel als unabweisbare Hilfe bei der Finanzierung ihrer politischen Arbeit, für notwendig erachtet. Eine von den üblichen Konten der Bundesschatzmeisterei praktizierte getrennte Kontenführung erschien mir deshalb vertretbar. Dabei habe ich stets volles Vertrauen in die 'Weyrauch & Kapp' GmbH gesetzt. Dazu gehört auch, dass für mich in meinem gesamten politischen Leben persönliches Vertrauen immer besonders wichtig war, wichtiger als rein formale Überprüfungen war und ist.

Ich bedaure, wenn die Folge dieses Vorgehens mangelnde Transparenz und Kontrolle sowie möglicherweise Verstöße gegen Bestimmungen des Parteiengesetzes sein sollten. Dies habe ich nicht gewollt, und ich wollte vor allem meiner Partei dienen. Angesichts der gegenwärtig öffentlichen Diskussion gilt es jetzt, auch für mich vor allem, Schaden von meiner Partei abzuwenden. Dies sage ich nicht zuletzt auch im Blick auf die über 640.000 Mitglieder und auch in einer besonderen Weise im Blick auf die neue Parteiführung. Deshalb ist es für mich ein persönliches Anliegen, die politische Verantwortung für hierbei in meiner Amtszeit entstandene Fehler zu übernehmen.

Ich weise nachdrücklich jeden Vorwurf, in welcher Form auch immer er vorgetragen wird, zurück, von mir getroffene politische Entscheidungen seien käuflich gewesen. Ich tue dies mit aller Entschiedenheit. Jeder, der mich kennt, weiß, dass ich mich ausschließlich der Verantwortung für das Wohl unseres Landes verpflichtet sah und auch weiterhin sehe.'

Betroffenheit, aber auch Erleichterung im CDU-Präsidium. Dann folgt eine Diskussion, wie diese Erklärung der Öffentlichkeit mitgeteilt werden soll. Wolfgang Schäuble bietet sich an, die Erklärung Kohls anschließend in der Pressekonferenz vorzulesen. Aber was gäbe das für Bilder im Fernsehen! Schäuble darf sich als Parteivorsitzender der Gegenwart nicht mit Fehlern seines Vorgängers assoziieren lassen. Das sieht auch Kohl so.

In der Pressekonferenz nach der Präsidiumssitzung übernimmt Kohl an diesem Mittag vor den laufenden Fernsehkameras auch öffentlich 'die politische Verantwortung'. Dann steht er auf und geht, um in den Landtagswahlkampf nach Schleswig-Holstein zu fahren. Die Fragen der Journalisten muss Schäuble beantworten, zum ersten Mal spricht er vom 'patriarchalischen' Charakter der Amtsführung seines Vorgängers.

In Lübeck, wo die CDU die Wahl des Bürgermeisters gewinnen will, jubeln die Menschen, die die Nachrichten aus Berlin wohl noch gar nicht kennen, Kohl noch begeistert zu. Der CDU-Ehrenvorsitzende darf glauben, dass die Angelegenheit mit der 'Übernahme der politischen Veranwortung' erledigt ist. Muss denn jetzt noch jedes Unterkonto überprüft werden?

Merkel dagegen fürchtet, dass der Absturz der CDU im öffentlichen Ansehen erst beginnen wird, zumal mit diesem Schuldbekenntnis Kohls die Probleme der CDU noch nicht gelöst sind. Kaum ist er wieder in Berlin eingetroffen, da erfahren Journalisten, dass der Patriarch Kohl es weiterhin versteht, einzuschüchtern und seine alten Gefolgsleute zu mobilisieren: 'Seid ruhig, Euer Landesvorsitzender hat doch auch Geld gekriegt!' Mit dieser Warnung geht Kohl am Tag nach seiner Erklärung während der Weihnachtsfeier der CDU/CSU-Fraktion ganz offen zu alten Weggefährten, von Tisch zu Tisch. Auf andere Weggefährten kann sich Kohl dagegen noch fest verlassen. Etwa auf den Verwaltungschef des Konrad-Adenauer-Hauses in Bonn, Hans Terlinden. Als der Verwalter der Kohlschen Schwarzkonten, Horst Weyrauch, das Protokoll seiner Vernehmung bei der Staatsanwaltschaft über seinen alten Ansprechpartner Terlinden der CDU zukommen lassen will, gibt Terlinden das brisante Papier sofort an Kohl weiter – der gewählten Parteiführung sagen jedoch weder Kohl noch Terlinden ein Wort über die für die Parteiführung so überaus wichtigen Informationen. Auch dann nicht, als die 'Bild'-Zeitung am 7. Dezember das Protokoll im Detail zitiert und die Parteiführung damit in ärgste Erklärungsnöte bringt.

Die CDU erfährt von der Existenz des Protokolls im eigenen Hause nur beiläufig, als Bundesgeschäftsführer Willi Hausmann am Donnerstag (2. Dezember) in einem Telefonat mit Horst Weyrauch hört, dass der Wirtschafsprüfer der CDU das ihm von der Staatsanwaltschaft Augsburg zugesandte Vernehmungsprotokoll sofort per Fax an die CDU weitergeleitet habe. 'An wen?' – 'Herrn Terlinden!' Hausmann ruft sofort Terlinden an und erhält die Auskunft: 'Ich habe das Protokoll dem Ehrenvorsitzenden gegeben.' Hausmann im Bonner Konrad-Adenauer-Haus informiert Merkel in Berlin. Die verschiebt ein 'Focus'-Interview um eine Viertelstunde, rast in den Reichstag, wo Schäuble im Plenum sitzt, das vor der Einsetzung des Untersuchungs-Ausschusses über die Behindertenpolitik debattiert, und informiert ihn. Terlinden, der alte Kohl-Vertraute, hat einen unverzeihlichen Vertrauensbruch begangen. Schon ruft Kohl, von Terlinden alarmiert, Schäuble auf dessen Platz in der ersten Reihe des Parlamentes an und spricht von einem 'Missverständnis'. Er habe Schäuble das Protokoll schon tags zuvor zukommen lassen wollen ... Später zeigt das Fernsehen, wie Schäuble grantig wird und den Telefonhörer abnimmt. Er teilt Kohl mit, dass Terlinden vom Dienst suspendiert sei.

Nach diesem aufregenden Tagesbeginn lässt sich Angela Merkel auch nicht durch die provokativ-ironische erste Frage des 'Focus'-Interviews aus der Ruhe bringen: 'Hat die CDU derzeit eigentlich einen Schatzmeister? Wenn ja, wie heißt er?' Das Kompliment erkennend, antwortet sie cool: "Er heißt Matthias Wissmann." – 'Man hört so gar nichts von ihm.' Merkel: "Er sammelt erfolgreich Spenden, die wir jetzt dringend brauchen."

Unterdessen debattiert der Deutsche Bundestag über die Einsetzung eines Untersuchungsausschusses zu den illegalen Parteispenden der CDU. Ein angespannter Wolfgang Schäuble lässt sich in seiner Rede vom grünen Abgeordneten Hans-Christian Ströbele provozieren. Auf einem Spenderessen am Abend im September 1994 'bin ich Herrn Schreiber begegnet. Das war es!' Zwischenruf von Ströbele: 'Mit oder ohne Koffer?' Schäuble antwortet: 'Ohne Koffer, das heißt: Ich habe vielleicht einen Aktenkoffer dabei gehabt. Ich weiß es nicht mehr genau. Es ist jedenfalls im Spätsommer oder im Herbst 1994 weder von Panzern noch von Ähnlichem die Rede gewesen.'

Das war so nicht richtig, denn es fehlten wesentliche Informationen. Schließlich hat Schäuble Schreiber mehrmals gesehen oder getroffen, wie bald darauf bekannt wird, vor allem aber 1994 von dem Lobbyisten eine Spende über 100.000 Mark erhalten. Das hat er auch nicht vergessen, sondern bereits im Vertrauen seiner Generalsekretärin Merkel und dem Bundesgeschäftsführer Hausmann mitgeteilt, jedoch wegen offener Fragen bei der Verbuchung mit der Veröffentlichung bis zur Klärung aller Details warten wollen.

Das folgende Bekenntnis Schäubles im Bundestag muss deshalb für Außenstehende später, nachdem alle Informationen über die 100.000 Mark auf dem Tisch liegen, unglaubwürdig klingen: 'Zum Abschluss möchte ich noch eine Bemerkung machen. Ich sage für die CDU Deutschlands als Parteivorsitzender und für die CDU/CSU-Bundestagsfraktion als Fraktionsvorsitzender: Wir werden alles dazu beitragen, dass so rasch wie möglich und so vollständig wie möglich aufgeklärt wird, was Gegenstand des Untersuchungsausschusses ist. Wir werden alles aufklären, was immer wir aufklären können.'

Vier Wochen nach dem Haftbefehl gegen Kiep und der Entdeckung der schwarzen Konten der CDU sind die Christdemokraten in der öffentlichen Meinung abgestürzt: In der 'politischen Stimmung' ist die Partei laut 'Politbarometer' von stolzen 55 Prozent vor der Affäre auf 43 Prozent gefallen. Helmut Kohl mauert. "Er hat in dieser Sache noch nie gelogen. Aber er hilft uns auch nicht bei der Aufklärung", stöhnt Merkel in einem Interview. Dazu kommt noch, dass Steuerberater Helmut Weyrauch, der das schwarze 'Pool-Konto' für Kohl organisiert hatte, die Belege für die Jahre 1994 bis 1996 nicht mehr finden kann – oder will, obwohl dies in der gesetzlichen Aufbewahrungsfrist liegt. Die Öffentlichkeit stellt wieder unangenehme Fragen: Es ist just jene Zeit, in der die Genfer Staatsanwälte Schmiergeldzahlungen der Firmen Thyssen und Elf-Aquitaine für die hoch subventionierte Leuna-Raffinerie vermuten. Gibt es da einen Zusammenhang?

Volker Rühe, einst Nachfolger von Heiner Geißler als Generalsekretär, ist besorgt: 'Die CDU muss wieder Herr des Verfahrens werden' , verlangt er als stellvertretender Partei-Vorsitzender – unruhig wegen seiner Landtagswahl in Schleswig-Holstein. In den Meinungsumfragen war er schon als klarer Sieger und künftiger Ministerpräsident erschienen, jetzt droht diese Affäre alle Hoffnungen zu zerstören. Doch kann es einen anderen Weg geben, als "unsere Zukunft auf ein wahres Fundament zu gründen", fragt Merkel zurück? Das CDU-Präsidium vereinbart, standardisierte Fragebögen an alle zu verschicken, die früher für die CDU-Finanzen Verantwortung getragen haben. Jede Möglichkeit muss genutzt werden, die Geheimnisse außerhalb des Rechenwerks der

Partei aufzuklären, "weil ungeklärte Sachverhalte uns auf Dauer erpressbar machen", wie Merkel erkannt hat: "Das darf nicht sein. Außerdem muss jede Möglichkeit genutzt werden, drohende finanzielle Sanktionen zu begrenzen, und das gelingt nur, wenn wir die Herkunft der Gelder kennen."

Auf dem 'Kleinen Parteitag' zur Familienpolitik am 13. Dezember fehlt Kohl – das erste Mal seit fast einem halben Jahrhundert, dass er an einer so wichtigen Parteiveranstaltung nicht teilnimmt. Dem Patriarchen Kohl scheint klar geworden zu sein, dass seine aktive Zeit in der Politik vorbei ist.

Eigentlich hatte die Generalsekretärin Merkel sich auf diesen Tag seit langem gefreut: Die programmatische, inhaltliche Erneuerung, die Schäuble und sie ihrer in 16 Regierungsjahren bequem gewordenen CDU verordnet hatten, sollte mit diesem Kleinen Parteitag in Berlin beginnen. Der anstrengende Reigen der Landtagswahlen war vorüber, nun könnten die Grundlagen für ein neues programmatisches Fundament gelegt werden – angesichts der von ihr erkannten Programmdefizite für die Generalsekretärin eine zwingende Voraussetzung für künftige Wahlerfolge: "Die CDU ist auf der Höhe der Zeit, aber nicht beliebig. Für uns sind Werte wichtig", gibt sie die neue Richtung in ihrer Rede auf dem Kleinen Parteitag vor.

Doch mitten im Spendenskandal haben die Medien für die neuen Ideen Merkels und ihrer Kommission zur Familienpolitik kaum Interesse. Selbst der mutige Vorschlag einer neuen Rentenformel, welche die Höhe der Rente von der Zahl der erzogenen Kinder abhängig machen will, geht unter. Als dann nachmittags, eine halbe Stunde vor Schluss des Parteitages im Alten Stadthaus von Berlin, auch noch der Strom ausfällt, ist die Untergangsstimmung bei der CDU mediengerecht symbolisiert. Bitter, aber wahr: Sachpolitik ist nicht möglich, solange die CDU diese Affäre nicht bewältigt hat. Und ohne Sachpolitik, das ist Merkel klar, hat die CDU in der Bundestagswahl 2002 keine Chance.

Aber nicht nur die Öffentlichkeit, auch andere CDU-Politiker sind an diesem Tag mit ihren Gedanken nicht ausschließlich bei der Familienpolitik: Bernhard Worms, der Vorsitzende der Senioren-Union, verlässt in der Mittagszeit seinen herausgehobenen Platz am Vorstandstisch und verschwindet – um Helmut Kohl in seinem Bundestags-büro zu besuchen. Er ist nicht der Einzige, der dort an diesem Tag seine Aufwartung macht.

Und Journalisten fällt auf, dass der hessische Ministerpräsident Roland Koch und seine engsten Mitarbeiter in den Seitengängen der Tagungshalle ständig die Köpfe zusammenstecken und, ganz gegen alle Gewohnheiten auf Parteitagen, überhaupt keine Zeit für Journalisten haben. Was mag sie so beschäftigen?

Merkel dürfte zwischendurch an die Befragung von Uwe Lüthje und Horst Weyrauch durch die Wirtschaftsprüfer der CDU, die am kommenden Tag in Bonn stattfindet, denken. Doch tags darauf ist das Ergebnis enttäuschend: Die beiden haben nichts wesentlich Neues ausgesagt, vor allem Weyrauch hat sich – wie bei der Staatsanwaltschaft Augsburg – geweigert, Aussagen zu seinen häufigen Dienstreisen in die Schweiz zu machen, die sich aus den bei der CDU abgerechneten Reisekostenbelegen jedoch eindeutig erkennen lassen. 'Herr Weyrauch gab an, dass ihm keine weiteren Konten bekannt waren', schreiben die Wirtschaftsprüfer später in ihrem Abschlussbericht.

Sie können Merkel jetzt aber sicher sagen, dass die Treuhand-Anderkonten ein in sich geschlossenes System waren. Von den so genannten 'Pool'-Konten wurde Geld, das als 'sonstige Einnahme' in den Kreislauf der CDU geschleust werden sollte, bar abgehoben und auf ein anderes Anderkonto eingezahlt. 'Häufig wurden (Ander-) Konten ausschließlich zu dem Zweck eröffnet, Beträge bar einzuzahlen und sodann durch eine Überweisung weiterzuleiten. Im Anschluss daran wurde das Konto wieder gelöscht', heißt es im Bericht der Wirtschaftsprüfer 'Ernst & Young' dazu. 'Die Vorgehensweise wurde gewählt, um vor dem endgültigen Empfänger eine Rückverfolgung an die eigentliche Quelle zu verbergen.' Die Millionenspende von Schreiber an Kiep/Weyrauch, mit der der ganze CDU-Skandal begann, wurde jedoch nicht auf das Pool-Konto eingezahlt, sondern klar erkennbar anders behandelt als die Spenden für die CDU.

Helmut Kohl hat bisher für die Beantwortung der von Schäuble am 6. Dezember an ihn (und die anderen früheren Verantwortlichen) gerichteten Fragen überhaupt keine Zeit gehabt. Am 20. Dezember könne es ein Gespräch mit den Wirtschaftsprüfern von 'Ernst & Young' geben, damit hält er die CDU-Führung hin.

Doch zwei Tage nach dem Kleinen Parteitag, am 15. Dezember, erfährt Merkel von Schäuble, dass das ZDF für den folgenden Tag eine 'Was nun, Herr Kohl?'-Sendung plant – auf Wunsch Kohls. In einer Woche fangen die Weihnachtsfeiertage an, und vorher, das hatte sie sich fest vorgenommen, wollte sie der Öffentlichkeit einen vorläufigen Bericht erstatten. Was ist jetzt von Kohl zu erwarten?

Helmut Kohl hat sich inzwischen einen Anwalt genommen. Die Kanzlei 'Holthoff-Pförtner' in Essen, zu der auch der junge CDU-Bundestagsabgeordnete Ronald Pofalla gehört, vertritt jetzt seine Interessen – nicht nur gegenüber der Partei, sondern vor allem gegenüber der Staatsanwaltschaft Bonn, die intensiv prüft, ob Kohl sich über die Verstöße gegen das Parteiengesetz hinaus auch strafbar gemacht hat.

Wer den CDU-Ehrenvorsitzenden Helmut Kohl am 16. Dezember 1999 im Fernsehen sieht, wundert sich über seine Sicherheit: Herrisch diktiert er den verdutzten Journalisten Klaus Bresser und Thomas Bellut seine Version der Spenden, erstmals erklärt er, wie er die Angelegenheit sieht. Nachfragen auf Widersprüche bügelt er empört – und ohne Gegenwehr der Journalisten zuzulassen – ab. Und die Namen der Spender nennt er nicht, beruft sich auf sein 'Ehrenwort'. Aber das Geständnis ist eindeutig: Zwei Millionen Mark hat er am Gesetz und den demokratischen Gremien der Partei vorbei geschleust.

> *Bresser:* ... Herr Kohl, die geheimen Spendenkonten: Systematisch ist Spendengeld an der Parteikasse vorbeigeschleust worden, das ist ein klarer Verstoß gegen Recht und Gesetz, warum haben Sie denn das gemacht?
>
> *Kohl:* Ja, ich sag es Ihnen genau. Ich sag es nur einmal, weil ja jetzt ein Eindruck erweckt wird, als hätte ich nichts anderes zu tun gehabt, als auf Spendenjagd zu gehen, das habe ich nun wirklich nicht getan. Ich habe Spenden gesammelt für die Partei, die sind normalerweise, bis auf den einen Fall, den ich gleich nenne, über die Konten, ganz normal über die Partei an die Schatzmeisterei gelaufen, und von der Schatzmeisterei danach in den Gesamtapparat der Partei ...

Ich habe Spenden entgegengenommen in einem Umfang zwischen 1993 und 1998, der zwischen anderthalb bis zwei Millionen Mark liegt, das sind im Jahr so ungefähr 300.000 Mark gewesen, die nicht angegeben wurden, weil die Spender ausdrücklich darum gebeten haben, dass sie nicht angegeben werden ... Das waren deutsche Staatsbürger, die in keiner Branche etwas zu tun haben mit Regierungshandeln, die mir aber helfen wollten. Und ich habe nicht die Absicht, deren Namen zu nennen, weil ich mein Wort gegeben habe ...

Bresser: Spenden, die Sie nicht angegeben haben, obwohl Artikel 21 des Grundgesetzes vorschreibt, dass alle Spenden bekannt gegeben werden müssen in den Rechenschaftsberichten ...

Kohl: Ja, das weiß ich auch. Ich sag's ja selbst, ich brauche diese Nachhilfe nun wirklich nicht. Ich habe Spenden, ich sag's noch einmal, angenommen, zwischen 1993 bis 1998 in der Größenordnung zwischen anderthalb und zwei Millionen Mark, das sind im Durchschnitt der Jahre 300.000 Mark. Die Spender haben mir ausdrücklich erklärt, dass ich diese Spenden, die ich dringend brauchte, angesichts der Finanzlage der CDU in den neuen Ländern, sie geben dieses Geld nur, wenn es nicht in die Spendenliste kommt. Das ist der Fehler, den ich gemacht habe, zu dem ich mich bekenne, und den ich auch bedaure, aber die Spende ist dann natürlich über den zuständigen Mitarbeiter im Adenauer-Haus an die Schatzmeisterei gekommen und in die Partei gegeben worden. Und mit der Spende, das will ich ja mal gleich sagen, weil mir das sehr wichtig ist, diese Spende haben wir gesteckt in die Arbeit der neuen Länder. Und in den neuen Ländern standen wir in jener Zeit mit dem Rücken an der Wand ...

Bellut: Ja, aber das ist klar ...

Kohl: Nein, das ist Ihnen nicht klar. Mit dem Rücken an der Wand, das ist Ihnen nicht klar. Wir standen gegenüber der PDS, die ungeheures Geld hatte, wir standen gegen ...

Bresser: Aber die CDU im Osten hatte ja auch einiges?

Kohl: Nein, die CDU hatte im Osten nichts. Die Sozialdemokraten haben 60 bis 70 Millionen Wiedergutmachung bekommen 1990, aber nicht wir. Wir haben unsere Situation sehr schwer bewältigen können. Und das Geld, von dem ich jetzt gerade spreche, habe ich den Sozialausschüssen zur Verfügung gestellt, fast in der vollen Höhe, und dafür haben wir Betriebsgruppenarbeit finanziert, das war die einzige Chance, überhaupt zu dieser Regelung zu kommen ...

Bellut: Nur zum Verständnis, haben Sie denn diese Schecks persönlich entgegengenommen?

Kohl: Nein, ich habe keine Schecks bekommen ..., sondern die Spender haben Bargeld gebracht, und das ist ins Adenauer-Haus gebracht worden.

Angela Merkel erlebt Kohls Geständnis im Bonner Konrad-Adenauer-Haus. "Ich habe abends gewartet, um aus dem Fernsehen das Neueste über meine Partei zu erfahren", sagt sie, und Trauer und Wut schwingen darin mit. Merkel, die die einschlägigen Bestimmungen des Parteiengesetzes längst auswendig kennt, ist klar, welche Probleme mit Kohls Weigerung, die Spendernamen zu nennen, auf die CDU zukommen. Anonyme Spenden müssen an den Bundestagspräsidenten abgegeben werden, plus eine Geldbuße in zweifacher Höhe. Kohl hat die bereits hoch verschuldete CDU allein mit diesen zugegebenen Spenden schlagartig um sechs Millionen Mark ärmer gemacht – mehr als die üblichen jährlichen Spendeneinnahmen des Bundesverbandes.

Aber noch schlimmer ist der moralische Abgrund, der sich auftut. Kohl scheint trotz der Flick-Affäre jedes Unrechtsbewusstsein zu fehlen. Bei einer Partei, die wie keine andere bisher für Recht und Gesetz stand, deren letzter Bundesinnenminister Manfred Kanther gerne als 'Schwarzer Sheriff' angesehen wurde, darf auch der Bundeskanzler nicht über dem Gesetz stehen, darf er sich nicht auf ein gesetzeswidrig gegebenes Ehrenwort berufen.

In diesem Sinne sagt Merkel: "So hart es ist, hier kann es keinen Kompromiss geben. Der Zweck kann niemals die Mittel heiligen, das ist nicht vereinbar mit unserem Rechtsverständnis." Auch Wolfgang Schäuble kritisiert, Kohl habe ohne jede Legitimation am Rande der CDU ein Sondersystem betrieben. Aber Schäuble, der sein ganzes bundespolitisches Leben lang im Schatten des mächtigen Helmut Kohl verbrachte, spricht das nicht laut aus. Angela Merkel dagegen fühlt, dass die CDU in dieser Affäre so niemals die Wende schaffen kann.

Die CDU muss sich von diesen Taten distanzieren – und das heißt in der Konsequenz: auch von der Person Helmut Kohl distanzieren.

Merkel, die 'naive Ossi-Frau', geht nach dieser bitteren Erkenntnis in die Öffentlichkeit: Sie glaubt, dass die Partei aussprechen muss, dass ein solches Verhalten für sie nicht akzeptabel, nicht hinnehmbar sei. In einem kaum beachteten Interview mit dem Chefredakteur des Berliner 'Tagesspiegels', Giovanni di Laurenzo, schimmert unter dem Eindruck von Kohls Fernsehgeständnis erstmals Kritik an Kohls Verhalten durch. Merkel ruft die CDU auf, ihr Schicksal in die eigenen Hände zu nehmen.

Dabei lässt sie es nicht bewenden, sondern ordnet ihre Gedanken ausführlicher, schreibt sie am Wochenende für einen Artikel nieder. An diesem Sonntag endet die Bürgermeisterwahl in Lübeck trotz bester Umfrageergebnisse in den Wochen vorher mit einer herben Niederlage des CDU-Kandidaten. Für Merkel ist dieser Wahlausgang eine Bestätigung ihrer Befürchtungen: Der Vertrauensverlust für die CDU ist größer, als viele auch in der Parteispitze ahnen. Immer finden sich Anhänger, die Kohl begeistert zujubeln. Aber das ist nicht repräsentativ. In der Gesellschaft verliert die CDU dramatisch an Ansehen – ein Fall ohne Netz.

Schonungslose Worte sind deshalb jetzt angesagt, "es muss sein": Kohl hat große historische Verdienste, aber er hat der Partei moralisch und politisch geschadet, das muss ausgesprochen werden. Die Partei muss sich von ihrem Übervater freischwimmen, nun erst recht. Der Glaubwürdigkeitsverlust muss auf eine politische Stufe gehoben werden. "Wir müssen uns lösen, um unseren eigenen Weg zu gehen!" Nur so kann auch der Landtagswahlkampf in Schleswig-Holstein, wo die CDU im Herbst, vor der Affäre, sogar von einer absoluten Mehrheit träumen konnte, vielleicht noch gewonnen werden ...

Am Montag schreibt sie, am Dienstag feilt sie an ihrem Artikel, Dienstagmittag bietet sie ihn als Namensartikel Karl Feldmeyer von der Parlamentsredaktion der 'Frankfurter Allgemeinen Zeitung' für deren Rubrik 'Fremde Federn' an. Dafür ist er aber zu lang – und zu brisant: Titelseite! Der Wortlaut folgt auf Seite zwei:

> "Die von Helmut Kohl eingeräumten Vorgänge haben der
> Partei Schaden zugefügt"

Den 30. November 1999 haben viele als das Ende der Ära Kohl bezeichnet. Das war der Tag, an dem Helmut Kohl im Präsidium der Partei und vor der Presse eine Erklärung abgab, in der er die politische Verantwortung für eine von den üblichen Konten der Bundesschatzmeisterei praktizierte getrennte Kontenführung übernommen hatte. Und sofort hieß es auch, vielleicht liege in diesem Ende der Ära Kohl auch eine Chance.

So schnell aber kann nur sprechen, wer das volle Ausmaß der Tragik dieses 30. November 1999 nicht an sich heranlässt – der Tragik für Helmut Kohl, der Tragik für die CDU. Diese Tragik wird beim Blick zurück auf das Jahr, auf die 14 Monate davor umso deutlicher: Was für eine Niederlage am 27. September 1998 – erstmals in der Geschichte der Bundesrepublik Deutschland wurden ein Kanzler und seine Regierung vom Volk abgewählt. Was für Wahlsiege 1999 – die Europawahl haushoch gewonnen, Bremen und Berlin klar gehalten, SPD-Bastionen in Hessen, im Saarland und in Brandenburg gestürmt, absolute Mehrheiten in Thüringen und Sachsen errungen, sensationelle Ergebnisse bei den Kommunalwahlen in Nordrhein-Westfalen erzielt. Was für ein Comeback Helmut Kohls – vom abgewählten Kanzler zum Ehrenbürger Europas, umjubelt in Deutschlands Fußgängerzonen, gefeiert am 10. Jahrestag des 9. November. Und dann das: anonyme Spenden, getrennte Kontenführung, Rückzahlungen, Kohls Erklärung am 30. November 1999, Kohls Aussagen in der ZDF-Sendung 'Was nun Herr Kohl?'.

Die von Kohl eingeräumten Vorgänge haben der Partei Schaden zugefügt. Nicht nur sind ihr für die von ihm angegebenen und angenommenen 1,5 bis 2 Millionen Mark Spenden, die nicht in Rechenschaftsberichten aufgeführt wurden, 50 Pfennig pro Spendenmark staatlicher Zuschüsse – also insgesamt bis zu einer Million D-Mark – entgangen; nicht nur drohen ihr Rückzahlungen in Millionenhöhe; die Partei – und nicht nur er allein – muss sich auch dafür rechtfertigen, wie ein solches Vorgehen nach der Flick-Affäre möglich sein konnte. Ein Wort zu halten und dies über Recht und Gesetz zu stellen mag vielleicht bei einem rechtmäßigen Vorgang noch verstanden werden, nicht aber bei einem rechtswidrigen Vorgang. Es geht um die Glaubwürdigkeit Kohls, es geht um die Glaubwürdigkeit der CDU, es geht um die Glaubwürdigkeit politischer Parteien insgesamt.

Kohl hat der Partei gedient. 25 Jahre war er Parteivorsitzender, das ist die halbe Geschichte der CDU. Vier Bundestagswahlen konnte er als Spitzenkandidat gewinnen; 1998 reichte es nicht mehr für Kohl und nicht mehr für die CDU. Spätestens jetzt war klar, nichts würde mehr so sein, wie es war. Die Zeit des Parteivorsitzenden war unwiederbringlich vorüber. Nie wieder würde er die CDU als Kanzlerkandidat in eine Bundestagswahl führen können. Seither wird von seinen Leistungen in der Vergangenheit gesprochen, ist von einem Denkmal die Rede – vom Denkmal des Kanzlers des Nato-Doppelbeschlusses gegen die Bedrohung durch die Sowjetunion, des Kanzlers, des Kanzlers der Einheit, der europäischen Einigung.

Die Menschen – in der Partei zumal – hängen an Helmut Kohl Die fünfundzwanzig Jahre des Parteivorsitzenden Kohl werden mit den in Rechenschaftsberichten verschwiegenen Konten mit Sicherheit nicht ausreichend beschrieben. Das reicht vielleicht für das Finanzamt oder die Bundestagsverwaltung, nicht aber für ein Mitglied der Gemeinschaft CDU. Wir haben ganz andere Erfahrungen mit und Erinnerungen an Helmut Kohl. Die Partei hat eine Seele. Deshalb kann es für uns nicht die Alternative 'Fehler aufklären' oder 'das Erbe bewahren' geben. Wenn es um das Bild Helmut Kohls, um seine Leistungen und um die CDU geht, gehört beides zusammen. Denn nur auf einem wahren Fundament kann ein richtiges historisches Bild entstehen. Nur auf einem wahren Fundament kann kann die Zukunft aufgebaut werden. Diese Erkenntnis muss Helmut Kohl, muss die CDU für sich annehmen. Und nur so wird es der Partei im Übrigen auch gelingen, nicht immer bei jeder neuen Nachricht über eine angebliche Spende angreifbar zu werden, sondern aus dem Schussfeld auch derjenigen zu geraten, die ihr Interesse an der Aufklärung der Vorgänge nur heucheln, diese Vorgänge aber in Wahrheit nur nutzen wollen, um die CDU Deutschlands kaputtzumachen.

Vielleicht ist es nach einem so langen politischen Leben, wie Helmut Kohl es geführt hat, wirklich zu viel verlangt, von heute auf morgen alle Ämter niederzulegen, sich völlig aus der Politik zurückzuziehen und den Nachfolgern, den Jüngeren das Feld schnell ganz zu überlassen. Und deshalb liegt es auch weniger an Helmut Kohl als an uns, die wir jetzt in der Partei Verantwortung haben, wie wir die neue Zeit angehen. Wir können nicht umhin, unsere Zukunft selbst in die Hand zu nehmen. Auch in diesem Jahr haben wir die Wahlen nicht wegen Helmut Kohl und nicht trotz Helmut Kohl gewonnen. Wir haben sie vielmehr wegen unserer Geschlossenheit und unserer Kampagnen gegen Gerhard Schröders chaotische Politik gewonnen. Die Partei muss also laufen lernen, muss sich zutrauen, in Zukunft auch ohne ihr altes Schlachtross, wie Helmut Kohl sich oft selbst gerne genannt hat, den Kampf mit dem politischen Gegner aufzunehmen. Sie muss sich wie jemand in der Pubertät von zu Hause lösen, eigene Wege gehen und wird trotzdem immer zu dem stehen, der sie ganz nachhaltig geprägt hat – vielleicht später sogar wieder mehr als heute.

Ein solcher Prozess geht nicht ohne Wunden, ohne Verletzungen. Wie wir in der Partei aber damit umgehen, ob wir dieses scheinbar Undenkbare als Treuebruch verteufeln oder als notwendige, fließende Weiterentwicklung nicht erst seit dem 30. November 1999 begreifen, das wird über unsere Chancen bei den nächsten Wahlen in den Ländern und 2002 im Bund entscheiden. Ausweichen können wir diesem Prozess ohnehin nicht, und Helmut Kohl wäre im Übrigen sicher der Erste, der dies verstünde.

Wenn wir diesen Prozess annehmen, wird unsere Partei sich verändert haben, aber sie wird in ihrem Kern noch dieselbe bleiben – mit großartigen Grundwerten, mit selbstbewussten Mitgliedern, mit einer stolzen Tradition, mit einer Mischung aus Bewahrenswertem und neuen Erfahrungen nach der Ära des Parteivorsitzenden Helmut Kohl – und mit einem Entwurf für die Zukunft.

Merkel hat Wolfgang Schäuble von diesem Artikel kein Wort gesagt, obwohl sie am Dienstag vielfach miteinander telefoniert haben, um den Bericht der Rechnungsprüfer und den Rechenschaftsbericht für den Bundestagspräsidenten zu besprechen. Schäuble hätte diesem Text, diesem Vorpreschen, nie zugestimmt, nie zustimmen können, das war Merkel klar. Sie wusste von diesem Vertrauensbruch, aber sie hofft: Diese eine Eigenmächtigkeit muss ihr Verhältnis als Generalsekretärin und Vorsitzender aushalten können.

Schäuble ist am nächsten Morgen nicht gerade amüsiert. Die Mitglieder des CDU-Präsidiums, die sich in Bonn zu einer Sitzung treffen, um den Zwischenbericht der Wirtschaftsprüfer zur Kenntnis zu nehmen, sind höchst unterschiedlicher Ansicht darüber: Zwei der vier stellvertretenden Vorsitzenden, Christian Wulff und Annette Schavan, unterstützen Merkel bedingungslos. Der neue saarländische Ministerpräsident Peter Müller spricht sogar von einer 'Befreiung', der stellvertretende Fraktionsvorsitzende Friedrich Merz ruft sie morgens beim Frühstück an und sagt: 'Ich unterschreibe jeden Satz und jedes Wort davon!' Aber von vielen anderen in der CDU-Führungsetage kommt harte Kritik an Merkel.

An diesem Vormittag wird im CDU-Präsidium auch der Zwischenbericht der Wirtschaftsprüfer vorgelegt und beraten. Mit dieser Vorlage und der bitteren Wahrheit der Wirtschaftsprüfer auf dem Tisch beschließt das Präsidium der CDU, von Kohl die Nennung der Spendernamen zu verlangen:

'Der Bundesvorsitzende Wolfgang Schäuble hat Helmut Kohl gebeten, die Namen der Spender offen zu legen. Das Präsidium erwartet, dass Helmut Kohl dieser Bitte nachkommt. Dies ist erforderlich, um weiteren Schaden von der Partei abzuwenden. Es gibt auch deshalb dazu keine Alternative, weil die von der 'Weyrauch & Kapp' GmbH übergebenen Unterlagen, insbesondere für die Jahre 1993 bis 1996, unvollständig sind.'

14 Monate nach der Bundestagswahl stellt sich das Führungsgremium der Partei damit offen gegen seinen abwesenden Ehrenvorsitzenden – ein schwieriger, mutiger Schritt. Schäuble hätte es an diesem Tage hingenommen, dass Kohl schweigt.

Die Aufregung über Merkels Artikel und die damit verbundene Lossagung der CDU-Spitze von ihrem Übervater Helmut Kohl überschattet die Pressekonferenz nach der Präsidiumssitzung, die eigentlich der Vorstellung des Zwischenberichts der Wirtschaftsprüfer von 'Ernst & Young' gelten sollte. So allerdings geht das Eingeständnis praktisch unter, dass auch die CDU/CSU-Bundestagsfraktion ein Spendenproblem hat: Mehr als eine Million Mark sind von einem Fraktionskonto unter haarsträubenden Umständen bar in die schwarzen Kassen der Partei geschleust worden – nicht ohne Verantwortung von Schäuble selbst. Vor allem bleibt unklar, woher das Geld stammte, und damit die Frage, ob es überhaupt rechtmäßig an die Partei gespendet werden durfte – denn öffentliche Zuschüsse an Fraktionen dürfen nicht an Parteien weitergegeben werden.

Schäuble lässt diese Frage wochenlang ungeklärt – in dieser Sache ist er in seiner Funktion als Fraktionsvorsitzender verantwortlich. Erst als die öffentliche Kritik Mitte Januar 2000 unüberhörbar wird, lässt er Wirtschaftsprüfer auch hier nachforschen. Kurz darauf begeht der für diese Gelder verantwortliche Fraktionsangestellte Selbstmord: Er hat sich aus der praktisch unkontrollierten schwarzen Kasse in der Vergangenheit selbst bedient.

Die Transaktion des Geldes der CDU/CSU-Bundestagsfraktion ist recht merkwürdig: 1,146 Millionen Mark auf einem Fraktionskonto sind kurz vor Jahresende 1996 abgehoben worden. Kohl soll eine normale Überweisung auf die bekannten Spendenkonten untersagt haben. Stattdessen habe er angewiesen, dass sein Vertrauter in der Bundesgeschäftsstelle, Hans Terlinden, das Geld bar erhält. Weil der aber am Jahresende krank ist, wird das Fraktionskonto zwar aufgelöst, die Scheine bleiben jedoch wochenlang in einem Banksafe deponiert. Nach der Bargeldübergabe leitet Terlinden das Geld dann in kleinen Tranchen an Horst Weyrauch weiter. Über dessen Anderkonten fließt es peu à peu auf offizielle CDU-Konten: 1997 414.098 Mark, 1998 weitere 360.000 Mark. Wo die restlichen 372.000 Mark und die Zinsen geblieben sind, kann die CDU bis zum Jahresende nicht erklären: Kohl, Terlinden, Weyrauch, Lüthje und Kiep schweigen weiter, Omertà zum Nachteil der CDU.

Um nicht noch mehr Strafgelder zahlen zu müssen, hat die CDU zum 31. Dezember 1999 einen notdürftig korrigierten Rechenschaftsbericht für das Jahr 1998 beim Bundestagspräsidenten eingereicht. Pikantes Detail unter den Nachträgen im Rechenschaftsbericht: Ein CDU-Kreisverband hat 1998 aus Kohls Schwarzgeld-kasse 100.000 Mark erhalten. Das ist ungewöhnlich, denn üblicher-weise gehen Zahlungen der Bundespartei allenfalls an arme Lan-desverbände. Von dem Empfänger dieser hohen Zuwendung ha-ben die Parteigremien nie etwas erfahren – es war der Kreisverband Ludwigshafen. Zufällig wohnt dort Helmut Kohl.

Kohl gibt nicht so schnell auf. Am Tag nach dem 'FAZ'-Artikel und der Präsidiumssitzung fragt 'Bild' seine Leser mit einer TED-'Umfra-ge', ob Kohl sein 'Ehrenwort' brechen und die Namen der Spender nennen solle. Prompt findet sich eine klare TED-Mehrheit, die den Altbundeskanzler in seinem offenkundig gesetzeswidrigen Handeln bestätigt. Kohl bedankt sich in der nächsten 'Bild'-Ausgabe bei den Lesern und stellt sich damit zum ersten Mal seit 25 Jahren gegen das Präsidium seiner Partei.

Auch Volker Rühe und Jürgen Rüttgers kritisieren Merkel: Nach Weih-nachten lässt sich Rühe als einer der vier stellvertretenden Partei-vorsitzenden in der 'Welt am Sonntag' mit der Kritik zitieren, für ihn sei es 'unverständlich', dass Merkel eine Emanzipation der Partei-spitze von Kohl fordere. Die neue CDU-Parteiführung habe 'längst ihre eigenen Verdienste und ihr eigenes Selbstbewusstsein'. Sie befinde sich, im Gegensatz zu dem, was Frau Merkel äußere, auch nicht in einer 'pubertären Phase'. Jene, die heute in der CDU-Füh-rung säßen, hätten Kohl 'wirklich nicht in Demutshaltung gegenüber-gestanden'.

Jürgen Rüttgers klagt laut über 'die in Berlin' und meint damit natür-lich Merkel. 'Es gibt überhaupt keinen Grund, sich vom erfolgreichen Kanzler Helmut Kohl zu distanzieren': Der NRW-Spitzenkandidat sorgt sich um seine Wahlchancen im Mai 2000. Rüttgers kündigt an, dass er Kohl zu Wahlkampfveranstaltungen nach Nordrhein-Westfalen einladen werde.

Kohls enger Vertrauter, der frühere Staatsminister im Kanzleramt, Anton Pfeifer, hält den Zeitungsartikel der CDU-Generalsekretärin 'weder inhaltlich noch von der Wortwahl her für hilfreich', wie er in der 'Welt am Sonntag' sagt. Kohl habe Fehler gemacht, für die er aber die politische Verantwortung übernommen habe. Deshalb sei das Vorgehen von Frau Merkel unverständlich. Sie habe offenbar nicht bedacht, dass 'eine übergroße Mehrheit in der Partei eine fest verankerte emotionale Bindung an Helmut Kohl hat, dass seine Lebensleistung ein Bestandteil der CDU und der eigenen Geschichte ist und dass diese Lebensleistung nicht einfach zur Disposition gestellt werden kann, ohne dass die CDU ein entscheidendes Stück ihrer Identität verliert.'

Kohls Lager kolportiert sogar Spekulationen, Merkel habe ihren umstrittenen Artikel gar nicht selbst verfasst, sie sei möglicherweise 'ferngesteuert'. Doch von wem? Da doch außer ihr so mutige Worte keiner zu sagen wagt? Sie kontert: "Ich habe nichts zurückzunehmen und stehe zu jedem Wort. Mein Artikel ist eine sehr persönliche Stellungnahme, die ich mir ganz genau überlegt habe."

Angela Merkel will den Druck auf das Trio Kohl/Weyrauch/Lüthje erhöhen, um deren Schweigekartell endlich zu brechen. "Kohls Schweigen über die Namen der Spender zerreißt die Partei", warnt sie intern. Sie will "nicht ohne Gegenwehr hinnehmen, dass er einfach etwas über das Fernsehen erklärt und wir es schlucken müssen. Ich habe etwas gegen Unterwürfigkeitsrituale!" Unverkennbar ist: Kohl wendet sich, ganz der Volkstribun, direkt an das Volk, die Partei und ihre Führung links liegen lassend. Kohl verlangt Kameradschaft, unbedingte Solidarität – eine Forderung, der die jüngere Merkel angesichts der Verfehlungen verständnislos gegenübersteht. Dieses Lager-Denken aus den Zeiten des kalten Krieges ist ihr fremd.

Doch nicht Kohl, sondern Merkel ist es, die jetzt um ihren Kopf bangen muss. Der Machtkampf in der CDU zwischen 'Aufklärern' und den 'Kohlianern', die das Denkmal des Ehrenvorsitzenden gegen alle Vorwürfe schützen wollen, tobt. In den Tagen zwischen Weihnachten und Silvester 1999 kann Angela Merkel selbst angesichts der in den Medien veröffentlichten Kritik aus dem Kohl-Lager gar nicht sicher sein, ob sie sich mit ihrem harten Aufklärungskurs überhaupt an der Parteispitze halten kann. Die Staatsanwaltschaft Bonn wird gegen Kohl offizielle Ermittlungen einleiten – ihr 'FAZ'-Artikel mit der Anklage 'Kohl hat der CDU geschadet' sei dafür verantwortlich, so wird kolportiert und in Agenturmeldungen verbreitet. Das Dementi der Staatsanwaltschaft gegen diesen offensichtlichen Unsinn interessiert dann kaum noch. Hat nicht auch der Landesverband Mecklenburg-Vorpommern, an dessen Spitze Merkel steht, Personalkostenzuschüsse erhalten, die (wie jetzt erst rekonstruiert werden kann) teilweise von geheimen Konten überwiesen wurden?

"Die Chancen stehen vierzig zu sechzig gegen mich", sagt Merkel damals in einem Gespräch realistisch. "Aber wir im Osten, pflegt mein Landrat Molkentin aus Grimmen zu sagen, wir haben die Erfahrung, dass etwas untergeht und danach etwas Gutes kommt." Deshalb macht sie weiter.

Von der Krisenmanagerin zur Kandidatin

Am ersten Werktag des Jahres 2000 beginnt die Staatsanwaltschaft in Bonn mit ihren Ermittlungen gegen Bundeskanzler a. D. Dr. Helmut Kohl. Der Held der deutschen Einheit, vor wenigen Wochen noch gefeiert, steht öffentlich am Pranger. 'Untreue zum Nachteil der CDU' heißt der Verdacht der Staatsanwaltschaft gegen den Ehrenvorsitzenden der Partei.

Die CDU blickt in einen Abgrund, der viel tiefer ist, als irgendjemand dies in den ersten Wochen nach dem 4. November 1999 ahnen konnte. Die Last der 25 Jahre währenden Ära des Parteivorsitzenden Helmut Kohl scheint die CDU zu zerreißen. Allein finanziell wird die bereits mit 58 Millionen Mark verschuldete Bundespartei für die schwarzen Kassen ihres Patriarchen jetzt bereits mit mindestens sieben Millionen Mark büßen müssen – das ist der Erkenntnisstand zum Jahresbeginn 2000. Und es wird noch viel schlimmer kommen!

Schwerer wiegt noch, dass Kohls Schweigen über die Identität der Spender Spekulationen um die illegale Herkunft der Millionen geradezu provoziert. Gibt es diese Spender überhaupt? Diese Fragen stellen nicht nur querulatorische Journalisten, sondern auch Wolfgang Schäuble und Angela Merkel. Denn es gäbe ja einen Ausweg aus dem Dilemma: "Wenn Helmut Kohl die Spender nennen würde oder die Spender ihn selbst von seinem Ehrenwort entbänden, hätten wir die Lösung des Problems", sagt Merkel in einem Interview mit der 'Bild'-Zeitung zur Jahreswende. Doch Kohl ignoriert alle Appelle der Parteiführung. Und die angeblichen patriotischen Spender melden sich nie.

Auch über die Verwendung der illegalen Millionen sagt Kohl nicht viel. Nur mühsam können Schäuble und Merkel die erkannten Lücken in den CDU-Rechenschaftsberichten mit Fakten füllen. Immer wieder stellen sie fest, dass Belege fehlen und die Erinnerung der Verantwortlichen sogar an kurz zurückliegende Vorgänge merkwürdig verblasst ist.

Kann sich die CDU von ihrem Übervater Helmut Kohl emanzipieren? Oder verliert sie ohne Kohl ihre Seele? Der erbitterte Streit der 'Aufklärer' gegen die 'Kohlianer' lähmt die Partei, gegenseitige Verdächtigungen über mögliche Mitwisser an Kohls illegalen Transaktionen ersticken jede politische Debatte. Die Partei ist am Jahresanfang 2000 zerrissen wie noch nie zuvor in ihrer Geschichte.

Der Beschuldigte Kohl schweigt eisern. 'Es gibt kein Zurück', hat er Vertraute wissen lassen: Eher werde er ins Gefängnis gehen 'und als Held wieder herauskommen'. – 'Niemals' werde er die Namen der Spender nennen. Denn wer sich in Deutschland dazu bekenne, die Bürgerlichen finanziell zu unterstützen, 'der wird verleumdet'.

In der CDU erntet Kohl mit diesem Kurs schärfste Ablehnung – aber auch treue Zustimmung. Emotional hoch aufgeladen stehen sich die Lager gegenüber, ein unerklärter Machtkampf tobt hinter den Kulissen. Seit Merkels 'FAZ'-Artikel ist der Riss scharf erkennbar, trennt manche politische Freundschaft. Landesvorsitzende wie Bernhard Vogel, Christoph Böhr, Roland Koch, Jürgen Rüttgers und Erwin Teufel wollen nicht, dass das 'Denkmal Kohl' noch weiter beschädigt wird. 'Kohl kann nur gewinnen, wenn er diesen Kurs beibehält', glaubt Böhr, Chef der CDU in Rheinland-Pfalz, der Heimat Kohls. Und Kohl lässt streuen: 'Meine Truppen stehen.'

Die 'Aufklärer' in der CDU-Führung, von Merkel über die stellvertretenden Parteivorsitzenden Christian Wulff und Annette Schavan bis hin zu Christa Thoben, Präsidiumsmitglied und Berliner Kultursenatorin, oder Jörg Schönbohm (Brandenburg) und Kurt Biedenkopf (Sachsen), erschaudert es bei diesem Verständnis von Ehre. Sie finden Unterstützung auch bei Bischöfen: Der katholische Bischof von Trier, Hermann Josef Spital beispielsweise sagt, Kohl müsse 'deutlich machen, dass sein Verhalten mit den in seinem Amtseid eingegangenen Verpflichtungen übereinstimmt', wenn er um seine Ehre kämpfen wolle. Die 'kann man sich ja nicht selbst zumessen,

sie wird einem von anderen erwiesen, wenn Verhalten und Wert-
maßstäbe übereinstimmen'.

Sie pochen darauf, dass Kohl das Parteiengesetz befolgen und die
Spender benennen muss. Nur auf der Grundlage der Wahrheit könnten Kohls historische Verdienste Bestand haben. Wulff ist sich schon
Ende Dezember sicher und sagt dies auch im Präsidium, als dort
über die These von Merkels FAZ-Artikel gestritten wird: 'Am Ende
werden sich alle hinter diesen Thesen versammeln.'

Solange Kohl schweigt, sind Gerüchten über Schwarzgelder Tür und
Tor geöffnet: Unionsstrategen sehen die Partei chancenlos in einer
Sackgasse. 'Mit dieser offenen Flanke wird uns der politische Gegner monatelang genüsslich vor sich her treiben. Die Landtagswahlen in Schleswig-Holstein und Nordrhein-Westfalen sind unter diesem Umständen verloren', fürchtet das Konrad-Adenauer-Haus.

In dieser Stimmung trifft sich der CDU-Bundesvorstand am 7. Januar 2000 zu einer 'Klausurtagung' in Norderstedt. Hier, in Schleswig-
Holstein, wo einen Monat später Landtagswahlen stattfinden, sollte
eigentlich über Bildungspolitik debattiert werden – nach der Familienpolitik das nächste große Reformthema, das die CDU sich verordnet
hatte, als die Welt noch in Ordnung war. Jetzt aber wollen die Journalisten nur eines wissen: Wie geht es weiter in der Seifenoper CDU?
Bald geht ein Gerücht in Norderstedt um: Kohl habe belastendes
Material gegen Schäuble in der Hand. Die 'Süddeutsche Zeitung'
meldet tags darauf, Kohl wolle Jürgen Rüttgers, den Vorsitzenden
des mitgliederstärksten und mächtigsten CDU-Landesverbandes,
gegen Schäuble und als dessen Nachfolger in Stellung bringen. Entnervt fragt Jörg Schönbohm am Samstag im CDU-Vorstand, ob denn
in Sachen Karlheinz Schreiber noch etwas zu erwarten sei. Kryptisch
und leise, so dass es keiner derer, die noch ahnungslos sind, verstehen kann, spricht Wolfgang Schäuble vage ein Spenderessen mit
Karlheinz Schreiber im September 1994 an.

Am Montag gibt es überraschend eine ARD-Sendung 'Farbe bekennen' mit dem CDU-Vorsitzenden Wolfgang Schäuble, in der er ein-
räumt, am 21. September 1994 von Karlheinz Schreiber eine Spende über 100.000 Mark erhalten zu haben – dem gleichen Spender,
der mit der Millionenspende an Walther Leisler Kiep den ganzen

Skandal ausgelöst hat. Merkel erfährt eineinhalb Stunden vor der Aufzeichnung von Schäubles Fernsehauftritt, dass er dort die 100.000-Mark-Spende ansprechen will.

Unmittelbar nach der Ausstrahlung des Schäuble-Bekenntnisses in der ARD folgt 'Report aus München': Die Kollegen haben Reporterglück und können live einen ärgerlichen Karlheinz Schreiber befragen, ob es mit der Spende so war, wie Schäuble es berichtet hat: Am Morgen nach einem Abendessen mit einigen potentiellen Spendern ein kurzer Besuch von Schreiber in Schäubles Bundestagsbüro, bei dem er 100.000 Mark überreicht. Andreas Bönte vom 'Bayerischen Fernsehen' fragt Schreiber:

'... Wolfgang Schäuble muss doch überrascht gewesen sein, dass jemand kommt und sagt, ich lege 100.000 Mark in einem Koffer auf den Tisch ...?'

Karlheinz Schreiber: 'Nein, der Vorgang ist nicht so gewesen, ... das war ein kleiner Kreis mit einem Essen und einer Diskussion. Das ist schon anders erfolgt.'

Am Tag darauf gibt Schäuble eine Pressekonferenz und schildert die Details des Spenderessens und der Spendenübergabe ausführlich.

Brigitte Baumeister bestätigt zunächst die Darstellung ihres langjährigen Chefs. Doch in einem Interview mit der 'Welt' und vor allem intern beginnt sie zu signalisieren, dass sie von Gewissensbissen geplagt ist, weil ihre Erinnerung an die Spendenübergabe erheblich von Schäubles Darstellung abweicht. Bald darauf kündigt sie an, vor dem Untersuchungsausschuss werde sie 'die Wahrheit' sagen – was immer das bedeuten mag.

Bevor die interessierte Öffentlichkeit den sich anbahnenden, von außen absurd erscheinenden Streit zwischen Baumeister und Schäuble über die Details der Spendenübergabe verstehen kann, platzt am 14. Januar 2000 eine Bombe in Hessen: Völlig überraschend gibt der frühere Bundesinnenminister und hessische CDU-Vorsitzende Manfred Kanther auf Druck des Ministerpräsidenten Roland Koch bekannt, dass die drei Millionen-Vermächtnisse, die der hessischen und Frankfurter CDU im letzten Jahrzehnt zugeflos-

sen sind, nur eine Tarnung waren, um Geld von geheimen Auslandskonten der CDU-Hessen nach Deutschland zu transferieren. An dieser illegalen Transaktion seien der langjährige CDU-Schatzmeister
Casimir Prinz Sayn-Wittgenstein – und Horst Weyrauch beteiligt
gewesen. Acht Millionen Mark sollen noch auf den Schweizer Konten vorhanden sein.

In dieser Situation spricht Schäuble am 15. Januar in Schleswig-
Holstein zur Eröffnung des Landtagswahlkampfes in Kiel. Pfiffe und
Buhrufe kommen auf, als er versichert, er habe von Anfang an sein
Wissen zur Verfügung gestellt: Ihm wird in dieser für seine Glaub-
würdigkeit wichtigen Frage von der Basis erkennbar nicht geglaubt,
seine Autorität ist sichtbar angekratzt.

Für Schäuble, der sich schon über Weihnachten Gedanken über sein
Verbleiben an der CDU-Spitze gemacht hat, wird klar, dass er – wie
er später in Phoenix sagt – jetzt zurücktreten muss, dass er als Leit-
figur der Erneuerung nicht mehr tragbar ist. 'Am 17.1. kommt Wolfgang Schäuble entschieden nach Berlin: Er sah keinen Weg mehr
für sich, die Partei aus dieser Krise herauszuführen', erinnert sich
sein Pressesprecher Walter Bajohr.

Schäuble informiert seinen Vertrauten und Ersten Parlamentarischen
Geschäftsführer Hans-Peter Repnik und lässt die Presseinformation
über den Rücktritt tippen. Es ist ein lapidarer Vierzeiler, 'wie bei
Lafontaine', empört sich einer, der einen Blick darauf werfen kann.
Auch Schäubles Stellvertreter Volker Rühe ist informiert, dem hessi-
schen CDU-Vorsitzenden Roland Koch wird telefonisch berichtet.
Dann kommen Merkel und Hausmann hinzu. Doch Merkel beschwört
Schäuble zu bleiben. Auf jeden Fall müsse er diesen Schritt mit dem
CDU-Präsidium besprechen. Das wird von Schäuble akzeptiert, und
Merkel trommelt das Präsidium sofort zu einer kurzfristigen Krisen-
sitzung für den nächsten Morgen um 10 Uhr zusammen.

Am Dienstag ist Schäuble früh um halb neun bei Helmut Kohl in
dessen Büro. Das Gespräch der beiden Kontrahenten ist kurz und
heftig. Schäubles Version lautet sinngemäß: 'Du hast gar keine Spender'. Kohl: 'Doch, es gibt sie!' – 'Wenn Du sie nicht nennst, dann
muss ich zurücktreten.' Kohl: 'Dann tritt halt zurück!'

Kohl hat aber offenbar noch einen weiteren, aufschlussreichen Satz dazugefügt: Schäubles 100.000-Mark-Spende von Schreiber sei viel schlimmer als sein Schweigen. Frustriert verlässt Schäuble Kohls Büro. Auf dem Weg zur Krisensitzung des CDU-Präsidiums ruft er einen alten Vertrauten an und sagt ihm, jetzt habe er begriffen, dass Kohl immer gegen ihn gearbeitet habe.

In einer kurzen Besprechung vor der Präsidiumssitzung trifft sich Schäuble mit Kurt Biedenkopf und bittet ihn, als ein Übergangskandidat seine Nachfolge zu übernehmen. Doch Biedenkopf und den meisten im Präsidium ist klar: Schäuble darf nicht zurücktreten, erst muss Kohl Konsequenzen aus seinem Verhalten ziehen. "Das wäre eine falsche Hierachie der Fehler gewesen, wenn Schäuble zurücktritt und Kohl keinerlei Konsequenzen zieht", sagt Merkel später in einer abstrakten Analyse, in der die Sprache einer promovierten Naturwissenschaftlerin durchscheint. Die Trennung vom Ehrenvorsitzenden wegen dieses bestimmten Fehlers, also nicht von seiner gesamten politischen Leistung, musste für die CDU vollzogen werden. Das war die Aufgabe, die Wolfgang Schäuble als Vorsitzender zu erfüllen hatte. Vorher ist kein Neuanfang, durch wen auch immer, denkbar.

Es ist eine dramatische Präsidiumssitzung, immer wieder wird die Pressekonferenz verschoben. In stundenlanger Debatte wird Schäuble vom ganzen CDU-Präsidium überzeugt, im Amt zu bleiben – andernfalls würden alle solidarisch mit ihm zurücktreten. Schäuble will seiner Partei dienen, macht aber deutlich, dass ein Vertrauensbeweis des Präsidiums nicht ausreicht – es muss mehr sein. Kohl muss seinen Ehrenvorsitz ruhen lassen, solange er nicht die Spender nennt. Als Schäuble den Raum verlässt, um die Toilette aufzusuchen, legt sich das Präsidium darauf fest. Mancher hat in den vergangenen Tagen, vor allem unter dem Eindruck der schockierenden Nachrichten aus dem hessischen Landesverband, seine Loyalitäten überdacht, etwa Kohls getreuer Minister Norbert Blüm. Schäuble ist schließlich zufrieden und verkündet die Forderung vor der Presse. Innerhalb von Stunden legt Kohl trotzig seinen Ehrenvorsitz nieder, endgültig. Merkel hat sich zwar durchgesetzt, aber ihr ist nicht wohl zumute: "Ich weiß nicht, ob Wolfgang Schäuble oder seine Familie mir dies verzeihen, aber es musste für die Partei sein."

Dieser Punktsieg gegen Kohl stärkt Schäuble, aber nicht nachhaltig. Der erfahrene Politiker weiß selbst, wie angeschlagen er ist, zumal viele in der Hauptstadt vermuten, dass Kohl die ihm wohl bekannte 100.000-Mark-Spende gezielt gegen seinen Nachfolger instrumentalisiert hat. Wirklich gestärkt ist jetzt jedoch Angela Merkel, deren Drängen zu der schmerzhaften Loslösung der CDU von ihrem bisherigen Übervater sich durchgesetzt hat. Wulff hat Recht gehabt. Dass sie zur Jahreswende um ihr Amt und ihre Zukunft in der CDU bangen musste, mutet jetzt unglaublich an. Innerhalb von vier hektischen Wochen hat sich die CDU zu Merkels Forderung bekannt: Die CDU muss ihren Weg nun ohne Kohl gehen, die Ära Kohl ist Vergangenheit, mit Höhen und auch Tiefen.

Die CDU-Führung, die nach den hessischen Enthüllungen über die Schweizer Konten noch weiter sensibilisiert worden ist, verschärft ihren Druck auf Weyrauch, der auf die entscheidenden Fragen auch vor der Staatsanwaltschaft eisern geschwiegen hat – was er auch dürfte, wenn er sich dadurch strafrechtlich belasten würde. Doch die CDU braucht endlich Klarheit: Weyrauch soll auch die Karten über seine bei der Bundes-CDU abgerechneten Reisen in die Schweiz auf den Tisch legen. 'Gab es Auslandskonten der CDU?', fragt Bundesgeschäftsführer Willi Hausmann ihn am 20. Januar 2000 zum wiederholten Mal am Telefon. Weyrauch drückt sich um eine Antwort: 'Wenn Sie die Wahrheit wissen wollen, dann wackelt die Republik!' Daraufhin beschließen die CDU-Gremien am 23./24. Januar, Weyrauch mit 'allen rechtlichen Mitteln' zur Offenlegung der Wahrheit zu zwingen.

Auf der gleichen Bundesvorstandssitzung wird Merkels Konzept der Regionalkonferenzen zur Vorbereitung des Parteitages im April beschlossen. Die Regionalkonferenzen, die später eine ganz eigene Dynamik entwickeln sollten, sind ursprünglich von der SPD abgeschaut: Die Basis soll vor dem dem Parteitag Gelegenheit erhalten, kritische Fragen zu stellen, das Thema Spendenkrise soll auf breiter Basis diskutiert werden – damit auf dem Parteitag nach vorne gewandt über das Thema Bildung debattiert werden kann.

Am Wochenende verschärft sich der Druck auf Weyrauch weiter, als seine Drohung: 'Dann wackelt die Republik!', durch eine 'Focus'-Meldung bekannt wird. Weyrauch lässt durch seinen Anwalt bestreiten, dass dies eine Drohung gewesen sei – und packt dann doch aus: Am 2. Februar 2000 gibt er vor den Anwälten der CDU, deren Steuerprüfern und CDU-Bundesgeschäftsführer Hausmann umfassend über Auslandskonten und die liechtensteinische Stiftung 'Norfolk' Auskunft: Bis 1992 seien dort Gelder der Bundes-CDU deponiert gewesen. Bei den Geldern soll es sich auch um eine Millionenspende des Siemens-Konzerns gehandelt haben, die Kiep in Zürich bar an Lüthje übergeben habe – so gibt es Uwe Lüthje der CDU in einer eidesstattlichen Erklärung zu Protokoll. Walther Leisler Kiep dagegen bestreitet ebenso wie Siemens diese Behauptung. Pikant am Rande: Den Restbestand von 1,5 Millionen Schweizer Franken, der 1992 noch auf dem Konto der Stiftung war, haben die Beteiligten Kiep, Weyrauch und Lüthje einfach unter sich aufgeteilt ...

In Hessen muss Roland Koch am 8. Februar eine 'Dummheit' einräumen: Dass er noch am 10. Januar Mittelzuflüsse außerhalb der regulären Konten der Hessen-CDU öffentlich bestritten habe, obwohl er seit Ende Dezember von einem dubiosen Treuhandkonto wusste. Sofort fordert die Opposition in Wiesbaden deshalb seinen Rücktritt. Doch den viel dramatischeren Fehler Kochs übersehen viele: Seine entscheidende Fehlentscheidung passierte bereits am 21./22. Dezember 1999, als er nach einem Hinweis des früheren Landesgeschäftsführers Siegbert Seitz Gelder eines Anderkontos von Sayn-Wittgenstein nachträglich als Kredit deklariert hat – und so auch im aktualisierten Rechenschaftsbericht 1998 nach Bonn zur CDU-Zentrale gemeldet hat. Koch sagt, er habe das dubiose Geld, das die CDU für ihren Wahlkampf 1998/99 genutzt hat, 'so schnell wie möglich loswerden' wollen.

Doch diese 'Fälschung des Rechenschaftsberichts' (so der Grünen Abgeordnete Rupert von Plottnitz) wird für die CDU teuer zu stehen kommen: Weil diese 1,5 Millionen Mark eben kein Kredit waren, ist der Rechenschaftsbericht der CDU damit falsch – eine Woche später streicht Bundestagspräsident Wolfgang Thierse (SPD) der CDU Deutschlands deshalb in einer Entscheidung die gesamten staatlichen Vorauszahlungen für das laufende Jahr: 41,3 Millionen Mark. Thierses Entscheidung ist auch unter Fachleuten umstritten, die CDU reicht später Klage dagegen ein, weil sie diese massive Form der 'Bestrafung' der Gesamtpartei CDU für die Versäumnisse des hessischen Landesverbandes für unangemessen hält.

Kochs Anspruch vom Januar, der 'brutalst mögliche Aufklärer' zu sein, gerät jetzt ins Wanken. Nicht nur Journalisten fragen sich: 'Warum ist er nach der Offenbarung des Anderkontos nicht auf die Idee gekommen, es könnte Parallelen zwischen den Weyrauchschen Anderkonten für die Bundespartei und dem hessischen Anderkonto geben?' Selbst ein CDU-Kabinettsmitglied in Wiesbaden bezeichnet diese Entscheidung des Juristen Koch als kapitalen Fehler: 'Ein Vermerk über die unbekannte Herkunft des Geldes des Millionenzuflussses wäre das einzig Richtige gewesen.' So hat es auch die Bundespartei mit ihren Anderkonten gemacht – aber Koch hat bis Februar in dieser wichtigen Angelegenheit nicht mit der Bonner CDU-Zentrale gesprochen. Gab es im Dezember in Hessen vielleicht noch Kräfte, die gar nicht aufklären, sondern Kohls Ansehen schützen wollten?

Während die Öffentlichkeit nach Wiesbaden und auf Kochs Legitimationskrise schaut, versucht Wolfgang Schäuble, sich im Streit um die wichtigen Details der Übergabe der Schreiber-Spende 1994 mit einer eidesstattlichen Erklärung retten: 'Ich meine mich zu erinnern, dass dies (die Übergabe des Umschlages mit 100.000 Mark) am folgenden Morgen war', dem Morgen nach dem Spenderessen am 21. September 1994.

Derweil begibt sich Angela Merkel am 11. Februar zu einem Treffen mit Helmut Kohl, über das beide öffentlich nie ein Wort verloren haben; Merkel hat Schäuble davon vorher erzählt. Fast eine Stunde dauert die Aussprache zwischen dem Patriarchen und der Frau, die ihre Partei bewusst aus der Umklammerung der nun leider auch belasteten Vergangenheit gelöst hat. Freundlichkeiten dürften in diesem Gespräch nicht ausgetauscht worden sein, doch die Feierlichkeiten zu Kohls bevorstehendem 70. Geburtstag müssen ein Thema gewesen sein (die dann im gegenseitigen Einvernehmen abgesagt werden, wie es so schön heißt).

Aber klar ist auch: In Kohls Umgebung wird in diesen Wochen nicht schlecht über Merkel gesprochen. Sicher wird manches wehgetan haben, doch Verbitterung über Merkel findet man bei Kohl nicht. Nein, der Mann, der die CDU ähnlich stark geprägt hat wie Konrad Adenauer, ist erkennbar stolz auf seine politische Ziehtochter. Er respektiert es nicht nur – nein, Kohl findet Gefallen daran, dass die Partei

Merkel liebt. Eine gute Partie ist sie für die CDU, in der er sein Leben verbracht hat, das spürt Kohl. Und er sieht auch, dass sie wichtige Dinge intuitiv oder als gute Schülerin des Vorbildes Kohl ganz ähnlich macht wie er: Sie repräsentiert die politische Mitte, hat aber eine klare, wertkonservative Grundhaltung. Sie geht auf Menschen zu und kann zwischen den Parteiflügeln vermitteln, sie kann abwarten, aber sie kann auch kämpfen. Und sie kann, wie Beobachter in dieser Zeit in vielen Gesprächen feststellen (anders als Wolfgang Schäuble) telefonieren – das wohl anstrengendste, aber auch wichtigste Führungsinstrument in einer demokratischen Volkspartei.

Während Merkel und Kohl in Kohls Bundestagsbüro Unter den Linden 71 miteinander sprechen, brechen die letzten Wochen von Wolfgang Schäubles Zeit als CDU-Vorsitzender an. Brigitte Baumeister, einst eine enge Mitarbeiterin von ihm, hat mit einer eigenen Eidesstattlichen Erklärung gekontert – und die Partei versteht es einfach nicht: nicht die Hintergründe dieser Fehde, nicht den Stil und nicht die Mittel, mit denen sie ausgetragen wird.

Und vor allem hat es die Partei nach einem Vierteljahr CDU-Skandal satt, einfach restlos satt, immer neue Deutungen und Erinnerungsschübe à la Kohl, Koch und Schäuble erleben zu müssen. Diesen Unmut der Basis erleben die Bundestagsabgeordneten hautnah in ihren Wahlkreisen, in denen sie sich in dieser sitzungsfreien Woche aufhalten. Und schon äußert sich dieser Unmut in ersten öffentlichen Erklärungen. Der sächsische Kultusminister Matthias Rößler, alles andere als ein Heißsporn, schreibt in diesen ersten Februartagen als Vorsitzender des CDU-Kreisverbandes von Meißen an seine Mitglieder einen Brief, der in der Forderung gipfelt:

'Präsidium und Bundesvorstand in Berlin müssen endlich den Weg für einen radikalen Neuanfang bereiten. Das setzt voraus, dass sich diese Gremien nicht ständig mit sich selbst, sondern mit dem politischen Gegner und den Problemen unseres Landes auseinander setzen. Wer dazu nicht in der Lage ist, sollte zum Bundesparteitag nicht kandidieren.'

Am 14. Februar kommen die Abgeordneten zurück nach Berlin: Plenarwoche. Erfolglos versucht der Fraktionsvorstand, den Konflikt zwischen Schäuble und seiner Parlamentarischen Geschäftsführerin Baumeister zu entschärfen. Während die 'großen Tiere' beschäftigt sind, raunen sich sich immer mehr Abgeordnete zu: 'So geht es nicht weiter!' Tags darauf, während Angela Merkel und Matthias Wissmann in einer Pressekonferenz zu der 41-Millionen-Mark-Entscheidung Thierses über den Rechenschaftsbericht 1998 sitzen, gibt es eine Sondersitzung der großen Landesgruppe Nordrhein-Westfalen, dort kommt das Thema mit Urgewalt nach oben. Landesgruppen-Chef Norbert Lammert wird beauftragt, Schäuble ganz ehrlich und offen über den Unmut der Basis und der Abgeordneten zu informieren. Lammert erwischt Schäuble, als dieser gerade den Fraktionsvorstand verlässt, der ohne die Kontrahenten über eine Lösung im Fall Schäuble gegen Baumeister beraten will. In einem Nebenraum hört Schäuble Lammert zu, nickt und weiß, dass seine Zeit um ist. Schon geht es weiter in die Fraktionssitzung, die längst ungeduldig auf die Vorstände wartet. Fraktions-Vize Michael Glos (CSU) trägt den Abgeordneten von CDU und CSU den Beschluss des Vorstands vor: Antrag auf Abwahl der Parlamentarischen Geschäftsführerin Brigitte Baumeister wegen des zerrütteten Vertrauensverhältnisses zu Schäuble. Ober sticht Unter.

Da geht ein Murren durch den Saal. Die Abgeordneten recken sich: Wer hat als Erster den Mut auszusprechen, was wohl alle bewegt? Schäuble zieht schnell das Wort an sich: 'Ich möchte einen Neuanfang in Partei- und Fraktionsführung.' Es ist Dienstag, der 15. Februar 2000, kurz nach 17 Uhr. Die Ära Schäuble ist in der CDU praktisch zu Ende. Merkel ist an diesem Abend, an dem der geschäftsführende Fraktionsvorstand als Krisengipfel bis tief in die Morgenstunden tagt, "verzweifelt: Ich wusste, dass ich nicht mehr tun konnte, als ich getan habe, und ich fühlte, dass wir den Verlust dieses Mannes sicher schon bald spüren würden. Aber es war unaufhaltsam."

Was soll jetzt kommen? In der Fraktion gibt es keine Zweifel: Alles läuft auf den jungen, aber talentierten sauerländischen Abgeordneten Friedrich Merz hin. Der Mann ist zwar erst sechs Jahre im Bundestag, aber seit zwei Jahren ein erfolgreicher stellvertretender Fraktionsvorsitzender. Und er verdankt seine Karriere, die er als Europaabgeordneter begonnen hat, nicht Kohl. Zudem ist er ein rhetorisches Talent, das in seinem Fachgebiet Finanzen und Haushalt den Finanzminister in Grund und Boden reden kann. Gut katholisch und konservativ ist er auch.

Aber wer soll Schäubles Nachfolger als Parteichef werden? Das ist am 15. Februar überhaupt nicht klar: Schäuble würde gerne Bernhard Vogel, den thüringischen Ministerpräsidenten, als Übergangskandidaten wählen lassen. Auch Sachsens Ministerpräsident Kurt Biedenkopf würde eine angetragene Kandidatur keinesfalls ablehnen. Hinter den Kulissen tricksen die beiden älteren Herren bereits gegeneinander.

'Doch was für ein Erneuerungssignal wäre es, jetzt einen 57 Jahre alten Parteivorsitzenden durch einen 70-Jährigen zu ersetzen?', fragt der Abgeordnete Friedbert Pflüger. Und der stellvertretende CDU-Vorsitzende Christian Wulff kritisiert: 'Das wäre ein ziemlich mutloses Signal, dass wir die Bundestagswahl 2002 schon jetzt verloren geben.' Jetzt helfe nur noch radikale Verjüngung: 'Angela Merkel als Vorsitzende, JU-Chefin Hildegard Müller als Generalsekretärin und Friedrich Merz als Fraktionsvorsitzender.'

Merkel als CDU-Vorsitzende? Eine Frau, aus dem Osten, evangelisch, geschieden? 'Sie spielt zwar eine gute Rolle, aber ob das bedeutet, dass sie von den Herren der katholischen Liga akzeptiert wird?', fragt der SPD-Generalsekretär Franz Müntefering scheinbar besorgt – doch ganz zu Recht. Besonders die CSU kann sich mit Merkel anfangs überhaupt nicht anfreunden, zumal sie in diesen ersten Tage nach dem Rücktritt öffentlich vor allem vom liberalen, linken Flügel der CDU als Kandidatin ins Spiel gebracht wird. Erst als sich Konservative wie der bayerische Innenminister Günther Beckstein und Barbara Stamm, die bayerische Sozialministerin, der BDI-Vorsitzende Hans-Olaf Henkel und auch Friedrich Merz für Merkel aussprechen, erwärmt sich die CSU in den nächsten Wochen langsam für die Idee.

Kaum ist Merkels Kurs erkennbar gestiegen, schwirren plötzlich Gerüchte durch Berlin: Kohl habe gegen Merkel 'etwas in der Hand'. Es ist nur eines dieser vielen Gerüchte in Berlin, wahrscheinlich erfunden. Aber in der Krise der CDU werden auch solche Gerüchte sehr ernst genommen, vor allem nach dem, was Schäuble mit der Schreiber-Spende widerfahren ist.

Merkel selbst ist zu diesem Zeitpunkt nicht willens, sich um eine Kandidatur zu bewerben. Anders sieht es mit Volker Rühe und Jürgen Rüttgers aus: Beide träumen von der Kandidatur, aber beide haben eine Landtagswahl zu bestehen: Rühe knapp zwei Wochen, Rüttgers zweieinhalb Monate später. Auch Roland Koch würde gerne seinen Hut in den Ring werfen, aber moralisch angeschlagen, wie er nach der hessischen Spendenaffäre ist, kann er heilfroh sein, wenn er sich überhaupt als Ministerpräsident halten kann. Schon wird, so berichten sogar die Nachrichtenagenturen, in Hessen darüber nachgedacht, der Stuttgarter Kultusministerin und stellvertretenden CDU-Bundesvorsitzenden Annette Schavan das Amt anzutragen. Doch die bestürmt derweil Angela Merkel, sich in den Berliner Krisensitzungen dieser Woche zumindest alle Chancen offen zu halten.

Die hektische Woche des Schäuble-Rücktritts in der Fraktion und seiner Ankündigung, auf dem Essener Parteitag Anfang April nicht wieder als CDU-Vorsitzender zu kandidieren, neigt sich ihrem Ende zu. Seit Wochen ist für diesen Freitag die erste Regionalkonferenz in Wolfenbüttel östlich von Hannover angesetzt. Generalsekretärin Merkel hatte schon vor Weihnachten die Kreisvorsitzenden einladen wollen, um mit ihnen die problematische Situation der Partei zu besprechen und ihnen die Möglichkeit zu geben, sich direkt mit der Parteiführung auszusprechen, ihren Ärger abzulassen – und um dann gemeinsam wieder eine Richtung vorzugeben. Doch im Präsidium wurde ihr Plan damals begraben: Die Angst vor noch mehr öffentlichem Aufsehen schien vielen zu groß.

Merkel überlegte weiter: Wie kann man an die Basis der Partei herankommen, um Aussprache zu ermöglichen, um die Basis wieder zu motivieren? Wenn die Kreisvorsitzenden nicht nach Berlin kommen sollen, dann kann die Parteispitze in die Landesverbände gehen. So entsteht die Idee, abgekupfert vom SPD-Generalsekretär Franz Müntefering, 'Regionalkonferenzen' für einen oder mehrere Landesverbände anzubieten. Denn im Januar hat die CDU-Führung noch immer die Hoffnung, den Parteitag im April mit dem Thema Bildung abhalten zu können. Der Unmut über die Spendenaffäre soll vorher auf den Regionalkonferenzen abgearbeitet werden, auch der aufkeimende Unmut über Schäuble, damit seine Wiederwahl auf dem Parteitag gesichert sei.

Jetzt, am 18. Februar 2000, vor der ersten Regionalkonferenz in Wolfenbüttel, sieht die CDU-Welt ganz anders aus: Schäuble sagt seine Teilnahme ab und sucht stattdessen Tröstung bei seiner Familie in Gengenbach und fährt zu einer Kreisvorsitzendenkonferenz in Baden-Württemberg. Verständlich: Seine Mutter erleidet in diesen Tagen einen Schlaganfall, sein Vater stirbt bald darauf. Was Schäuble zu dieser Zeit über Helmut Kohl und Brigitte Baumeister gedacht haben mag, lässt sich später erahnen, als er düster 'kriminelle Machenschaften' andeutet. Und daran, dass sein Bruder Thomas, der Innenminister von Baden-Württemberg, auf einer Pressekonferenz sagt: 'Ich verabscheue Helmut Kohl. Und ich kann da für die ganze Familie sprechen.'

Merkel rast nach einem Tag, der morgens um acht Uhr mit einer Fraktionssitzung begann und mit Bundestagssitzungen weiterging, mit dem ICE nach Wolfsburg und von dort mit dem Wagen weiter nach Wolfenbüttel. In einer großen Sporthalle prangt der Spruch 'Verantwortung, Veränderung, Vertrauen' an der Stirnseite, auf grünem Hintergrund, der Farbe der Hoffnung. Hoffnung, dass ihr Leiden an der CDU-Vergangenheit und der CDU-Führung endlich enden möge, hat auch die CDU-Basis, die aus Sachsen-Anhalt und Niedersachsen hierher gekommen ist. Aus den Lautsprechern tönt leise Peter Alexander: 'Ich zähle täglich meine Sorgen.'

Gleich nach der Begrüßung spricht Merkel. Nach so vielen Politikerfloskeln und Halbwahrheiten, die sie in den Wochen zuvor im Fernsehen mitverfolgen mussten, redet jetzt Merkel in ihrer schnörkellosen, 'normalen' Sprache zu den 600 Funktionsträgern und Mitgliedern im Saal. Sie lobt Kohl und seine Regierungsleistung, aber sie sagt auch, die CDU müsse die Kraft haben, deutlich zu machen, dass sie es als die Partei, die immer für den Rechtsstaat gestanden habe, nicht hinnehmen könne, wenn ein Ehrenwort über das Gesetz gestellt werde – wie Kohl das tut. Und dann fordert sie eine neue, wirkliche Diskussionskultur in der Partei, geht auf drängende Sachfragen ein, mit denen sie die Debatte aus der Vergangenheit in die Zukunft lenken möchte.

Donnernder Applaus folgt dieser Rede. Für Helmut Kohl, wann immer er erwähnt wird, rührt sich keine Hand. In der Diskussion geht eine junge Frau aus Hildesheim an das Mikrofon und fordert Merkel zur Kandidatur für den Parteivorsitz auf. Riesiger Beifall, aber auch skeptische Äußerungen: Eine Frau aus den neuen Ländern – das würden die mächtigen Herren in der Union bestimmt nicht zulassen ...

Von vielen Reportern und Fernsehkameras übertragen, ist seit diesem Abend klar: Angela Merkel ist eine Hoffnungsträgerin der CDU-Basis. Mit ihr hat die CDU wieder eine Chance, aus dem tiefen Tal der Krise herauszukommen. Natürlich haben auch Rühe, Rüttgers, Biedenkopf und Vogel viele Anhänger – aber hier, in der nüchternen Lindenhalle von Wolfenbüttel, ist an diesem Abend ein Funke übergesprungen, wie es dies in der CDU-Geschichte noch nicht gegeben hat. Die Mitglieder erleben 'live' eine Frau, die in den letzten drei Monaten ihren Kopf für anderer Leute Fehler hingehalten hat, die mutig zur richtigen Zeit das Richtige gesagt hat, auch auf die Gefahr des persönlichen Scheiterns hin, und die jetzt in ihrer Strategie bestätigt worden ist. Die aber bei aller Entschiedenheit der Position den gestrauchelten Helmut Kohl weder gemeuchelt hat noch ihm jetzt nachtritt.

Aber am 18. Februar ist noch nichts entschieden: Rüttgers, Biedenkopf und Vogel haben ihre Ambitionen längst nicht begraben. Bis auf einen: Volker Rühe, der Spitzenkandidat der CDU im Norden, erfährt in den letzten Tagen vor der Landtagswahl aus Meinungsumfragen die Gewissheit, dass er durch die Affäre um das sicher scheinende Amt des Ministerpräsidenten in Kiel gebracht worden ist. Bei seiner Abschlusskundgebung in Lübeck lässt er fast die ganze CDU- und CSU-Prominenz auftreten: Edmund Stoiber, Kurt Biedenkopf, Friedrich Merz, Christian Wulff, Peter Müller, Ole von Beust – nicht aber Angela Merkel. Sie war allerdings bei der Wahlkampferöffnung in Lübeck die Hauptrednerin.

Wulff, Müller und Beust fahren unmittelbar nach Schluss der Veranstaltung ab, Stoiber, Biedenkopf, Merz und Rühe setzen sich anschließend im Ratskeller zum Abendessen zusammen. Eine herbe Niederlage für Rühe erwartend, wird dem zurückhaltenden Biedenkopf gut zugeredet, sich für den CDU-Vorsitz zur Verfügung zu stellen. Merkel habe große Verdienste, aber ein Ministerpräsident aus den Ländern sei geeigneter auf dem Posten.

Rühe verliert die Wahl und damit die Chancen auf eine Kandidatur für den Vorsitz, auch wenn sich Rühe und die CDU im Norden mit

35,2 Prozent achtbar schlagen. Auch stünden weder sein Landesverband Schleswig-Holstein noch sein früherer Verband Hamburg bei einer Kandidatur hinter ihm. Bleibt Jürgen Rüttgers, der Vorsitzende des mächtigen Landesverbandes Nordrhein-Westfalen, der alleine ein Drittel aller Delegierten auf dem Bundesparteitag stellt.

Rüttgers ist an diesem Montag nach der Kieler Wahl Gastgeber der zweiten Regionalkonferenz in Recklinghausen. 700 CDU-Mitglieder aus Nordrhein-Westfalen sind ins Herz des Ruhrgebietes gekommen. Merkel ist voller Sorgen zu diesem Termin gefahren: "Wie werde ich im tiefsten Westen empfangen?" Doch die Sorgen sind schnell verflogen: 'Mit hymnischen Sprechchören', so der 'Spiegel', wird sie dort empfangen. 'Angie, Angie', rufen die Menschen zur Begrüßung. Da wird Merkel vor Verlegenheit ein wenig rot, spricht von früheren Erfolgen, von der Spenden-Krise, von Gesetzen, die über dem Ehrenwort stehen, davon, dass die CDU vor ihrer eigenen Tür gekehrt hat. Und sie fordert einen konsequenten Neuanfang: "Es geht nicht darum, ein paar Personen auszutauschen, wir müssen Strukturen schaffen, damit solches Fehlverhalten nicht wieder auftreten kann."

Die Diskussion dreht sich nach ihrer einfühlsamen Rede fast nur um sie: Viele Mitglieder melden sich zu Wort: 'Frau Merkel, es spricht alles für Sie – bitte treten Sie an!' Rüttgers kommentiert die Stimmung in dem überfüllten Ruhrfestspielhaus in einer Pause des Beifalls mit den an Schäuble gewandten Worten: 'Die Regionalkonferenzen haben den Sinn, in die Partei hineinzuhören. Sie haben gerade etwas gehört ...!'

Am nächsten Morgen meldet die 'Berliner Morgenpost' überraschend, dass sich Rühe und Merkel darauf verständigt hätten, Rühe werde Vorsitzender und Merkel bleibe Generalsekretärin. Rüttgers wird dazu im Deutschlandradio befragt und sagt perplex: 'Also, ich kann es mir gar nicht vorstellen. Wir haben gestern eine Regionalkonferenz in Recklinghausen gehabt. Da hat es Ovationen für Angela Merkel gegeben. Ich glaube nicht, dass solche Meldungen etwas mit der Realität zu tun haben.' Auch Wolfgang Schäuble, der in Recklinghausen wieder als noch amtierender CDU-Vorsitzender dabei ist, spricht anschließend gegenüber Merkel von einem 'Urerlebnis' einer begeisterten, wieder hoch motivierten Basis.

Und Angela Merkel merkt an diesem 28. Februar, dass sich an der CDU-Basis eine Erwartungshaltung bildet, der sie sich nicht entziehen kann – selbst wenn sie gar nicht kandidieren will. Aber soll sie sich das zumuten? Zu kandidieren, CDU-Vorsitzende zu werden? Es ist ein enormes Risiko, als Frau, als Ostdeutsche, von der CSU als zu links abgelehnt, ohne eigenen starken Landesverband mit den entsprechenden Delegiertenzahlen im Rücken ... Mit einer Partei, die in 'Aufklärer' und 'Kohlianer' gespalten ist – und die nach Kohls Spendendesaster mit insgesamt hundert Millionen Mark Schulden dasteht. Kann sie mit diesem bankrotten Haufen überhaupt Erfolg haben? Hat sie auch nur eine Chance, 2002 die Bundestagswahl zu gewinnen?

"Aber es ist auch eine riesige Chance! Nach Lübeck wollte ich, nach Recklinghausen wusste ich, ich muss, wenn ich mich nicht lächerlich machen wollte." Merkel ist entschlossen. Anfang März spricht sie lange mit Schäuble, er sichert ihr seine Unterstützung zu. Doch beide sagen keinen Ton, denn die Vereinbarung des CDU-Präsidiums lautet, erst alle Regionalkonferenzen abzuwarten und dann am 20. März eine Entscheidung zu fällen. Es folgen noch die Regionalkonferenzen in Berlin, Kaiserslautern, Treffurt, Neumünster und Stuttgart. Überall sind die Säle überfüllt, überall fliegen Angela Merkel die Herzen zu. Die Nominierung durch den CDU-Bundesvorstand am 20. März ist nur noch Formsache.

Der Parteitag 2000

Als sie mit ihrer Rede fertig ist, springen die Delegierten in der Essener Grugahalle auf. Schlagartig, so scheint es, stehen alle im Saal und applaudieren. Der Beifall will nicht enden. Selbst in der Presse-Lounge klatschen Journalisten – nie zuvor hat man das auf Parteitagen erlebt. Aber es war auch eine meisterhaft formulierte und überzeugend vorgetragene Parteitagsrede.

Jetzt sitzt Angela Merkel vorne wieder an ihrem Platz auf der Vorstandsbank, zwischen ihrem Vorgänger Wolfgang Schäuble und ihrem Bundesgeschäftsführer Willi Hausmann. Dankend winkt sie mit ihrem Blumenstrauß und setzt sich hin, aber die Menschen in der Halle klatschen weiter, scheinbar ohne Ende. Auch wenn es ihr sichtbar Probleme bereitet, so gefeiert zu werden: Immer wieder muss sie aufstehen und in die Menge der Delegierten winken.

Beifall, viel Beifall hat sie schon auf den acht Regionalkonferenzen erlebt – dieser Beifall der Basis war es letztlich, der sie genau hierhin gebracht hat. Aber angesichts der Ovationen jetzt ist sie unsicher, wie sie reagieren soll. Mit besänftigenden Handgebärden sind die Delegierten nicht zu bremsen: Sie wollen 'Angie' feiern! Sechseinhalb lange Minuten klatschen sie, bis zum Schluss der riesige Fernsehbildschirm an der Hallenrückwand auf das Parteitagsmotto fokussiert wird und in Erinnerung ruft: 'Zur Sache!'

Zur Sache? Die Hauptsache ist doch Angela Merkel! Die Frau, die die CDU in der Zeit ihrer tiefsten Not gerettet hat. Fünf Monate voller Schocks, voller unfassbarer Nachrichten, tiefe Verzweiflung und Demütigungen liegen hinter vielen CDU-Mitgliedern. Zum Schluss schien nur noch die Hoffnung auf Angela Merkel die CDU zusammenzuhalten. So unwirklich die Möglichkeit ihrer Wahl am Anfang schien, so selbstverständlich wird sie jetzt in ihrer Andersartigkeit akzeptiert und bejubelt.

Angela Merkel bei Ihrer Parteitagsrede am 11. April 2000

Alles hat sich in diese mutige Frau aus dem Osten projiziert – und nun hatte sie mit ihrer Essener Parteitagsrede über den Verstand auch die Herzen der Menschen erreicht. Sie hat die Brücke geschlagen zwischen sich und dem mit Konrad Adenauer, Ludwig Erhard und auch mit Helmut Kohl verbundenen großen historischen Erbe der CDU, mit den historischen Entscheidungen zur Sozialen Marktwirtschaft, zur Westbindung, zur Europäischen Einigung, zur Wiedervereinigung, zur Erweiterung der EU. Und sie hat einen Weg in die Zukunft gewiesen, einen Weg einer auf christlichen Grundwerten gegründeten CDU-Programmatik. Die Frau, von der viele noch nicht recht wussten, wo sie programmatisch steht, ob sie eine 'Linke' oder eine Wertkonservative ist – diese Frau hat sich hier als CDU-

Repräsentantin dargestellt, die die Volkspartei in ihrer ganzen Breite abdeckt.

Und das sehr mitreißend – aber auch klar: eine deutliche Abgrenzung zu den Fehlern und Sünden der Ära Helmut Kohl, zugleich jedoch auch ein versöhnlicher Geburtstagsgruß an ihn – als ausgestreckte Hand, die großen Leistungen des langjährigen Parteivorsitzenden und Kanzlers würdigend. Es ist das erste Mal, am späten Nachmittag des ersten Parteitag-Tages, dass der Name des alten Übervaters Helmut Kohl ausgesprochen wird. Befreit atmen die Delegierten auf, klatschen sich bei dieser unverfänglichen Gelegenheit die Beklemmung zum Thema Kohl vom Leibe.

Dann aber kommt Angela Merkel zu Sache. Programmatische Bekenntnisse, verbunden mit deftigen Attacken auf die politischen Gegner. Gewohnte Themen aus der Mottenkiste der CDU, aber in Merkels persönlicher, unverbrauchter Sprache neu formuliert und aufbereitet, gerade im Hinblick auf die drängenden Fragen der Globalisierung und des Internetzeitalters. Differenzierte Fragen zu Gesellschaft, Glauben und Familie und ein Bekenntnis zum Konservativen.

Alfred Dregger, mit 79 Jahren der letzte Repräsentant des nationalkonservativen Parteiflügels, hat Tränen in den Augen: 'Mit Angela Merkel vollendet die CDU die deutsche Einheit', sagt er gerührt. Auch Jörg Schönbohm, Innenminister und stellvertretender Ministerpräsident in Brandenburg, ist beeindruckt. Der als 'Law-and-order'-Politiker profilierte ehemalige General nickt anerkennend. 'Da gibt es überhaupt nichts zu meckern. Ganz fabelhaft.' Vor dem Parteitag war er sich in seinem Urteil über sie noch nicht so sicher gewesen. Heiner Geißler sitzt in den Reihen zwischen den beiden Konservativen. Und auch der unermüdliche Kritiker vom linken Parteiflügel lobt das Debüt der neuen CDU-Vorsitzenden: 'Endlich eine Parteispitze, wie ich sie mir immer gewünscht habe!'

Angela Merkel hat es also geschafft: In ihrer ganzen Bandbreite als Volkspartei, von den 'Konservativen' bis zu den 'Sozialen', ist die CDU begeistert. Mit ihrem Mut hat Merkel die CDU durch die Krise geführt und mit konsequenter Aufklärung die Grundlage für neue Glaubwürdigkeit erarbeitet. Jetzt, als Parteivorsitzende, wird sie andere Führungsqualitäten benötigen als jene, mit denen sie die Krise bewältigte. Doch wer wollte bestreiten, dass ihr die politische Meisterleistung gelang, alle männlichen Mitbewerber um das oberste Parteiamt auszubremsen? Über die Medien, die sie wie kein anderer deutscher Politiker auf Distanz zu halten versucht, hat sie die Herzen der Basis und großer Teile der Bevölkerung erreicht und mobilisiert. Jetzt, mit dieser Nominierungsrede, hat sie auch die Herzen der letzten Zweifler unter den Delegierten und damit der mittleren Funktionärsschicht der CDU erobert. Mit ihrem Charme und klaren Denken, mit ihrem Mut und ihrer Wertorientierung. Jetzt hat sie die Partei endgültig bezirzt.

Doch Merkel ist keine Blenderin, ihr Erfolg ist nicht herbeigehext, sondern das Ergebnis harter Arbeit. Hart hat sie auch an dieser, ihrer schwierigsten Rede gearbeitet. Zur Vorbereitung hat sie sich zurückgezogen, wie sie es gerne macht, um klare Gedanken, um belastbare strategische Entwürfe zu entwickeln: Kaum hat sie nach ihrer Nominierung durch den CDU-Bundesvorstand am 20. März 2000 etwas ausgeschlafen, beginnt sie am Wochenende darauf, in ihrem Häuschen in der nordbrandenburgischen Schorfheide nachzudenken, während sie aus der traditionellen Weihnachtsgans, die ihr 'ihr' nordvorpommerischer Landrat Wolfhardt Molkentin in diesem Jahr etwas später überreicht hat, Gänsebraten mit Rotkohl zubereitet.

Am Montag darauf hat sie ihre wichtigsten Mitarbeiter aus dem Konrad-Adenauer-Haus zu einer zweitägigen Klausurtagung in Dierhagen auf dem mecklenburgischen Darß, einer Halbinsel östlich von Rostock, eingeladen. Sieben Mitarbeiter versammelt sie dort um sich: Willi Hausmann, den Bundesgeschäftsführer, Klaus Preschle als 'Vordenker' aus der Planungsgruppe, die Hauptabteilungsleiter Politik und Medien/Öffentlichkeitsarbeit, Heiner Lueg und Michael Thielen, die Pressesprecherin Eva Christiansen und ihre Büroleiterin Beate Baumann.

Teamarbeit in der Gischt der kühlen Ostsee-Wellen: Merkel kann Mitarbeiter motivieren, weil sie zuhört, wenn Gedanken entwickelt werden und weil sie, obwohl sie auch ihre engsten Mitarbeiter siezt, Nähe und Gemeinschaft entstehen lässt. Jetzt geht es um ihre Rede auf dem Essener Parteitag, auf dem Parteitag des Neubeginns nach der tiefsten Krise in der Geschichte der Partei: Welche Themen müssen angesprochen werden und wie? Das größte Problem: Was soll sie zur Vergangenheit sagen? Angela Merkel entschließt sich, auf die bitteren Stichworte nur kurz und mit wenigen grundsätzlichen Sätzen einzugehen. Als Kandidatin will sie für die Zukunft stehen – und über ihre klare Haltung zur Aufarbeitung kann niemand einen Zweifel haben.

Und was sagen über Helmut Kohl? Merkel achtet ihn unverändert menschlich und politisch sehr, trotz ihrer klaren Analyse seiner Verfehlungen. Sie weiß, dass die CDU ohne seine staatsmännischen Leistungen nicht definiert werden kann. Die Absage der Feier seines 70. Geburtstags eine Woche vor dem Parteitag ist bitter genug – aber Kohl hat Abbitte geleistet, Geld gesammelt, wenn er auch die entscheidende Beichte der anonymen Spender nicht leisten will. Merkel weiß: Zum zehnten Jahrestag der Deutschen Einheit am 3. Oktober 2000 sollte Kohl wieder in die CDU-Familie aufgenommen sein, damit seine historischen Leistungen gewürdigt werden können. Sie fasst deshalb an der Ostsee auch den Entschluss, gleich zu Beginn ihrer Rede einen nachträglichen Geburtstagsgruß an den abwesenden Helmut Kohl zu richten.

Zwei Themen hat Merkel, als sie zu DDR-Zeiten noch zur Beobachterin der West-CDU verdammt war, an der Partei Adenauers und Erhards bewundert: Das unbeugsame Bekenntnis der CDU zur deutschen Wiedervereinigung und die Soziale Marktwirtschaft. Doch die Zeit ist dramatisch schnell weitergegangen, aus dem Nationalstaat von einst ist ein kleiner Akteur im globalen Geschehen geworden. Jetzt, 50 Jahre nach Erhards mutiger Reform, treibt Merkel die Frage um: Wie kann das CDU-Markenzeichen 'Soziale Marktwirtschaft' bewahrt werden, wenn der einzelne Nationalstaat in einer globalisierten Weltwirtschaft gar nicht mehr viel zu sagen hat und es deshalb kaum noch steuernden, 'sozialen' Einfluss des Staates geben kann?

Und die Naturwissenschaftlerin Merkel fragt sich: Wie lassen sich die Gefahren der Gen-Technik zähmen – muss die CDU ihrer christlichen Grundwerte wegen Nein sagen zur Genforschung? Oder muss sie dafür plädieren, an der Spitze des Fortschritts zu marschieren, damit Deutschland die künftigen internationalen Normen beeinflussen und die riesigen Chancen dieses Fortschritts nutzen kann? Will die CDU 'die modernste Partei' werden, wie es Wolfgang Schäuble immer wieder betont hat – oder macht 'Modernität' den Menschen im Zeitalter der Globalisierung und immer neuer, Arbeitsplätze kostender Unternehmensfusionen eher Angst? Was heißt 'modern'? Will die CDU den 'Zeitgeist' prägen – oder den 'Geist der Zeit'? Was bedeuten die 'C'-Werte heute, wo es nur noch wenige 'heile' Familien gibt?

Zwei produktive Tage verbringt Merkel mit ihrem Team, unterbrochen nur von Fototerminen am Meer für 'Bunte' und 'Focus'. Abends am Kamin diskutiert sie weiter, in den nächsten Tagen sucht sie den Rat von Freunden außerhalb der Partei, um ihre Ideen aus allen Blickrichtungen auf ihre Logik abklopfen zu lassen. Beate Baumann bringt die Gedanken dann in Form – und beginnt bald, sich die Haare zu raufen, weil immer mehr Themen dazu kommen. "Auch über das Verhältnis zu Amerika muss ich etwas sagen", heißt es dann ... Eine optimale Rede dauert 45 Minuten, eine Parteitagsrede darf etwas länger dauern. Merkel spricht schließlich 70 Minuten lang – auch weil sie immer wieder von Beifall unterbrochen wird.

Belagert nach der Wahl

Mit 95, 94 Prozent der Stimmen wird Angela Merkel nach dieser Rede gewählt, das ist ein atemberaubend gutes Wahlergebnis für die erste Wahl einer neuen Vorsitzenden. Sie weiß, dass es nur zum Teil verdient ist und viele Vorschusslorbeeren einschließt. "Danke, ich werde versuchen, Ihre Erwartungen nicht zu enttäuschen", sagt sie in Ihren Dankesworten ahnungsvoll.

Gleich nach ihrer Wahl muss Merkel ihre beiden höchst persönlichen Personalvorschläge begründen: Den Generalsekretär (der nur auf Vorschlag der Vorsitzenden gewählt werden darf) und den Schatzmeister. Merkels Auswahl macht ihren neuen Führungsstil deutlich: Mit Ruprecht Polenz präsentiert sie einen stillen, aber in seinem Wahlkreis sehr erfolgreichen Basisarbeiter. Und mit Ulrich Cartellieri holt sie einen Außenstehenden in die CDU-Führungsriege, der als Aufsichtsrat der Deutschen Bank nicht nur in der Finanz- und Wirtschaftswelt höchstes Ansehen genießt und dringend benötigten Sachverstand mitbringt, sondern als Präsident der Deutschen Gesellschaft für Auswärtige Politik auch ein guter außenpolitischer Berater sein wird.

So groß die Zustimmung des Parteitags für die Wahl Cartellieris ausfällt, so zögerlich ist der Beifall für ihren Generalsekretärs-Kandidaten. Ehrlich, aber spröde – so präsentiert sich Polenz in seiner Rede den Delegierten. Systematisch, aber keinesfalls mitreißend. Ein ruhiger Westfale, so könnte man vom Typ meinen – doch der Münsteraner Bundestagsabgeordnete stammt in Wirklichkeit aus der Nähe von Görlitz in Niederschlesien und ist, als Sohn eines Bundeswehr-Offiziers ständig umziehend, in Süddeutschland aufgewachsen.

Merkel hätte es sich einfacher machen können und einen prominenten Vertreter eines stimmengewaltigen Landesverbandes in dieses zweitwichtigste Amt der Partei heben können. Angebote gab es genug: Christian Wulff, der Chef der Niedersachsen-CDU hätte gerne gewollt, Norbert Lammert, der Vorsitzende der Landesgruppe der CDU-Bundestagsabgeordneten aus Nordrhein-Westfalen, oder der Generalsekretär der baden-württembergischen CDU, Volker Kauder. Auch der Fraktionsvorsitzende der CDU in Nordrhein-Westfalen, Laurenz Meyer, wurde ins Gespräch gebracht. Jeden dieser Kandidaten hätte die Partei sofort in bekannte mentale

Schubladen gesteckt und 'verstanden', zudem hätte sich Merkel mit einer solchen Nominierung zusätzliche Zustimmung für sich selbst gesichert.

Doch im Gegensatz zu ihren Vorgängern im Parteivorsitz hält Merkel nichts von innerparteilichen Quotenspielchen. Die Frau, die ihre letzten beiden, entscheidenden Schritte hinauf in die Parteispitze selbst ohne jede Quote geschafft hat, setzt vor allem auf innere Qualitäten. Deshalb hat die Naturwissenschaftlerin zunächst die Kriterien für den Generalsekretärs-Kandidaten festgelegt, dann gesucht: "Der Posten ist eine Frage der Kompetenz, nicht des Proporzes. Der Generalsekretär soll zusammen mit dem Parteivorsitzenden einen Beitrag dazu leisten, dass die CDU 2002 alle Chancen hat, die Bundestagswahl zu gewinnen. Das ist das Kriterium", antwortet sie auf die Frage des Chefs des Hauptstadtbüros der 'Welt', Michael Inacker, in einem Interview am 25. März 2000.

Merkel überlegt sehr lange und erinnert sich in dieser Zeit an Polenz, den auch Schäuble schon bei seiner Auswahl im Winter 1998 in die engere Wahl gezogen hatte. Polenz hat bei der letzten Bundestagswahl als einziger CDU-Bundestagsabgeordneter sein Wahlergebnis bei den Erststimmen verbessern können – obwohl sein Wahlkreis in Münster einer jener dreißig Stimmbezirke 'auf der Kippe' war, in denen die SPD mit ungeheuren Einsatz von Geld und Prominenz die Führung erzwingen wollte.

Polenz gehört auch zu jenen Abgeordneten, die Merkel unmittelbar nach der Aufgabe Schäubles Mitte Februar 2000 dringend zu ihrer Kandidatur geraten haben. Sie hatte der 'Berliner Runde', einer Gruppe von überwiegend jüngeren Bundestagsabgeordneten, schon lange vorher eine Zusage zu einem Gespräch im kleinen Kreise gegeben. Im Cafe 'Döblin' sitzt sie am 16. Februar, dem Abend nach Schäubles Rücktritt und der Nachtsitzung des Fraktionsvorstandes, zusammen mit Abgeordneten-Kollegen wie Polenz, Norbert Röttgen, Katharina Reiche, Peter Altmeier, Eckhart von Klaeden, Friedbert Pflüger und Günter Nooke. Natürlich geht es an diesem Abend nicht um abstrakte Fragen, sondern nach den dramatischen Ereignissen (zu denen nicht nur der Rücktritt Schäubles, sondern auch die Verhängung der 41-Millionen-Mark-Sanktion durch Bundestagspräsident Wolfgang Thierse gehört) um das Naheliegende: Wer wird

Schäubles Nachfolger? Wie schon vorher die stellvertretende CDU-Vorsitzende Annette Schavan, so fordern Polenz und die jungen Kollegen vom rechten und linken Flügel an diesem Abend, dass man sich auf einen 'Übergangskandidaten' festlegen solle – indirekt eine Aufforderung an die noch zögernde Merkel – zu kandidieren.

Jetzt, da sie selbst den Schritt getan hat, nimmt sie Polenz, den Gastgeber jener abendlichen Runde, in die Pflicht. Der strategische Denker von der Parteibasis soll die CDU-Mitglieder motivieren, die innerparteiliche Demokratie zum Blühen bringen und trotz der massiven Geldsorgen der Partei einen erfolgreichen Bundestags-Wahlkampf 2002 vorbereiten.

Auf die übrigen Vorstandsposten hat eine Vorsitzende wenig Einfluss, vor allem, wenn sie selbst erst gewählt werden muss. Dennoch scheint der Essener Parteitag entschlossen zu sein, das Erneuerungssignal nicht nur auf die neue Vorsitzende zu beschränken. In erstaunlichem Ausmaß werden junge Kandidaten in hohe Parteiämter gewählt: Hildegard Müller, die 35 Jahre alte, dynamische Vorsitzende der Jungen Union, im bürgerlichen Beruf als Bank-Prokuristin tätig, rückt in das siebenköpfige Parteipräsidium auf. Auch der Vorsitzende der Schüler-Union, gerade 20 Jahre alt, kommt in den Bundesvorstand, ebenso Katharina Reiche aus Brandenburg, eine junge mitteldeutsche Bundestagsabgeordnete, Naturwissenschaftlerin, Unternehmerstochter und Mutter der neun Monate alten Tochter Johanna.

Kaum ist Merkel gewählt, da schmiedet sie bereits strategische Pläne. Im zähen Kampf mit der Stromwirtschaft versucht Bundeskanzler Gerhard Schröder in jenen Tagen, die Unternehmen mit der Drohung einer gesetzlichen Regelung zu einem Kompromiss bei den Laufzeiten für Kernkraftwerke zu zwingen. Schon vor Essen hat Merkel mit den Chefs der Energiefirmen ein Geheimtreffen vereinbart. Zusammen mit dem CSU-Vorsitzenden Edmund Stoiber gibt sie dort ein Signal, das in den Schlagzeilen weit über die Energiebranche hinausstrahlt: Mit der CDU/CSU ist wieder zu rechnen, wenn die Union 2002 eine Mehrheit in Berlin erringt, wird der rot-grüne Atomausstieg rückgängig gemacht. Und bis dahin werden die Unions-Länder im Bundesrat auch andere rot-grüne Experimente nach Kräften zu stoppen versuchen – das jedenfalls hof-

fen alle, die auf dem Essener CDU-Parteitag der neuen Vorsitzenden zujubeln und sich über das Ende der Spendenaffäre freuen.

Die wenigsten sehen, welch riesige Herausforderung diese Erwartungshaltung für die neue CDU-Vorsitzende ist, die erstmals in der
Parteigeschichte kein anderes Amt neben ihrem Vorsitz bekleidet:
keinen Fraktionsvorsitz im Bundestag, kein Ministerpräsidentenamt.
Keine 'richtigen' Ämter zu besitzen, bedeutet auch: keine Pfründe
verteilen zu können: Merkel kann niemandem mit Pöstchen einen
Gefallen tun und sich auch so Gefolgschaft sichern – sie kann nur
aus der Autorität ihrer Person und ihrer Kompetenz wirken.

Da wird sie viele Kraftproben bestehen müssen, um die Koordinati-
on der Länder mit ihren oft eigenen Interessen im Bundesrat zu schaffen, dazu den Schulterschluss mit dem eigenständigen Fraktionsvorsitzenden Friedrich Merz und schließlich die Partnerschaft mit
der schwierigen Schwester CSU – von den Ränkespielen um die
Kanzlerkandidatur 2002 ganz zu schweigen.

Angela Merkel können diese Aussichten nicht schrecken. Sie hat
Selbstbewusstsein, ist Optimistin. Und sie hat bewiesen, dass sie
nicht nur zur rechten Zeit schweigen, sondern auch kämpfen kann.
Nach zehn Jahren in der deutschen Politik hat sie mittlerweile auch
viele Freunde und Verbündete gefunden und behalten, nicht nur an
der Basis der CDU.

Auf der Grundlage des christlichen Menschenbildes: Die CDU auf der Suche nach Antworten auf die Fragen der Zukunft

Ein Interview mit Angela Merkel

Zum ersten Mal eine Frau als Vorsitzende der CDU, aus dem Osten, evangelisch, Naturwissenschaftlerin – stellen Sie jetzt die CDU auf den Kopf?

Bestimmt nicht! So mancher, der in den letzten Monaten gehofft hat, durch meine Wahl werde die CDU nach 'links' rücken, wird sehr enttäuscht sein, wenn er feststellt, dass ich eine echte CDU-Frau bin. Nein, im Ernst: Die CDU bleibt die große Volkspartei der Mitte mit einem breiten Spektrum von Mitgliedern und Meinungen, aber mit ganz klaren Grundwerten: sozial, christlich, liberal, konservativ: Das alles gehört zur CDU.

Aber klar ist auch: Die CDU ist noch nicht ausreichend für die neuen Fragen der Zukunft gerüstet. Das Ende des kalten Krieges, die deutsche Einheit, die Europäische Einheit, das Ende der Zeit des aktiven Politikers Helmut Kohl und das Ende des Jahrhunderts, das kommt alles zusammen. Die Politik der CDU ist von der Geschichte in unheimlich vielen Punkten bestätigt worden, ihre Visionen und Vorstellungen haben sich erfüllt – aber diese Legitimation ist vergangenheitsbezogen, sie reicht für die Zukunft nicht aus.

Ich glaube jedoch, dass die CDU eine wichtige Aufgabe in der Zukunft hat: Wir müssen unter freiheitlichen Wettbewerbsbedingungen der Sozialen Marktwirtschaft, die die CDU ja gegen den Kommunismus in ganz Europa durchgesetzt hat, wieder richtungsweisende Ideen für die globalisierte Welt von morgen entwickeln.

Viele CDU-Mitglieder und -Anhänger spüren diese Veränderung, aber noch diffus, ohne sie wirklich erklären zu können. Deshalb muss die neue CDU-Führung diese neue Herausforderung deutlich aussprechen und zusammen mit unseren 640.000 Mitgliedern umsetzen.

Wie formulieren Sie diese Herausforderung?

Die CDU darf stolz sein auf ihre eigenen Erfolge, die untrennbar mit den Namen von Konrad Adenauer, Ludwig Erhard und Helmut Kohl verbunden sein werden, und jetzt müssen wir uns in einer sich sehr stark und schnell verändernden Welt bewähren.

Wir müssen neue Antworten auf neue Fragen finden: Wie sieht eine neue Soziale Marktwirtschaft unter den Bedingungen der Globalisierung aus? Was bedeuten Informationstechnologie und Internet für die Gestaltung unseres Arbeitsrechts, für die Mitbestimmung, die Tarifautonomie und die Höhe der Lohnnebenkosten? Vor welchen Herausforderungen steht eine Gesellschaft mit mehr älteren und weniger jüngeren Menschen? Was bedeutet eine offene Welt für Zuwachs und Integration? Welche Anforderungen gibt es in Zukunft an Ausbildung und Weiterbildung?

Wir haben in der CDU im Gegensartz zur SPD ein Bild vom Menschen, das christliche Menschenbild, und ausgehend davon haben wir ein gutes Gerüst, um diese Fragen zu beantworten.

Was heißt es für Sie, konservativ zu sein?

Das Bewahrenswerte erhalten, vor allem die Schöpfung. Ein Wurzelwerk haben. Nicht dem Zeitgeist hinterherlaufen, ihn aber prägen wollen. Konservativ im guten Sinne heißt auch immer: offen zu sein für Fortschritt, für neue Entwicklungen, für Veränderungen – aber nur auf der Grundlage klarer Werte.

Und was muss sich aus Ihrer Sicht in der CDU ändern?

So wie Helmut Kohl vor einem Vierteljahrhundert aus der CDU der Honoratioren eine wirkliche Mitgliederpartei gemacht hat, so muss sich die CDU heute wieder wandeln: Jetzt müssen wir aus der Mitgliederpartei eine Bürgerpartei machen in Zeiten, wo Bindungen abnehmen – eine Partei, die mitten in der aktiven Bürgergesellschaft steht, die Eigenverantwortung und Subsidiarität in der Gesellschaft stärkt und ein kompetenter Partner für alle ist, die politische Anlie gen haben, ohne sich gleich durch eine Mitgliedschaft an eine politische Partei binden zu wollen.

Nehmen Sie damit Abschied von der Idee der großen Mitglieder- und Volkspartei, wenn jeder mitarbeiten kann und Sie nicht mehr um Mitglieder werben?

Nein, überhaupt nicht. Aber es ist doch illusorisch zu glauben, dass plötzlich dramatisch viele Bürger neu eintreten werden. Wir als CDU müssen stattdessen zu dem viel größeren Kreis gesellschaftlich interessierter Bürger Brücken schlagen – wohl wissend, dass diese meist nicht bereit sein werden, sich in das klassische Parteileben einzuordnen.

Wähler erreichen wir dadurch, dass wir spannend sind und unsere Mitglieder als Bastionen angesehen werden, an die man sich wenden kann, wenn man politisch etwas durchsetzen will. Als Volkspartei, die in allen Parlamenten, von der Ortsebene bis nach Europa, vertreten ist, kann die CDU Rahmenbedingungen auch für gesellschaftlich aktive Bürger bieten, die nicht gleich ihr ganzes Leben politisieren wollen.

Nochmals: Dazu muss die Partei spannend sein und den Eindruck erwecken, dass sie offen für die Probleme der Menschen ist, dass sie aufnahmebereit ist, dass sie auf die Menschen hört, dass sie sich ihren Sorgen stellt und darauf eingeht. Und wer weiß, vielleicht werden manche von denen, die uns zunächst als spannenden Partner kennen lernen, dann auch Mitglied!

Diese Offenheit kann man natürlich nicht befehlen! Wir werden sie nur erreichen, wenn die CDU-Mitglieder wissen, dass wir noch nicht auf alle Fragen unserer Zeit die Antwort kennen.

Wie soll die Öffnung der Partei für Nicht-Mitglieder funktionieren?

Ich möchte, dass diese Partei, die in der Krise aus ihrer Basis heraus eine große Kraft entwickelt hat, ihr Wissen bündelt, dass sie möglichst viele interessante Leute außerhalb der CDU anspricht, die sagen: Da möchten wir auch gern mitdiskutieren.

Niemand muss sich Hals über Kopf und lebenslang zur Parteimitgliedschaft verpflichten. Ich lade jeden ein, sich die CDU einfach einmal anzuschauen oder bei konkreten Projekten mitzuarbeiten: Im Kindergarten, in der Schule, an interessanten Projekten, Partnerschaft Jung – Alt, Umweltschutzaktionen, ohne gleich lebenslang eine Parteibindung einzugehen.

Allerdings kann man als Gast nicht die gleichen Rechte erwarten, wie Mitglieder sie genießen: Die Mitgliedschaft bringt Pflichten, etwa die Beitragspflicht, aber sie bietet natürlich auch mehr Einflussmöglichkeiten, bei der Mitbestimmung, bei Wahlen und bei politischen Richtungsentscheidungen.

Offenheit kann auch schnell zu Beliebigkeit werden ... Laufen Sie nicht Gefahr, dass die CDU in eine ganz andere Richtung schwenkt? Driftet die CDU nach links ab, verabschiedet sie sich von ihren christlichen Wurzeln?

Solche Befürchtungen sind nun völlig unbegründet. Im Gegenteil! Die von mir geforderte Offenheit für die Welt um uns herum setzt für mich ganz klar voraus, dass jedes Parteimitglied ein festes inneres Wertegerüst hat. Wir in der CDU haben klare Grundsätze, zu denen vor allem unser christliches Menschenbild gehört. Wir haben damit einen Kompass, der uns in ethischen, moralischen und grundsätzlichen Fragen auf Kurs hält. Aber – und das ist wichtig – wir haben kein geschlossenes Weltbild!

Die Welt ist spannend geworden, die Welt ändert sich schnell, und die Geschwindigkeit dieser Veränderung hat dramatisch zugenommen. Wir als CDU brauchen davor keine Angst zu haben, wenn wir versuchen, diese Veränderungen über unsere Kontakte in die verschiedenen Bereiche der Gesellschaft mitzubekommen, über unsere Kontakte in die Familien, in die Wirtschaft, die Forschung, die Umweltverbände, die Kultur ...

Damit verlangen Sie viel von Ihrer Partei ...

... aber nicht zu viel, weil die CDU eine sehr dynamische und lebendige Partei ist, die gerade in der Spenden-Krise bewiesen hat, wie viel Kraft und Einsatzwille in ihr steckt! Wenn wir die Bundestagswahl 2002 gewinnen wollen, dürfen wir uns nicht schonen, sondern bis dahin schnell, aber gründlich ein Regierungsprogramm erarbeiten. Und dabei müssen wir aus unseren Fehlern in den letzten Jahren lernen.

Im Augenblick signalisieren wir ganz ehrlich nach außen: Wir wissen, dass wir nicht alles wissen und sind damit offen für Ratschläge. Unser Motto 'Mitten im Leben' trifft das gut. Und wir bekennen auch, dass wir uns in manchen Feldern unsere früher gewohnte Kompetenz neu erarbeiten müssen, zum Beispiel als die Partei der Sozialen Marktwirtschaft für Wirtschaftskompetenz im 21. Jahrhundert.

Als Grundlage des künftigen CDU-Programms nennen auch Sie stets das christliche Menschenbild. Was heißt das für Sie konkret?

Das christliche Menschenbild als unser Leitbild geht von der unteilbaren Würde eines jeden Menschen aus: Jeder Mensch ist einzigartig, jeder unterscheidet sich von anderen. Deshalb sind alle Versuche, die Menschen gleichzumachen, von Anbeginn an Fehlversuche.

Die von Gott gewollte Unterschiedlichkeit, also Vielfalt, müssen und wollen wir respektieren. Die Aufgabe der Politik besteht deshalb nicht darin, Gleichheit zu erzeugen, sondern mit Hilfe gleicher Chancen die Unterschiedlichkeit der einzelnen Menschen und ihre unterschiedlichen Fähigkeiten zu fördern. Unsere Aufgabe ist es – und in unserer sich so schnell ändernden Welt ist das eine schwierige Aufgabe – nicht nur die zu fördern, von denen wir in den gerade modernen und populär erscheinenden Gebieten Höchstleistungen erwarten können, sondern jedem eine Möglichkeit zu bieten, an dieser Gesellschaft teilhaben zu können.

Wer intellektuell stark ist, kommt mit dem derzeitigen Wandel gut zurecht, wer seine Stärken im manuellen oder zwischenmenschlichen Bereich hat, der kann schnell Angst bekommen, untergebuttert zu werden. Deshalb muss die Politik darauf achten, dass alle Menschen in dieser Gesellschaft eine Lobby haben, auch jene, die in der globalen Wirtschaft scheinbar nicht so gebraucht werden.

Was bedeutet der christliche Glaube und das christliche Menschenbild für Sie persönlich bei Ihrer Arbeit?

Ohne das Vertrauen in den christlichen Glauben wären für mich meine täglichen Aufgaben kaum lösbar. Unser Menschenbild mahnt und tröstet uns, dass der Mensch insgesamt nicht perfekt, sondern mit Fehlern behaftet ist. Jeder, auch der politisch Gestaltende macht mit Sicherheit Fehler – den perfekten Menschen gibt es nicht. Mir gibt das eine gewisse Ruhe und Gelassenheit: Ich weiß, dass der Mensch keinen Allmachtsanspruch besitzt, dass auf uns Politikern eben nicht der Druck lastet, dass wir eine makellose, fehler- und sündenfreie Welt gestalten müssen.

Für mich heißt das konkret, mich selbst nicht zu wichtig zu nehmen, mich nicht über andere zu stellen. Und auch die Politik nicht zu wichtig zu nehmen. Es ist gut zu wissen, dass es eine transzendente Größe gibt, bei der wir uns aufgehoben fühlen dürfen.

Das unterscheidet eine Politik auf der Grundlage des christlichen Menschenbildes zum Beispiel klar vom Kommunismus, wo Menschen behauptet haben, es gäbe eine Höherentwicklung der Geschichte nach Gesetzmäßigkeiten, es gäbe immer Menschen, die es bereits besser wissen und die deshalb die Legitimation haben, die Menschen in eine lichte Zukunft zu führen. Dieser Gedanke ist dem christlichen Menschenbild völlig fremd. Ich persönlich empfinde diese Demut aufgrund meiner persönlichen Vorgeschichte als besonders erleichternd.

'Vertrauen wagen' – das war eine der DDR-Kirchentags-Losungen in den achtziger Jahren: Wenn wir auf Christus vertrauen, brauchen wir uns vor der ungewissen Zukunft nicht zu fürchten. Es war ein schwarzes Plakat mit weißen Händen, ich erinnere mich daran noch genau, denn dieser Spruch hing viele Jahre lang in der Küche meiner Berliner Wohnung. Ich habe mich abends, nach der Arbeit in der Akademie der Wissenschaften, nach den täglichen Erfahrungen mit zum Teil offenem, zum Teil subtilem politischen Druck in der DDR oft gefragt: Soll ich wirklich 'Vertrauen wagen', lohnt sich das? Der Kirchentags-Spruch an der Wand war wie eine kleine Spitze, die mich täglich mahnte. Ich habe immer wieder Vertrauen gewagt, und es hat mich lebendig erhalten.

Wenn Sie sagen, Sie könnten sich auch anderen Dingen öffnen – was für eine Tätigkeit könnten Sie sich denn außerhalb der Politik vorstellen?

Als ich gerade Ministerin geworden war, habe ich manchmal gedacht, es wäre schön und erfüllend, Direktorin eines Arbeitsamtes zu sein. Damals hat mich – und das hat sich bis heute nicht verändert – das Schicksal der Arbeitslosen sehr beschäftigt. Ich habe mir vorgestellt, es müsse ein gutes Gefühl sein, abends nach Hause zu fahren und zu wissen, dass man Menschen bei ihrer Suche nach einem Arbeitsplatz konkret hat helfen können. Da hat sicher auch mein eigentlicher Berufswunsch, Lehrerin zu werden, eine große Rolle gespielt – in diesen Beruf durfte ich in der DDR ja wegen meiner kirchlichen Bindung nicht gehen.

Bevor ich CDU-Vorsitzende wurde, hat mich manchmal auch eine imaginäre Sprecher- oder Vermittlerrolle zwischen der Chemieindustrie und der Gesellschaft gereizt. Dieses Spannungsfeld zwischen naturwissenschaftlichen Inhalten, dem Forscherdrang und damit verbundenem möglichen Segen und den ökonomischen Zwängen einerseits, der Fortschrittsskepsis in Teilen der Bevölkerung anderseits – das bietet viele Aufgaben der Gestaltung und Vermittlung. Aber jetzt bin ich erst einmal völlig ausgefüllt mit meiner Aufgabe, die CDU erfolgreich zu führen.

Noch einmal zurück zum christlichen Menschenbild und zum 'C' in der CDU. Welche Rolle spielt das Christliche in der CDU unter Ihrer Führung?

Wir als Christen können für die Fragen nach dem Sinn unseres Lebens Antworten aus unserem Glauben schöpfen. Wir müssen aber realistisch zur Kenntnis nehmen, dass das Christentum als Religion in Deutschland im Augenblick für viele Menschen nicht die Faszination hat, wie es vor dreißig oder fünfzig Jahren der Fall war – gerade im Osten. Trotzdem kann unser klares Bekenntnis zum christlichen Menschenbild in der Politik für viele eine Brücke dafür sein, dass sie erkennen: Religion kann Halt und Antworten geben. Die Politik kann das nicht, vor allem kann die Politik nicht das schaffen, was Menschen für ihr Leben als Wesentliches erwarten: anderen Vertrauen entgegenzubringen und selbst Vertrauen zu erfahren.

Die Politik kann und darf nach meiner Überzeugung nicht so tun, als könne sie die letzten Fragen beantworten. Sie kann aber auf sie hinweisen – eben mit dem Verweis auf das christliche Menschenbild als Grundlage unserer konkreten Politik.

Wo wäre die aktuelle Politik mehr als bisher auf religiöse, ethische Grundlagen angewiesen?

Die Frage nach der Verantwortbarkeit technischen Fortschritts ist auch eine Frage, die die CDU stellen muss – eben nicht aus einer grundsätzlichen Verweigerungshaltung heraus, die uns fremd ist, sondern aus unserer christlichen Verantwortung, aus unserem christlichen

Menschenbild heraus. Diese Diskussion ist sehr wichtig, in Deutschland und weltweit, und es wäre bedauerlich, wenn wir nicht die Motoren dieser Diskussion wären. Zum Beispiel bei der Bioethik, einem Feld, das die CDU bisher sträflich vernachlässigt hat. Die Nachrichten sind voll von den Erfolgen bei der Entschlüsselung des menschlichen Genoms und von Versuchen, Patente auf menschliche Zellen zu bekommen – und wie stehen wir dazu?

Die CDU hat sich in ihrer langen Regierungsverantwortung sehr auf einen Pfad drängen lassen, auf dem wir fast reflexhaftig für jede technische Entwicklung waren. Das ist an sich auch nicht falsch, aber die Frage, ob eine konkrete Entwicklung noch moralisch verantwortbar ist, war in der CDU praktisch gar nicht mehr zugelassen. Das wird sich ändern. Über die Fragen der Kernkraft (für die ich nach wie vor bin), über die Notwendigkeit von gentechnisch erzeugtem Insulin, über Vor- und Nachteile von gentechnisch behandelten Lebensmitteln müssen wir in der Partei offen diskutieren, darüber muss Meinungsbildung stattfinden.

Die Begrenzung der Forschung auf ethisch Verantwortbares – darüber muss intensiv gesprochen werden, in der CDU und in unserer Gesellschaft. Wir müssen unsere Denk-Verbote aus der Regierungszeit abstreifen. Es ist übrigens interessant zu sehen, dass auch einige Grünen aus der Schablone, gegen alles zu sein, herauskommen.

Wie soll die Parteireform konkret aussehen?

Parteireform der CDU bedeutet für mich vor allem: Im Inneren eine spannende Partei mit lebendiger Debattenkultur sein, und nach außen attraktiv und in den entscheidenden Fragen Geschlossenheit demonstrierend. Wir dürfen auf keinen Fall ein 'Closed shop' werden, auch Familienklüngel darf es nicht geben. Die Ortsverbände dürfen sich nicht nur mit sich selbst beschäftigen – die meisten tun das übrigens auch gar nicht, wie unser Ideenwettbewerb zum Erfurter Parteitag 1999 schon eindrucksvoll bewiesen hat.

Wie groß die Dynamik in der CDU ist, haben die Regionalkonferenzen sehr deutlich gezeigt: Dort waren eigentlich nur die Orts- und Kreisvorsitzenden eingeladen. Und sie machten einen sehr lebendigen Eindruck. Viele brachten sogar ihre Mitglieder mit.

Mit den Regionalkonferenzen haben sie letztlich direkt an die Basis appelliert und den Mittelbau der CDU übergangen. Ist das in der föderalen CDU nicht ein riskanter Weg?

In meiner gesamten Arbeit, auch als Landesvorsitzende und Generalsekretärin, habe ich mich immer darauf konzentriert, alle Ebenen der Partei zu erreichen und zum Mitmachen einzuladen. Ich habe dabei nie Schiffbruch erlitten. Zwar gibt es manchmal Skepsis auf der so genannten mittleren Ebene, aber wenn die Dinge dann gut laufen, sind alle schnell überzeugt.

Natürlich gibt es die Sorge, dass dabei in das traditionelle Gefüge unserer Partei eingegriffen wird. Das ist bei einer so dezidiert föderalen Partei wie der CDU auch ein berechtigtes Anliegen, und auch ich habe diesen Argwohn bereits zu spüren bekommen, etwa, als ich als Vorsitzende meinen Spendenbrief an alle Mitglieder geschrieben habe. Da war mancher Kreisvorsitzende verärgert und hat gefragt: 'Was mischen die sich jetzt in unsere Dinge ein?' Die Mitglieder haben das übrigens im Großen und Ganzen anders gesehen und mehr als fünf Millionen Mark gespendet.

Also doch wieder eine Partei, in der sich alles um die Vorsitzende dreht?

Nein! Die Bundespartei hat noch nie die unmittelbare Meinung der Basis in einer so geballten Wahrnehmung erfahren wie in den Monaten unserer Krise und danach! Und dabei hat sich übrigens gezeigt, dass die CDU selbst in einer Krise eine absolut vorzeigbare Partei ist. Der schnelle Aufschwung der CDU in der öffentlichen Meinung zeigt, dass diese Demonstration unserer Lebendigkeit einen unglaublichen Eindruck auf die Menschen in Deutschland gemacht hat. Wenn wir diese Lebendigkeit noch besser und kontinuierlich nach außen zeigen können, dann werden wir ein sehr breit verwobenes Netz in Deutschland aufbauen können.

Nein, diese Regionalkonferenzen waren nicht nur ein einmaliges Ereignis, das nur aus der Tasche gezogen wurde, weil die große Krise drohte! Ich habe auch nicht die geringste Ängstlichkeit, dass auf solchen Konferenzen etwas 'Falsches' gesagt werden könnte: Natürlich sagt mal einer dies und der andere jenes, aber das mittelt sich vollkommen aus, und insgesamt sagen sie alle etwas Interessantes, und der Öffentlichkeit wird deutlich, dass sie alle gerne CDU-

Mitglieder sind. Wir werden diese Regionalkonferenzen zu spannenden Sachthemen schon bald wieder aufgreifen. Ich denke, dass wir über die Frage der europäischen Harmonisierung des Asylrechts und der Regelung der Zuwanderung auf fünf oder sechs Regionalkonferenzen offen und breit diskutieren werden. Diese Rückkopplung zwischen Basis und der Bundespartei beflügelt alle, aber klar ist auch: Die Entscheidung fällt dann in den gewählten Gremien.

Können sich die CDU-Gremien nicht über die Meinung der Basis hinwegsetzen?

Einer breiten Meinungsbildung wie in Regionalkonferenzen können sich Funktionsträger in einer demokratischen Partei gar nicht entziehen: Entweder beeinflussen sie die Meinungsbildung selbst in ihrem Sinne auf den Regionalkonferenzen und finden damit Zustimmung – oder die Leute an der Basis haben vernünftige Gedanken und müssen als Bereicherung der Meinungsbildung akzeptiert werden.

Und welche Rolle wollen Sie und Ihr Präsidium künftig spielen?

Die Bedeutung der Bundesebene wird künftig mit Sicherheit nicht kleiner werden, auf der anderen Seite passe ich ganz genau auf, dass wir keine zentralisierte Partei werden – denn das will ich auf keinen Fall.

Aber es ist doch klar: Die heutige Mediengesellschaft lenkt die Wahrnehmung des einzelnen Mitglieds viel mehr als früher auf Bundespolitik, auf die Bundespartei. Selbst Kommunalwahlen sind heute viel stärker vom Wohl und Wehe der Bundespartei abhängig als noch vor zwei, drei Jahren. Wir müssen ganz realisisch sehen: Das Gesamtbild der Partei entscheidet, die CDU muss vom Ortsverband bis zum Konrad-Adenauer-Haus des Bundesverbandes den gleichen Wiedererkennungswert, die gleiche 'Corporate Identity', haben. Und die Menschen wollen die Hauptmatadore sehen! Das ist ein Bedürfnis der Basis, wie die Regionalkonferenzen gezeigt haben: Der Wunsch, als einfaches Mitglied mit denen in Kontakt zu kommen, die man abends im Fernsehen sieht, ist natürlich groß!

Sie fordern von ihrer neuen CDU, dass die Politiker eine andere Sprache sprechen, dass sie klare und nachvollziehbare Antworten geben. Das sagt sich als neu gewählte Vorsitzende natürlich leicht – und in wenigen Monaten sind die guten Vorsätze dann vergessen ...

Na, ich bin ja nun nicht heute den ersten Tag da! Immerhin bin ich schon zehn Jahre in der Politik und drücke mich offenbar immer noch so aus, dass man mir zuhören kann. Aber ich gebe zu: Die Versuchung ist natürlich stark, die Gefahr ist groß, dass man in die ritualisierte Sprache der politischen Floskeln verfällt.

Außerdem wünsche ich mir eine neue Kultur des Umgangs. Mein prägendes Erlebnis aus der früheren DDR ist, dass bei jeder Auseinandersetzung um eine Sache immer gleich in Gut und Böse eingeteilt wurde. Das möchte ich verhindern. Das heißt nicht, dass es nicht zum Schluss Mehrheitsentscheidungen gibt und dass man die dann mitträgt. Aber in der Sache muss man streiten können, ohne sich gegenseitig unlautere Motive vorzuwerfen.

Was kritisieren Sie genau an der traditionellen Sprache der Politiker?

Dass wir Begriffe verwenden, die viele der Menschen überhaupt nicht mehr verstehen können. Nehmen Sie die Europapolitik, die für uns und unser Land von großer Bedeutung ist und die mir sehr am Herzen liegt: Zwei Drittel aller Dinge, die über Europäische Einigung gesagt werden, sind für Menschen, die sich nicht den ganzen Tag mit Politik befassen, unverständlich: Was ist denn die Regierungskonferenz, wer ist Mr. GASP, was bedeutet die 'Vertiefung der EU'? Oder nehmen sie nur die Worte 'Herausforderung' und 'Gestaltung' – wie oft kommen die, auch bei mir, in der Politik vor – und wie selten benutzen wir sie in unserem Alltagsleben? Es ist extrem schwer, das eigene Wollen in der Politik in eine Sprache zu kleiden, die man auch im normalen Leben verwendet. Aber darum will ich mich weiterhin bemühen!

Wir müssen es schaffen, dass wir in einfachen Worten sagen können, was wir wollen, dass wir an die Lebenswirklichkeit der Menschen anknüpfen; also an das, was jeder Mensch jeden Tag erlebt.

Warum ist Ihnen das so wichtig, dass sie das auf der ersten Klausurtagung des neuen CDU-Präsidiums ausdrücklich beschlossen haben?

Weil ich die Menschen mit unseren Ideen und Konzepten erreichen will, um eine politische Diskussion anzustoßen. Der eigentliche Knackpunkt ist doch, dass wir Lösungen nur finden können, wenn wir die Probleme genau kennen – und dazu müssen wir wissen, wo die Bürger ihren eigenen Ausgangspunkt haben, wo der Schuh genau drückt. Nehmen sie das Beispiel Schule: Ich ahne, wie das Befinden von Eltern mit Kindern heute ist, und dass die Lehrer oft zu Recht verzweifelt sind. Aber ich persönlich weiß noch zu wenig aus erster Hand davon, und ich glaube, dass wir mit unserer Politik weit an der Wirklichkeit vorbeigehen werden, wenn wir nicht mit allen, mit Eltern, Schülern und Lehrern zusammenkommen und die Probleme in einer gemeinsamen Sprache beschreiben.

Wir können uns ganz bestimmt zwei Drittel unserer Reden sparen, wenn wir nicht den rechten Ansatz finden und die Menschen mitnehmen, mitreißen – wenn sie nicht spüren, dass wir wissen, was sie meinen und denken. Das meine ich, wenn ich sage, dass die CDU einen andere Sprache sprechen muss! Wir müssen die Menschen verstehen, und wir müssen klare und für alle Generationen nachvollziehbare Antworten geben.

Da haben Sie ja einiges vor ...

Natürlich! Ich frage mich beispielsweise, wie wir unsere eingefahrenen Methoden ändern müssen, um gute Argumente an unsere Mitglieder weiterzugeben. Bisher wird das alles traditionell in gedruckter Form verschickt – aber heute wird kaum noch gelesen, und über das Lesen werden auch kaum noch Gedankenänderungen vollzogen.

Warum müssen wir uns mit dem Thema Einwanderung und Integration beschäftigen? Meine guten Argumente dafür kann ich der CDU-Basis ganz sicher nicht mit einem zweiseitigen Brief an die Kreisverbände 'rüberbringen'. Deshalb will ich mich nicht nur der Herausforderung des Internets, sondern auch des Fernseh-Zeitalters stellen. Vielleicht kann man zu jedem wichtigen Thema Videos mit Argumenten ins Internet stellen, die in den Ortsverbänden helfen, in eine sachkundige Debatte einzuführen, mit Rede und Gegenrede. Genauso kann man an die Themen gleichgeschlechtliche Lebensgemeinschaften, Gesundheit und Rente denken. Wir können so kritische Fragen offensiv aufnehmen und von Fachleuten auch außerhalb unserer Partei beantworten lassen. Das eröffnet einen geistigen Prozess, wie er in der traditionellen Parteiarbeit nicht denkbar wäre.

Sie wollen 2002 die Bundestagswahl gewinnen. Was ist da Ihre größte Herausforderung?

Unser größter Feind ist, ehrlich gesagt, dass manche glauben, wir könnten die Wahl 2002 sowieso nicht gewinnen, wir seien zu vielen Jahren der Opposition verdammt. Ich bin da völlig anderer Ansicht: Die Leistung der rot-grünen Bundesregierung ist wirklich nicht überzeugend. Und wenn wir ein überzeugendes Regierungsprogramm erarbeiten und hart an uns arbeiten, haben wir eine gute Chance, wieder stärkste Partei zu werden, und dann geht kein Weg an uns vorbei! Wer sagt denn, dass eine Bundesregierung immer gleich Jahrzehnte im Amt bleibt? Ohne die Deutsche Einheit hätte auch Helmut Kohl wahrscheinlich nur acht Jahre lang regiert. Heute geht alles schneller, deshalb kann man Rot-Grün bestimmt nach vier Jahren ablösen. Und wenn die CDU stark wird, habe ich auch keine Sorge um einen Koalitionspartner.

Was heißt das: Wir müssen hart an uns arbeiten?

Mit reiner Kritik und ohne gute, eigene Programme wird das nicht gehen. Die CDU muss in allen wichtigen Feldern konkret beantworten: Was ist unsere Tagesordnung für das 21. Jahrhundert? Mit neuen Personen wird ja nicht automatisch Sachkompetenz verknüpft.

So, wie ich vielen Menschen vermitteln muss, dass ich für die Soziale Marktwirtschaft stehe und gegen den Kommunismus bin, dass auch ich mir vorstellen kann, dass Asylrecht in den Verfahrenswegen zu verschärfen und dass ich auch für Subsidiarität im geeinten Europa bin – genauso muss die CDU ihre Programmatik noch einmal neu begründen und darf nichts als bekannt und selbstverständlich voraussetzen. Das ist ja auch eine Chance für die Partei, weil man über manches noch einmal nachdenkt.

In einer vielgestaltigen Welt müssen wir vielfältiger diskutieren. Auch das müssen wir lernen, und das meine ich, wenn ich sage, unsere CDU soll sich öffnen. An unseren klaren Grundwerten ändert sich nichts, die haben bei der CDU eine sicher Zukunft.

Grundwerte und neue Konzepte: Angela Merkel will die Bundestagswahl 2002 gewinnen

Kohl – Schäuble – Merkel. Innerhalb von 18 Monaten hat sich die CDU zweimal an neue Vorsitzende gewöhnen müssen. Die Nachfolge Kohls als Folge der verlorenen Bundestagswahl 1998 war unspektakulär, ja zwangsläufig. Und dennoch hat sich die Partei nie richtig für den ewigen Kronprinzen Wolfgang Schäuble erwärmen können. Er ist immer ein intellektueller Überflieger in der Fraktion und in der Regierung gewesen – keiner, der sich in Parteiämtern über alle Ebenen hochgedient und mit der Parteibasis denken gelernt hat. Und obwohl Schäuble sich doch in fast allen Facetten seines Typs von Kohl unterscheidet, konnte er nur ein Vorsitzender des Übergangs sein. Ein Übergang freilich, der viele Jahre hätte dauern können, Jahre in der Opposition. Von einer derart prägenden Gestalt wie Kohl kann eine Partei sich unter normalen Umständen nicht innerhalb von Monaten lösen.

Es war die Chance, die in der Katastrophe der CDU-Spendenaffäre lag, dass der CDU die Abnabelung von Kohl schnell möglich wurde – und damit ein Neuanfang, mag er auch durch Nachwehen schmerzhaft bleiben. Noch ist nicht entschieden, ob er wirklich gelang, dieser Spagat zwischen der Anerkennung von Kohls großen Leistungen und der Distanzierung von seinen Fehlern. Merkel hat es sich zur Aufgabe gemacht, diese schwierige, aber für die Zukunft der Partei so wichtige Aufgabe zu lösen.

Es war Angela Merkel, die nach der Brüskierung der Partei durch Kohls Fernsehinterviews als Erste erkannte, dass die CDU sich von dem uneinsichtigen Sünder als Vaterfigur emanzipieren und frei-schwimmen muss. Ohne den Stab über Kohl zu brechen, musste die CDU lernen, ihren eigenen Weg zu gehen. Der erste Schritt auf die-sem Weg hieß: "Aufklärung aus eigener Kraft – um Glaubwürdigkeit zurückzugewinnen." Nicht: schweigen und vertuschen. Die nächsten Schritte müssen jetzt heißen: Die neue CDU muss selbst ihre The-men, ihre Richtung und ihre Programmatik bestimmen können.

Merkels entscheidender Schritt, der nicht mit Schäuble abgespro-chene 'FAZ'-Artikel vom 22. Dezember 1999, war mutig – und hätte ein Grund für ihre Entlassung beziehungsweise Abwahl auf einem Kleinen Parteitag sein können. Andererseits wusste Merkel, dass Schäuble ihr für den Artikel nicht sein Einverständnis gegeben hätte und als jahrelanger enger Mitarbeiter Kohls wohl auch innerlich kaum konnte.

Dennoch war Merkel davon überzeugt, dass dieser Schritt der Los-lösung von Kohl nötig war.

Über ihre inneren Kämpfe in jenen Tagen gibt Merkel keine Aus-kunft, doch wer sie in der Pressekonferenz nach der Präsidiumssit-zung an jenem Dezembertag in Bonn erlebt hat, wer mit ihr in den folgenden Tagen, als der Widerstand und die Wut der Kohl-Anhän-ger öffentlich über sie hereinbrach, gesprochen hat, der erahnt, was sich damals in ihr abgespielt haben mag. An ihrer Haltung gegen-über ihrem Vorsitzenden gab es jedoch keinen Zweifel. Hans-Peter Repnik, einer seiner engsten Vertrauten, sagt: 'Sie hat an ihrer Loya-lität zu Schäuble nie einen Zweifel bei mir aufkommen lassen. Der FAZ-Artikel – das war der einzige, wirklich einzige Punkt, der nicht zwischen den beiden abgesprochen war. Aber das hat ihr Vertrauens-verhältnis nicht nachhaltig belastet. Ich habe nach intensiven Gesprä-chen nicht den Hauch eines Zweifels: Sie hat stets im Sinne der Sa-che und in großer Loyalität zu Schäuble und zur Partei gehandelt.'

In kritischen Situationen wie dieser zeigt sich Merkel konzentriert, überlegend, rational. Bevor sie losrennt, hat sie nicht nur den nächs-ten Schritt im Blick, sondern versucht, die Dinge "vom Ende her" zu denken: Was sollte das Ergebnis sein, wie kann man es erreichen? Unbequeme Schritte geht sie im Gegensatz zu Schönwetterpolitikern auch dann, wenn der Erfolg unwahrscheinlich ist: Die Siegesaussicht bei ihrer Kandidatur 1991 in Brandenburg war ähnlich gering wie die Überlebenschance als Aufklärerin gegen das Erbe Kohls 1999/2000.

"Politische Führung bedeutet, einen Schritt zu gehen, auch wenn er wehtut." Als sie zum Jahresende 1999 ihre politischen Überlebenschancen selbst nur noch auf 40 zu 60 einschätzt, sagt sie: "Selbst wenn ich gescheitert wäre: Ich musste es aussprechen, ich musste Flagge zeigen. Und was hätte mir passieren können? Vielleicht wäre ich keine Generalsekretärin mehr gewesen. Aber ich war mit mir im Reinen."

Schon drei Wochen später wollte dann niemand mehr daran erinnert werden, dass Merkels Stuhl wegen dieses Artikels massiv gewackelt hatte – die Partei hat, wie Christian Wulff es voraussagte, Merkels Argumentation verstanden und sie sich zu Eigen gemacht. Am 18. Januar 2000 wurde Kohl zum Ruhenlassen seines Amtes als Ehrenvorsitzender aufgefordert. Sechs Wochen später war Merkel Hoffnungsträgerin einer neuen CDU, wieder sechs Wochen später als erste Frau und erste Ostdeutsche Vorsitzende einer deutschen Volkspartei.

Fügung, Zufall, Glück? Oder zeigen sich hier Züge in der Persönlichkeit der norddeutschen Physikerin, die auch in früheren Jahren bereits angeklungen sind? Lässt sich aus der Vergangenheit der Angela Merkel der Politikstil der Herausforderin Gerhard Schröders und einer möglichen ersten Bundeskanzlerin erahnen?

'Wer sich nicht in Gefahr begibt, kommt darin um.' Peter Hintze, der Merkel als einer der ersten 'Bonner' genauer kennen lernte, erinnert Merkels mutige Führung in der Spendenkrise an diesen Satz Ernst Blochs: 'Eine Erfolgsgarantie ist mit diesem Rat allerdings nicht verbunden', warnt er zugleich.

Doch Merkel will keine Garantien. "Eigenverantwortung" und klare Grundwerte sind die Melodie, die sie in der CDU wieder zur tragenden Stimme machen will: Die Abiturientin Angela, die es mit ihren SED-Lehrern aufnimmt – weil an Christian Morgenstern-Gedichten doch nichts Schlechtes sein kann. Die Studentin, die das begrenzte Risiko des illegalen Trampens durch die Sowjetunion eingeht – weil sie das Land kennenlernen will. Die Diplomantin, die die Stasi-Offiziere auf dem Flur abblitzen lässt – weil sie klare Grundsätze hat. Die Partei-Angestellte, die wenige Tage vor der Volkskammerwahl die ehrliche Aufklärung der Stasi-Vorwürfe gegen den Parteivorsitzenden Schnur fordert – weil sie die Wähler nicht belügen will. Die Umweltministerin, die einen mächtigen Staatssekretär entlässt – um die Leitlinien der Politik selbst bestimmen. Die Landesvorsitzende in Mecklenburg-Vorpommern, die in die Höhle der SPD-Löwen marschiert – um eine SPD/PDS-Koalition zu verhindern. Die Ministerin, die Castor-Transporte gegen den Widerstand der Straße durchsetzt – "weil ich nach Recht und Gesetz dazu verpflichtet bin". Die Generalsekretärin, die den Bruch mit dem Ehrenvorsitzenden wagt – um ihre Partei aus der Umklammerung der Vergangenheit zu befreien und ihr eine Zukunft zu geben.

Merkel sucht nicht den Konflikt, schon gar nicht den öffentlichen. Lieber lässt sie sich als führungsschwach beschreiben, als dass sie über Vier-Augen-Gespräche zur Konfliktbereinigung tratscht.

Moderation, Kompromiss sind ihr wesentlich lieber als Konflikt. Da scheint sie Bundeskanzler Gerhard Schröder zu ähneln: Im Kampf um die Mitte, bei der Ablehnung platter Konfrontation, bei der Suche nach Konsens. Die Übereinstimmung ist aber nur scheinbar. Schröder sucht den Konsens zum Machterhalt, weil er Konflikte vermeiden will. Merkel ist auch auf der Suche nach Konsens, aber nicht um den Preis der Aufgabe von Grundsätzen. Wenn Merkel nach gründlicher Überlegung zu dem Schluss kommt, dass Grundsätze in Gefahr sind, dass Konflikt notwendig ist, dann schlägt sie zu: 'Sie ist durchaus auch angriffslustig und fragt auch nicht lange nach, wenn sie entschlossen ist', beobachtet Annette Schavan, Kultusministerin in Baden-Württemberg und eine ihrer Stellvertreterinnen im CDU-Bundesvorstand. 'Es geht Angela Merkel um Klarheit – und damit hat sie Recht. Die Menschen sind das Herumgerede leid. Sie wollen heute Klartext hören.'

Klartext – aber worüber? Wofür steht die Frau mit der Blitzkarriere eigentlich programmatisch? Welches Thema wird mit ihrer Person verbunden? Merkwürdig: Merkel, der Blitzaufsteigerin und Herausforderin, wird die Frage immer wieder gestellt – bei Amtsinhabern ist das kein Thema. Weiß jemand, wofür Gerhard Schröder wirklich steht, bei der Rente, bei der Steuerreform, bei der EU-Erweiterung? Und wofür stand Helmut Kohl, etwa in der Abtreibungsdebatte? Hat nicht selbst dieser überzeugte Europäer in den letzten Monaten seiner Amtszeit wüste Drohungen gegen 'Brüssel' ausgestoßen?

Angela Merkel ist jeweils vier Jahre Frauenministerin und Umweltministerin gewesen, dann ein Jahr lang Generalsekretärin – zu kurz, um sich dabei markant im Fernsehgedächnis der Nation einzuprägen, wenn man oberflächliche Show-Effekte so sehr ablehnt wie sie. Wirklich bekannt geworden ist sie in den drei, vier Monaten des Spendenskandals als Krisenmanagerin in der Glaubwürdigkeitskrise der CDU.

Mut, Ehrlichkeit und Durchsetzungsfähigkeit hat sie darin bewiesen, weibliche Intuition ebenso wie berechnende Intelligenz. Sie hat sich zurückgenommen, geschwiegen bis an die Grenze der Leidensfähigkeit: "Wir haben jede Menge Fehler vermieden, die wir hätten machen können. Wenn ich Krach gewollt hätte, hätte ich viele Anlässe dazu gehabt. Dann hätte es hellauf gebrannt", rutscht ihr dazu heraus. Aber sie will keinen Flächenbrand in der CDU, sie will die nächste Bundestagswahl gewinnen. Dazu gehört auch innerparteiliche Disziplin, und die Vorsitzende muss mit gutem Beispiel vorangehen.

'Man wird sich an diesen neuen Typ Frau gewöhnen dürfen: Nach außen verbindlich, nach innen kämpferisch, in der Summe beides', sagt Alice Schwarzer über die CDU-Parteivorsitzende Angela Merkel. Kann man mit den Tugenden und Fähigkeiten, die die CDU in ihrer existenziellen Krise gerettet haben, auch in normalen Zeiten eine Partei führen? Kann man damit Bundeskanzler werden? Mut, Ehrlichkeit und Durchsetzungsfähigkeit: Merkels hohe Werte in den Meinungsumfragen beweisen, dass diese Kompetenzen nur wenige Politiker in Deutschland vorweisen können.

Verbunden ihren christdemokratischen Grundsätzen steht sie in einem markanten Gegensatz zur postmodernen Beliebigkeit eines Gerhard Schröder und eines Joschka Fischer. Merkel redet nicht viel darüber und als Norddeutsche auch nicht so laut, wie man es in Süddeutschland erwartet – aber tatsächlich denkt die angeblich 'naive Ostdeutsche' viel strategischer, viel grundsätzlicher, auch mehr an Grundsätzen orientiert als viele ihrer westdeutschen Parteifreunde.

"Meine Aufgabe ist es, Meinungen zu bündeln, ich spreche ja nicht nur für Angela Merkel", definiert sie ihre Rolle als Vorsitzende der Volkspartei CDU. Sie nimmt ihre eigene Meinung weit zurück, weil sie die innerparteiliche Diskussion, unter Kohl fast völlig verkümmert, herausfordern will. Sie kann aber auch knallhart die Richtung vorgeben – etwa, wenn es um die Frage Helmut Kohl geht, den sie trotz aller Widerstände in der Partei mit Respekt in seine Grenzen verweist, damit die Partei nicht zum Sklaven seiner Vergangenheit wird.

Anders als Zeitgeistsurfer, Aussitzer und Machtmenschen lässt sie es mit dem Bündeln von Meinungen nicht bewenden. Die Aufsteigerin will nicht 'nur' an die Macht, sie will etwas verändern. 35 Jahre Leben in der DDR haben zu einem Hunger nach Verbesserungen geführt. Merkel will ihren Machtanspruch inhaltlich beweisen.

Wie früher als Regierungssprecherin Lothar de Maizières, wie als Ministerin, so arbeitet sie sich als Vorsitzende tief in aktuelle Probleme ein, in ihrem Fleiß beim Aktenstudium vergleichbar nur mit dem CSU-Vorsitzenden Edmund Stoiber. So wie sie sich als Ministerin in die Details der Kernkraft hineingefuchst hat, erarbeitet sie sich seit ihrer Wahl Detailwissen, um über die Zukunft der Sozialen Marktwirtschaft, bei der Rentenreform und bei der Osterweiterung der EU fachkundig mitentscheiden zu können – Themen, die sie für die CDU für wichtig hält. Dazu kommen die Frage des Forschungsstandortes Deutschland und die ethisch-moralischen Herausforderungen in der Gentechnik. Dort will sie kräftig forschen, aber nicht im Schöpfungsplan herumpfuschen lassen: "Die Bibel fordert den Menschen auf, sich die Erde untertan zu machen – aber in Ehrfurcht vor Gott und seiner Schöpfung".

Weil Merkel nicht wie Kohl als Parteivorsitzender alles und alle überstrahlt, hat die Partei CDU eine Chance, jetzt selbst ihre programmatische Position zu klären und neu zu definieren. 'In der CDU gab es viel Paternalismus. Da wussten immer wenige, was für alle anderen gut ist', sagt Annette Schavan. 'Das hat verhindert, dass sich die CDU programmatisch ausreichend weiterentwickelt hat. Merkels Wahl ist verbunden mit einer neuen Phase programmatischer Weiterentwicklung und der Selbstvergewisserung über Grundsätze und Grundwerte im Blick auf die Herausforderungen im 21. Jahrhundert.'

Da ist es gut, dass Merkel auf Menschen zugehen kann, dass sie eine Team-Arbeiterin ist, dass sie das Gespräch, die Beratung, den intellektuellen Disput sucht. Um sich dann entscheiden zu können: "Was ich sage, dass soll zu Ende gedacht sein. Morgen sage ich nichts anderes, wie das bei Schröder üblich ist."

Merkel kommt in diesem Prozess ihre naturwissenschaftliche Ausbildung und das klare Entscheidungsraster dieser Disziplin zugute: Ohne präzise Fragestellung kann ein naturwissenschaftliches Experiment keine befriedigenden Ergebnisse erbringen. Juristisches Finessieren liegt ihr deshalb nicht, "der Zweck heiligt niemals die Mittel." Viele erstaunt das. Doch das Unerwartete folgt aus ihrem Prinzip, Dinge vom Ende her zu denken.

Wie schnell sie auf neuem Terrain die Fachleute beeindrucken kann, hat sie achtzig Tage nach ihrer Wahl mit einer Rede auf der Jahrestagung des Bundesverbandes der Deutschen Industrie (BDI) bewiesen. Hans Barbier urteilte über ihren Auftritt in der 'FAZ: 'Was sie ... sagte, ... ist geeignet, die CDU in eine Reform ihrer Sozialen Marktwirtschaft zu führen ... Und wenn nicht alles täuscht, dann ist Frau Merkel entschlossen, Begabung zur Politik nicht mit der Leichtigkeit des Durchwurstelns zu verwechseln ... Das Bestehen auf den Ordnungsprinzipien der Ordnungspolitik aus dem Geiste des Wettbewerbs wird nicht nur den Bürgern, sondern auch der CDU gut bekommen.'

Merkels Grundsatzstärke und ihr Drang zur Nachhaltigkeit sind zugleich auch ihre größte Schwäche: Sie ist überhaupt nicht populistisch. Ihre Natürlichkeit, ihre Offenheit und ihr fröhliches Wesen kommen gut 'an', doch sie tut sich schwer, fernsehwirksam Entrüstung zu heucheln, wenn sie nicht ganz dahintersteht. Bei der doppelte Staatsbürgerschaft und bei der Ökosteuer hat sie lange, viel zu lange gezögert, bevor sie auf die Welle der öffentlichen Empörung aufgesprungen ist – statt sie sofort parteitaktisch auszubeuten. Aber Merkel wäre nicht die Erfolgsfrau, wenn sie ihre Fehler nicht analysiert und sich Besserung geschworen hätte. Zuspitzungen ohne Substanz, nur um einiger Schlagzeilen willen, werden aber wohl auch künftig kaum bei ihr zu erwarten sein.

Die in ihrer neuen Rolle notwendige wählerwirksame und schnelle Empörung hat sie erstmals dezent beim Thema gleichgeschlechtlicher Lebensgemeinschaften praktiziert: Ein klares Bekenntnis zu den unverrückbaren CDU-Grundfesten Ehe und Familie, dazu öffentlicher Schulterschluss mit den Kirchen zur Verteidigung dieser gesellschaftlichen Werte, dazu markante Protestaktionen. Und die Mobilisierung der Basis mit Regionalkonferenzen, um diese Meinung in die Bevölkerung auszustrahlen.

Merkel hat die Bundestagswahl 2002 fest im Auge: Bis dahin darf die CDU nicht mehr mit dem Thema 'Helmut Kohls schwarze Millionenspenden' erpressbar sein, bis dahin muss die CDU inhaltlich politisch erneuert sein und vor allem in den wichtigen Kompetenzfeldern Wirtschaft, Bildung, Einwanderung und innere Sicherheit überzeugen können. Den rechten Flügel der Union integrieren, die Mitte zurückerobern, kompetent sein auch für Menschen, die keine klassischen CDU-Wähler sind.

Angela Merkel will die Wahl 2002 gewinnen. Dass manche, die sie noch im Krisen-Frühjahr 2000 als Retterin hochgejubelt haben, schnell nach ihrer Wahl enttäuscht fragen, wo denn der geniale neue Wurf bleibe, ficht sie nicht an. Sie lässt sich nicht scheuchen, nicht von Medien nervös machen. 'Merkel gehört zu den wenigen, die ihre Persönlichkeit in der Politik bewahren konnten', sagt Ehrhart Neubert dazu. Auch Eckhard Fuhr kommt in der 'FAZ' zum Schluss, sie sei die 'undressierte Frau' in der deutschen Politik. Alice Schwarzer spricht von der 'sympathischen Spanne von Moral bis Verstand' und forderte sie bereits im März 2000 im 'Focus' zur Kanzlerkandidatur auf: 'Dann muss nicht nur Schröder sich warm anziehen.'

Merkel geht ihren Weg, wie ihn ihr innerer Kompass vorgibt: "Meine Anfänge in neuen Funktionen geraten immer etwas tapsig und vielen zu langsam. Aber dann kommt es schon. Ich halte es mit der Vorstandsvorsitzenden von Hewlett Packard, Carly Fiorina: 'Erst einen guten Plan machen und diesen dann schnell verwirklichen.'

Lebenslauf
Dr. rer. nat. Angela Dorothea Merkel

17. Juli 1954
Als ältestes Kind des Theologiestudenten Horst Kasner und der Lehrerin Herlind Kasner, geborene Jentzsch, in Hamburg geboren.

Herbst 1954
Umzug der Familie nach Quitzow bei Perleberg (Prignitz/Brandenburg), der Vater tritt dort seine erste Pfarrstelle an.

1957
Versetzung des Vaters in das Seminar für kirchlichen Dienst (später Pastoralkolleg) Waldhof bei Templin.

1972
Wegen einer 'anti-sozialistischen' Kulturstunde wird sie fast der Schule verwiesen.

1973
Abitur in Templin, Physikstudium in Leipzig.

1977
Heirat mit Ulrich Merkel.

1978
Diplomexamen im Fach Physik, anschließend wissenschaftliche Mitarbeiterin in der Akademie der Wissenschaften am Zentralinstitut für physikalische Chemie in Berlin und Arbeit an der Promotion. Später kurzzeitig FDJ-Kultursekretärin.

1981
Trennung von Ulrich Merkel, die Ehe wird 1982 kinderlos geschieden.

1986
Promotion über 'Die Berechnung von Geschwindigkeitskonstanten von Elementarreaktionen am Beispiel einfacher Kohlenwasserstoffe' zum Dr. rer. nat.

1986
Feststellung des DDR-Staatssicherheitsdienstes in ihrer Akte: 'Politisch-ideo-logische Diversion: Sie steht unserem Staat sehr kritisch gegenüber ... fasst die Führungsrolle der Sowjetunion als die eines Diktators auf ...'

Dezember 1989
Eintritt in den 'Demokratischen Aufbruch' (DA).

1. Februar 1990
Angestellte in der Geschäftsstelle des 'Demokratischen Aufbruchs' (DA) im 'Haus der Demokratie' in Ost-Berlin als 'Mädchen für alles', von der zweiten Woche an als 'Pressesprecherin' des DA.

12. April 1990
In der ersten frei gewählten DDR-Regierung unter Ministerpräsident Lothar de Maizière wird sie stellvertretende Regierungssprecherin und damit Mit-glied des Ministerrates (Vereidigung wegen eines Auslandaufenthaltes erst einige Tage später).

August 1990
Durch Auflösung des DA Übertritt in die CDU der DDR, die sich am 2. Okto-ber 1989 mit der CDU Deutschlands vereinigt.

September 1990
Gegen zwei Mitbewerber aus dem Westen gelingt ihr die Nominierung als Direktkandidatin der CDU im Bundestagswahlkreis 267 (Rügen/Stralsund/Grimmen) in Vorpommern.

3. Oktober 1990
Mit der deutschen Einheit endet ihre Tätigkeit im DDR-Ministerrat. Sie wird vorübergehend Referentin im Bundespresseamt.

November 1989
Einladung zu einem 'Kennenlern'-Gespräch bei Bundeskanzler Helmut Kohl.

2. Dezember 1990
Bei der ersten gesamtdeutschen Bundestagswahl gewinnt sie ihren Wahl-kreis mit 48,6 Prozent der Stimmen direkt und ist damit Mitglied des Deut-schen Bundestages.

18. Januar 1991:
Angela Merkel wird als Bundesministerin für Frauen und Jugend vereidigt.

23. November 1991
Angela Merkel tritt als Kandidatin für den Landesvorsitz der CDU Branden-
burg gegen den Favoriten Ulf Fink an, unterliegt aber mit 67 gegen 121
Stimmen gegen ihn.

Dezember 1991
Wahl zur stellvertretenden Bundesvorsitzenden der CDU.

September 1992
Wahl zur Vorsitzenden des Evangelischen Arbeitskreises der CDU (bis Oktober 1993).

Juni 1993
Wahl zur Landesvorsitzenden der CDU in Mecklenburg-Vorpommern.

1.September 1994
Das Gleichberechtigungsgesetz tritt in Kraft. Es verbessert die Vereinbar-
keit von Familie und Beruf im öffentlichen Dienst, schützt Opfer sexueller
Belästigung am Arbeitsplatz und fordert eine ausgewogene Besetzung öffentlicher Gremien.

17. November 1994
Ernennung zur Bundesministerin für Umwelt, Naturschutz und Reaktor-
sicherheit.

Januar 1995
Die neue Bundesumweltministerin Merkel versetzt den Staatssekretär Clemens Stroetmann in den einstweiligen Ruhestand.

März/April 1995
Als Präsidentin des Klimagipfeltreffens der Vereinten Nationen in Berlin (etwa
1.000 Delegierte aus 130 Staaten) verhandelt sie gegen harte Widerstände
das 'Berliner Protokoll' zur Reduzierung von Treibhausgasen.

Frühjahr 1995
Im Konflikt mit der SPD/Grünen-Landesregierung von Niedersachsen um
Castor-Transporte nach Gorleben pocht sie auf Erfüllung der Gesetze.

1997
Merkels Buch: 'Preis des Überlebens', ein Dialog mit vielen Akteuren des
Umweltschutzes, erscheint.

Mai 1998

Im Skandal um Grenzwertüberschreitungen bei Castor-Behältern aus Frankreich sieht sich Merkel massiven Rücktrittsforderungen ausgesetzt. Die Ministerin verhängt zwar einen vorläufigen Stopp der Castor-Transporte, hält jedoch an ihrer Politik fest. Gegen den Widerstand der sozialdemokratisch regierten Bundesländer zieht sie mit einem Zehn-Punkte-Plan für mehr Transparenz bei Atomtransporten Konsequenzen aus den Vorfällen.

27. September 1998

Die Koalitionsregierung von CDU/CSU und FDP unter Kanzler Helmut Kohl verliert die Bundestagswahl. Kohl kündigt am Wahlabend an, auch als CDU-Bundesvorsitzender zurückzutreten. Angela Merkel gewinnt als eine der wenigen CDU-Abgeordneten ihren Wahlkreis in Vorpommern abermals direkt, wenn auch mit erheblichen Verlusten gegenüber 1994.

22. Oktober 1998

Der designierte CDU-Vorsitzende Wolfgang Schäuble schlägt Angela Merkel als CDU-Generalsekretärin vor.

7. November 1998

Auf dem CDU-Bundesparteitag wird sie mit 93 Prozent der Stimmen zur ersten weiblichen Generalsekretärin der CDU gewählt.

30. Dezember 1998

Angela Merkel und ihr langjähriger Partner, der Berliner Chemieprofessor Joachim Sauer, heiraten in Berlin. Für beide ist es die zweite Ehe.

Dezember 1998/Januar 1999

Im Streit um eine von der CSU gewünschten Volksbefragung und anschließend von Wolfgang Schäuble vorgeschlagenen Unterschriftenaktion zur doppelten Staatsbürgerschaft ist Merkel zunächst ablehnend. Sie ebnet aber schließlich mit einem Beschlussvorschlag den Weg zu der von der ganzen Union getragenen Aktion. Der hessische Spitzenkandidat Roland Koch kann das Thema so im Landtagswahlkampf intensiv gegen SPD und Grüne nutzen.

7. Februar 1999

Die CDU gewinnt überraschend die Landtagswahlen in Hessen und bildet mit der FDP eine Koalitionsregierung. Rot-Grün verliert damit wenige Monate nach der Regierungsbildung in Bonn die Mehrheit im Bundesrat.

26. April 1999

Auf dem CDU-Parteitag in Erfurt werden die von Merkel erarbeiteten 'Erfurter Leitsätze' für eine Erneuerung der CDU in der Opposition beschlossen und die Programmkommissionen zu den Themen 'Familie', 'Sozialstaat', 'Bildung' und 'Schlanker Staat' eingesetzt.

20. Mai 1999
Die Unterschriftenaktion von CDU und CSU gegen die doppelte Staatsbürgerschaft wird mit fünf Millionen Unterschriften abgeschlossen – die größte Aktion dieser Art in der Geschichte der Bundesrepublik Deutschland.

6. Juni 1999
Bürgerschaftswahl in Bremen: Die große Koalition wird bestätigt.

13. Juni 1999
Sieg der CDU bei der Europawahl mit dem zweitbesten Ergebnis.

23. August 1999
Die CDU weiht ihre provisorische Vertretung der Bundesgeschäftsstelle in Berlin in der Mauerstraße 85 ein.

5. September 1999
Landtagswahlen im Saarland und in Brandenburg: Die CDU wird aus der Opposition in beide Landesregierungen gewählt, in Saarbrücken mit absoluter Mehrheit, in Potsdam als Koalitionspartner.

12. September 1999
Landtagswahl in Thüringen: Die CDU erringt die absolute Mehrheit.

19. September 1999:
Landtagswahl in Sachsen: Die CDU verteidigt ihre absolute Mehrheit.

10. Oktober 1999:
Wahl zum Berliner Abgeordnetenhaus: Die CDU verteidigt ihre Position als stärkste Partei.

4. November 1999:
Haftbefehl gegen Walther Leisler Kiep und Beginn der CDU-Spendenaffäre (siehe Chronologie Seite 195).

30. November 1999:
Helmut Kohl übernimmt die politische Verantwortung für die geheimen Konten und die Umgehung der gesetzlichen Publizierungpflicht für Spenden.

22. Dezember 1999:
Mit einem couragierten Meinungsbeitrag in der 'Frankfurter Allgemeinen Zeitung' geht Angela Merkel auf Distanz zum CDU-Ehrenvorsitzenden Hel-

mut Kohl. Sie fordert die CDU auf, ihre Zukunft selbst in die Hand zu nehmen, ohne Kohls historische Verdienste zu schmälern. Der Artikel ist nicht mit dem CDU-Vorsitzenden Schäuble abgesprochen und trifft anfangs auf erheblichen Widerstand im CDU-Präsidium.

17. Januar 2000
Merkel verhindert den Rücktritt des CDU-Vorsitzenden Wolfgang Schäuble, der zuvor die Annahme einer Spende über 100.000 Mark vom Waffenlobbyisten Karlheinz Schreiber zugeben musste.

15./16. Februar 2000
Schäuble gibt bekannt, dass er als Fraktionsvorsitzender von CDU und CSU zurücktritt und nicht mehr als CDU-Bundesvorsitzender kandidieren wird. Als aussichtsreiche Kandidaten für seine Nachfolge als Parteivorsitzender werden Bernhard Vogel, Kurt Biedenkopf, Volker Rühe, Jürgen Rüttgers und Angela Merkel genannt. Die CSU lässt erkennen, dass sie Merkel für zu links und daher ungeeignet hält.

18. Februar 2000
Auf der ersten von acht Regionalkonferenzen in Wolfenbüttel wird Angela Merkel von der Basis zur Kandidatur als Bundesvorsitzende aufgefordert.

20. März 2000
Nach der letzten Regionalkonferenz ist klar, dass die CDU-Basis Angela Merkel als Parteivorsitzende wünscht: Der Bundesvorstand nominiert sie daraufhin einstimmig als Kandidatin für den CDU-Parteitag.

11. April 2000
Angela Merkel wird mit 95,94 Prozent der Stimmen zur Vorsitzenden der CDU Deutschlands gewählt. Mit ihr steht erstmals eine Frau und eine Deutsche aus dem Osten an der Spitze einer deutschen Volkspartei. Sie nennt ihre Wahl ein "Stück gelebter deutscher Einheit".

14./15. Juni 2000
Erstmals in der Geschichte der CDU trifft sich das Partei-Präsidium zu einer Klausur-Tagung. Merkel und die Präsiden beraten über die Strategie für die Zeit bis zur Bundestagswahl 2002.

3. Juli 2000
Die CDU-Bundesgeschäftstelle zieht in das neue Konrad-Adenauer-Haus in Berlin ein. Die CDU ist die letzte Bundestagspartei, die in Berlin 'ankommt' – eine späte Folge von Entscheidungen in der Ära Kohl.

Chronologie der Spendenaffäre

4. November 1999
Erste Agenturmeldungen über einen Haftbefehl gegen den früheren CDU-Schatzmeister Walther Leisler Kiep. Begründung: Verdacht der Steuerhinterziehung im Fall einer von Karlheinz Schreiber am 26. August 1991 in der Schweiz übergebenen Million Mark.

5. November 1999
Walther Leisler Kiep stellt sich dem Amtsgericht Königstein und wird vernommen. Über Agenturmeldungen erhält die CDU Nachricht davon, dass ihr Finanzberater Horst Weyrauch an der Vernehmung als Zeuge teilnimmt. Kiep erklärt, die Million sei eine Spende für die CDU gewesen und direkt von Weyrauch in Empfang genommen worden. Gegen eine Kaution von 500.000 Mark kommt Kiep auf freien Fuß.

5. November 1999
Angela Merkel erklärt in einer ersten Pressekonferenz, dass es im Rechenwerk der Partei keine Hinweise auf den Eingang einer Millionenspende gibt.

8. November 1999
Das CDU-Präsidium berät über den Fall. In der Pressekonferenz gibt Angela Merkel ihrer Hoffnung Ausdruck, ihr "Vorstellungsvermögen nicht erheblich erweitern" zu müssen.

11.November 1999
Haus- und Bürodurchsuchung der Staatsanwaltschaft Augsburg bei der Firma 'Weyrauch & Kapp' GmbH sowie bei Uwe Lüthje, dem Generalbevollmächtigten von Walther Leisler Kiep als CDU-Bundesschatzmeister.

11. November 1999
Vernehmung von Uwe Lüthje durch die Staatsanwaltschaft.

11. November 1999
Die CDU beantragt Akteneinsicht bei der Staatsanwaltschaft Augsburg.

12. November 1999
Die CDU erhält Kopien der von der Staatsanwaltschaft Augsburg bei 'Weyrauch & Kapp' beschlagnahmten Akten und lässt diese von der Wirtschaftsprüfungsgesellschaft 'Ernst & Young' untersuchen.

12. November 1999
Karlheinz Schreiber behauptet, die eine Million Mark sei von seinen Auftraggebern in politischer Absicht gespendet worden.

16. November 1999
Angela Merkel gibt bekannt, dass es nach Auskunft der Wirtschaftsprüfer auch in den Unterlagen von 'Weyrauch & Kapp' keine Hinweise auf die Millionenspenden Schreibers gibt.

16. November 1999
Die CDU erhält keine Akteneinsicht bei der Staatsanwaltschaft Augsburg, weil Walther Leisler Kiep dies unter Berufung auf sein Steuergeheimnis ablehnt.

17. November 1999
Vernehmung von Walther Leisler Kiep durch die Staatsanwaltschaft in Augsburg.

22. November 1999
Das CDU-Präsidium kündigt das Mandatsverhältnis der 'Weyrauch & Kapp' GmbH zum Jahresende 1999.

22. November 1999
Der Haftbefehl gegen Walther Leisler Kiep wird aufgehoben.

23. November 1999
Vernehmung von Horst Weyrauch durch die Staatsanwaltschaft in Augsburg. Er gibt erstmals die Existenz von Anderkonten zu.

24. November 1999
Bundeskanzler a. D. Helmut Kohl fordert im Bundestag, noch vor Weihnachten im geplanten Untersuchungsausschuss vernommen zu werden.

25. November 1999
Aus den Nachrichtenagenturen erfährt die CDU, dass Weyrauch Anderkonten auf den Namen der CDU geführt hat und fordert bei 'Weyrauch & Kapp' alle Unterlagen, insbesondere die über Anderkonten, an.

26. November 1999
Der frühere CDU-Generalsekretär Heiner Geißler sagt in einem Radio-Interview, er wisse, dass es 'schwarze Konten' bei der CDU gegeben habe.

26. November 1999
Da die Staatsanwaltschaft Augsburg der CDU wegen des Vetos von Walther Leisler Kiep weiter keine Akteneinsicht gewähren darf, fordert der CDU-Vorsitzende Wolfgang Schäuble in Absprache mit dem CDU-Ehrenvorsitzenden Helmut Kohl 'Weyrauch & Kapp' ultimativ auf, alle Unterlagen über Konten, die für die CDU Deutschlands geführt wurden, herauszugeben.

28. November 1999
Die CDU erhält alle Akten von 'Weyrauch & Kapp' (außer den 'verlorenen' Aktenordnern 1994 bis 1996). Erstmals wird das Ausmaß der Vertuschung durch die Anderkonten erkennbar.

30. November 1999
Im CDU-Präsidium und anschließend in einer Pressekonferenz übernimmt der frühere CDU-Vorsitzende Helmut Kohl die politische Verantwortung für die geheimen Konten und die Umgehung der gesetzlichen Publizierungspflicht für Spenden.

1. Dezember 1999
Bundestagspräsident Wolfgang Thierse fordert die CDU schriftlich auf, ihm umfassende Auskünfte zu allen Vorgängen im Zeitraum '3. März 1989 bis heute' zu übermitteln.

2. Dezember 1999
Die CDU erfährt, dass Hans Terlinden, Hauptabteilungsleiter im Konrad-Adenauer-Haus und Kohl-Vertrauter, seit einigen Tagen eine Kopie des vollständigen Protokolls der Vernehmung von Horst Weyrauch offiziell erhalten, diese aber nur an Helmut Kohl weitergegeben hat, nicht jedoch der gewählten Parteiführung. Terlinden wird am gleichen Tag vom Dienst suspendiert.

2. Dezember 1999
Der Deutsche Bundestag setzt einen parlamentarischen Untersuchungsausschuss ein, um zu klären, ob durch Parteispenden Einfluss auf politische Entscheidungen der Regierung Kohl genommen worden ist. Wolfgang Schäuble räumt im Bundestag ein Treffen mit Karlheinz Schreiber ein.

6. Dezember 1999
Die 'Bild'-Zeitung veröffentlicht das vollständige Protokoll der Vernehmung von Horst Weyrauch durch die Staatsanwaltschaft Augsburg.

Anfang Dezember 1999
Die CDU-Führung versendet standardisierte Fragebögen der beauftragten Wirtschaftsprüfer, um Auskunft über die nicht im Rechenwerk der Partei enthaltene Konten und Spenden zu erhalten.

13.Dezember 1999
Kleiner Parteitag der CDU zur Familienpolitik in Berlin.

14. Dezember 1999
Mündliche Befragung von Uwe Lüthje und Horst Weyrauch durch die Wirtschaftsprüfer der CDU, 'Ernst & Young'. Die beiden geben jedoch keine weiteren Auskünfte zu den Anderkonten, Weyrauch verweigert auch die Auskunft über Dienstreisen in die Schweiz.

16. Dezember 1999
In der ZDF-Sendung 'Was nun?' gibt Helmut Kohl zu, zwischen 1993 und 1998 1,5 bis 2 Millionen Mark Spenden erhalten und diese – entgegen den Bestimmungen des Parteiengesetzes – nicht als Spenden deklariert zu haben. Er weigert sich, die Namen der Spender zu nennen, weil er ihnen die Anonymität per Ehrenwort versprochen habe.

19. Dezember 1999
In einem Interview mit dem Berliner 'Tagesspiegel' plädiert Angela Merkel erstmals öffentlich für eine Emanzipation der CDU von Helmut Kohl.

19. Dezember 1999
Die Oberbürgermeisterwahl in Lübeck geht für die CDU trotz günstiger Meinungsumfragen verloren.

20. Dezember 1999
Helmut Kohl, der bisher den Fragebogen der Wirtschaftsprüfer zu den Schwarzgeldkonten und Spenden nicht ausgefüllt hat, wird von den Wirtschaftsprüfern mündlich befragt. Er weigert sich auch hier, Details preiszugeben.

21. Dezember 1999
Der hessische CDU-Landesvorsitzende und Ministerpräsident Roland Koch erhält Kenntnis von Geldzuflüssen von einem Anderkonto und entschließt sich ohne Rücksprache mit der CDU-Bundespartei, das Geld rückwirkend als Kredit zu deklarieren.

22. Dezember 1999
Krisensitzung des CDU-Präsidiums ohne Helmut Kohl. Merkel fordert in einem an diesem Tag erschienenen 'FAZ'-Artikel die Partei auf, sich von Kohl zu lösen und ihre Zukunft selbst in die Hand zu nehmen. Merkel findet Unterstützung, aber auch scharfe Kritik für ihre Thesen. Das Präsidium teilt nach Beratung über einen Zwischenbericht der Wirtschaftsprüfer zu den Schwarzkonten mit, dass es von Helmut Kohl 'erwartet', die Namen der Spender offen zu legen. Mit der Veröffentlichung des Zwischenberichts der

Wirtschaftsprüfer wird bekannt, dass die CDU 1,46 Millionen Mark von der CDU/CSU-Bundestagsfraktion in bar erhalten hat.

22. Dezember 1999
Walther Leisler Kiep wird von den Wirtschaftsprüfern der CDU befragt. Er behauptet, keinerlei Kenntnisse über Anderkonten und Gesetzesverstöße zu haben.

24. Dezember 1999
Die 'Bild'-Zeitung veröffentlicht das Ergebnis einer 'TED-Umfrage' zur Frage 'Muss Helmut Kohl sein Ehrenwort brechen?' Eine Mehrheit sagt, Kohl solle dies nicht tun. Kohl dankt den 'Bild'-Lesern in der gleichen Ausgabe.

31. Dezember 1999
Die CDU gibt einen revidierten Rechenschaftsbericht für das Jahr 1998 bei der Bundestagsverwaltung ab, in dem Einnahmen in Höhe von 2,4 Millionen Mark wegen des Schweigens von Helmut Kohl nicht erklärt werden können. Wegen der Verletzung dieser gesetzlichen Publizitätspflicht stellt die CDU Rückstellungen für die erwartete Sanktion in Höhe von 7,2 Millionen Mark ein.

3. Januar 2000
Die Staatsanwaltschaft Bonn nimmt Ermittlungen gegen den früheren CDU-Vorsitzenden und Bundeskanzler Helmut Kohl wegen des Verdachts der Untreue zum Nachteil seiner Partei auf.

7./8. Januar 2000
Während der CDU-Klausurtagung in Norderstedt tauchen Gerüchte auf, Kohl unterstütze einen geplanten 'Putsch' von Jürgen Rüttgers gegen Wolfgang Schäuble.

8. Januar 2000
Auf eine Frage hin spricht Wolfgang Schäuble im CDU-Vorstand für viele unverständlich davon, dass er am 21. September 1994 auf Bitten von Brigitte Baumeister an einem Spenderessen mit Karlheinz Schreiber teilgenommen habe.

10. Januar 2000
Der CDU-Vorsitzende Wolfgang Schäuble räumt überraschend in der ARD-Sendung 'Farbe bekennen' ein, 1994 von Karlheinz Schreiber eine Spende über 100.000 Mark erhalten zu haben. Er gibt an, die Spende an die damalige CDU-Schatzmeisterin Brigitte Baumeister weitergegeben zu haben.

11. Januar 2000
In einer Pressekonferenz erläutert Wolfgang Schäuble die Hintergründe dieser Spende. Brigitte Baumeister bestätigt in einer Presseerklärung vom gleichen Tag, das Geld erhalten zu haben.

12. Januar 2000
Schäuble kündigt an, beim Parteitag im April erneut für den CDU-Vorsitz zu kandidieren.

13. Januar 2000
Erste CDU-Politiker distanzieren sich offen von Schäuble.

14. Januar 2000
Der hessische CDU-Landesvorsitzende und Ministerpräsident Roland Koch gibt bekannt, dass der frühere CDU-Landesvorsitzende und Bundesinnenminister Manfred Kanther sowie der frühere Landesschatzmeister, Sayn-Wittgenstein und Horst Weyrauch eingestanden hätten, für die hessische CDU über Auslandskonten verfügt zu haben. Das Geld sei als 'Vermächtnisse' getarnt an die hessische CDU geflossen.

15. Januar 2000
Wolfgang Schäuble wird bei der Eröffnung des Landtagswahlkampfes in Schleswig-Holstein von CDU-Anhängern ausgepfiffen.

16. Januar 2000
Schäuble entschließt sich zum Rücktritt vom CDU-Parteivorsitz.

17. Januar 2000
Wolfgang Schäuble diktiert in Berlin seine Rücktrittserklärung. Angela Merkel überzeugt ihn davon, nicht zurückzutreten. Kurzfristig wird das CDU-Präsidium für den nächsten Vormittag nach Berlin einberufen.

18. Januar 2000
Wolfgang Schäuble trifft sich zu einem 4-Augen-Gespräch mit Helmut Kohl. Kohl wirft Schäuble vor, dessen Schreiber-Spende sei viel problematischer als sein Schweigen. Schäuble bietet im CDU-Präsidium seinen Rücktritt an, wird aber davon abgehalten. Stattdessen wird Kohl aufgefordert wird, seinen Ehrenvorsitz so lange ruhen zu lassen, bis er die Namen der Spender genannt habe. Noch am selben Tag legt Kohl seinen CDU-Ehrenvorsitz nieder.

20. Januar 2000
Horst Weyrauch weigert sich in einem Telefonat mit CDU-Bundesgeschäftsführer Willi Hausmann abermals, sein gesamtes Wissen offen zu legen. 'Wenn Sie die Wahrheit wissen wollen, dann wackelt die Republik.'

20. Januar 2000
Schäuble entschuldigt sich im Bundestag für seine Partei sowie sein eigenes Fehlverhalten und räumt Gesetzesverstöße ein.

23./24. Januar 2000
CDU-Präsidium und Bundesvorstand beschließen, Weyrauch mit allen rechtlichen Mitteln zur Offenlegung seines Wissens zu zwingen. Zur Vorbereitung des Essener Parteitages im April werden Regionalkonferenzen beschlossen, um im Vorfeld eine innerparteiliche Diskussion über die Spendenaffäre zu ermöglichen. Der Parteitag soll sich schwerpunktmäßig mit der Bildungspolitik beschäftigen.

27. Januar 2000
Der hessische CDU-Landesvorsitzende und Ministerpräsident Roland Koch berichtet, 1983 seinen nicht acht, sondern 18 Millionen Mark aus dem Vermögen der hessischen CDU in die Schweiz transferiert worden.

30. Januar 2000
Weyrauch bestätigt das illegale Finanzgebaren des Landesverbandes Hessen und berichtet von einem Transfer von 20,8 Millionen Mark 1983 in die Schweiz.

31. Januar 2000
Karlheinz Schreiber gibt in 'Report aus München' bekannt, dass er Schäuble im Frühsommer 1995 nochmals in Bonn getroffen hat. Schäuble bestätigt eine solche Eintragung am 2. Juni 1995 in seinem Terminkalender, kann sich aber an das Treffen nicht erinnern.

2. Februar 2000
Horst Weyrauch und Uwe Lüthje sagen vor den Wirtschaftsprüfern, den Rechtsanwälten und dem Bundesgeschäftsführer der CDU umfassend über Auslandskonten, eine 'Norfolk-Stiftung' und angebliche Millionenspenden der Firma Siemens aus.

3. Februar 2000
Helmut Kohl, Hans Terlinden und Walther Leisler Kiep werden ebenfalls nochmals befragt.

4. Februar 2000
Nach einer Präsidiumssitzung wird die Öffentlichkeit von der CDU-Führung über die neuen Erkenntnisse über geheime Auslandskonten und die 'Norfolk-Stiftung' informiert. Die CDU lässt über ihre Wirtschaftsprüfer die Unterlagen von den Banken anfordern. In Interviews bestreitet Helmut Kohl, von diesen Konten und der Stiftung gewusst zu haben.

8. Februar 2000
Roland Koch räumt ein, die Öffentlichkeit belogen und den Rechenschaftsbericht der hessischen CDU für 1998 durch die nachträgliche Umde-
klarierung des Geldzuflusses von dem Anderkonto zu einem 'Kredit' verändert zu haben.

11. Februar 2000
Angela Merkel trifft sich zu einer knapp einstündigen, vertraulichen Aussprache mit Helmut Kohl.

11. Februar 2000
Schäuble gibt eine Eidesstattlichen Erklärung ab. In der CDU wächst der
Unmut über dieser Form der 'Aufklärung' durch Schäuble.

12. Februar 2000
Die ehemalige CDU-Schatzmeisterin Brigitte Baumeister widerspricht dem
CDU-Vorsitzenden Schäuble in einer Eidesstattlichen Erklärung über die
Umstände der 100.000-Mark-Spende von Schreiber.

15. Februar 2000
Bundestagspräsident Wolfgang Thierse streicht, wegen des im Rechenschaftsbericht 1998 fehlenden Auslandsvermögens der CDU Hessen, staatliche Zuwendungen von 41,3 Millionen Mark für die CDU.

15. Februar 2000
Schäuble schlägt Neuwahlen des Fraktionsvorstandes vor und erklärt, dass
er nicht wieder kandidieren werde. In einer abendlichen Krisensitzung des
geschäftsführenden Fraktionsvorstandes kündigt er an, auch nicht wieder
für den CDU-Parteivorsitz antreten zu wollen.

16. Februar 2000
Schäuble gibt seinen Rückzug vom Partei- und Fraktionsvorsitz öffentlich
bekannt.

18. Februar 2000
Auf der ersten Regionalkonferenz in Wolfenbüttel wird Angela Merkel unter
großem Beifall aufgefordert, auf dem Parteitag als neue CDU-Vorsitzende
zu kandidieren.

23. Februar 2000
Im Einvernehmen mit Kohl sagen die CDU Bundespartei und die CDU
Rheinland-Pfalz die Feierlichkeiten zum 70. Geburtstag von Helmut Kohl
ab.

25. Februar 2000
Nach der Wahlkampf-Schlusskundgebung in Lübeck bedrängen der Vorsitzende der CSU, Edmund Stoiber, der designierte Fraktionsvorsitzende Friedrich Merz und Volker Rühe im Ratskeller den sächsischen Ministerpräsidenten Kurt Biedenkopf, sich als Übergangskandidat für den CDU-Vorsitz zur Verfügung zu stellen.

27. Februar 2000
Landtagswahl in Schleswig-Holstein. Die CDU erringt 35,2 Prozent, Volker Rühe verfehlt damit sein Ziel, Ministerpräsident zu werden, und kehrt nach Berlin in die Bundespolitik zurück, ohne weiter Anspruch auf den CDU-Vorsitz zu stellen.

28. Februar 2000
2. Regionalkonferenz in Recklinghausen. Wieder wird Merkel aufgefordert, als Vorsitzende zu kandidieren.

29. Februar 2000
Die Bundestagsfraktion von CDU und CSU wählt Friedrich Merz zu ihrem Vorsitzenden.

9. März 2000
Helmut Kohl gibt das Ergebnis einer privaten Spendenaktion bekannt, mit der er den der CDU zugefügten finanziellen Schaden wieder gutmachen will.

17. März 2000
Die Staatsanwaltschaft Augsburg erhebt Anklage gegen Walther Leisler Kiep, Karlheinz Schreiber sowie die ehemaligen Thyssen-Manager Jürgen Maßmann und Winfried Haastert.

18. März 2000
Helmut Kohl nimmt erstmals seit Ende November wieder an einer Sitzung des Bundestages teil.

20. März 2000
Der CDU-Vorstand nominiert Angela Merkel als einzige Kandidatin für den CDU-Vorsitz.

6. April 2000
Der Untersuchungsausschuss des Bundestages beantragt beim Amtsgericht Berlin-Tiergarten Beugehaft gegen den früheren CDU-Hauptabteilungsleiter Hans Terlinden, weil dieser die Aussage vor dem Ausschuss verweigert.

10. April 2000

Der CDU-Parteitag beschließt umfangreiche Änderungen im Statut und in der Beitrags- und Finanzordnung sowie Sparmaßnahmen zur Sanierung der wegen der Geldbußen verschuldeten Partei und bevollmächtigt die Partei, Regressforderungen gegen die Schuldigen des Spendenskandals zu erheben.

10. April 2000

Auf dem CDU-Parteitag in Essen wird Angela Merkel mit 95,94 Prozent der Stimmen zur neuen Parteivorsitzenden gewählt.

Dank

Mein Dank gilt all jenen, die halfen, dieses Buch in so kurzer Zeit zu schreiben und zu verlegen. Vor allem meinen Gesprächspartnern aus Angela Merkels Jugendzeit in der DDR, aus dem 'Demokratischen Aufbruch' 1989/90 und ihren Wegbegleitern in der Bundesrepublik, die sich alle viel Zeit für lange Gespräche nahmen – nicht alle wollten namentlich als Quelle genannt werden.

Auch Angela Merkel hat sich für dieses Buch in der hektischen und schwierigen Zeit um ihre Wahl zur CDU-Vorsitzenden viel Zeit für lange Gespräche und Interviews mit mir genommen – zusammen mehr als zwanzig Stunden lang.

Mein Dank gilt insbesondere auch meiner Familie, die die Arbeit für dieses Buch ertrug, sowie meinem Chefredakteur Helmut Markwort und meinen Kollegen in der Berliner Parlamentsredaktion des 'Focus' für die Freiräume, die sie mir neben der täglichen Arbeit für das Projekt ließen.

Personenregister